汽车发动机结构与检修（第二版）

主　编◎伍鸿平　马　伟　闫　勇

中国人民大学出版社
·北京·

图书在版编目（CIP）数据

汽车发动机结构与检修／伍鸿平，马伟，闫勇主编
. --2 版. --北京：中国人民大学出版社，2024. 4
ISBN 978-7-300-32769-3

Ⅰ. ①汽… Ⅱ. ①伍… ②马… ③闫… Ⅲ. ①汽车—发动机—构造②汽车—发动机—车辆修理 Ⅳ. ①U472. 43

中国国家版本馆 CIP 数据核字（2024）第 081172 号

“十四五”职业教育国家规划教材
汽车发动机结构与检修（第二版）
主　编　伍鸿平　马　伟　闫　勇
Qiche Fadongji Jiegou yu Jianxiu

出版发行　中国人民大学出版社
地　　址　北京中关村大街 31 号　　**邮政编码：**100080
电　　话　010-62511242（总编室）　　010-62511770（质管部）
　　　　　010-82501766（邮购部）　　010-62514148（门市部）
　　　　　010-62515195（发行公司）　　010-62515275（盗版举报）
网　　址　http://www.crup.com.cn
经　　销　新华书店
印　　刷　北京瑞禾彩色印刷有限公司　　**版　　次**　2020 年 1 月第 1 版
开　　本　787 mm×1092 mm　1/16　　　2024 年 4 月第 2 版
印　　张　13. 25　　**印　　次**　2024 年 4 月第 1 次印刷
字　　数　322 000　　**定　　价**　49. 80 元

编委会

前 言

党的二十大报告指出："教育、科技、人才是全面建设社会主义现代化国家的基础性、战略性支撑。"教育是国之大计、党之大计。职业教育是我国教育体系的重要组成部分，肩负着"为党育人、为国育才"的神圣使命。切实加强教材建设，编写质量上乘、契合职业教育特点的教材，是贯彻落实习近平总书记关于教材工作的重要指示和党的二十大精神的直接体现，并为推进新型工业化，加快建设制造强国、质量强国、航天强国、交通强国、网络强国、数字中国助力。

为适应职业教育类型特征，围绕战略性新兴产业，结合汽车产业发展和行业的发展需求，课程开发小组坚持立德树人，融通岗课赛证，深化校企合作，结合企业需求，创新体例架构，推进教材改革。在编写过程中，我们借鉴和参考了国内外汽车研究成果，注重理论与实践的有机结合，形成以模块化课程为基础、以工作过程为主线、以任务驱动为形式的专业课程开发模式，旨在培养学生的综合职业能力和职业素养，独立学习和获取新知识、新技能、新方法的能力，以及与人交往、沟通与合作等方面的态度和能力。

本书主要有以下特点：

第一，基于类型教育特征，对接职业标准和岗位要求，丰富实践教学内容。积极弘扬中华优秀传统文化，吸收、传承和创新产业文化，凸显职业教育类型特征。

第二，创新"互联网+职业教育"思维模式，创新体例架构，丰富呈现形式，融合多媒体和二维码技术，实现教材内容立体化和教学理实一体化。

第三，积极推进深度校企合作，培养学生职业素养和工匠精神。

第四，坚持以人为本、德技双馨和全面发展的评价理念，推进教学评价改革。

由于行业更新迅速及编者水平有限，书中难免会存在错漏和不足之处。为了进一步提高本书的质量，欢迎广大读者和专家对我们的工作提出宝贵的意见和建议。

编 者

目　录

项目一　发动机概述

学习目标

（1）会使用正确的方法测量气缸压力。
（2）能熟练查询维修手册，正确进行检修操作。
（3）能够在操作过程中掌握发动机工作原理。

学习内容

（1）气缸压力检测步骤。
（2）四冲程发动机工作原理。
（3）发动机相关术语。

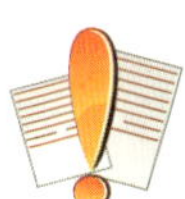

案例导入

一客户从二手车市场购买了一辆 2017 款捷达，1.5L 自动舒适型，该车配备 EA211 发动机、自动变速器，已行驶 46 万千米。因客户对该车发动机技术状况不太了解，于是把车开到汽车 4S 店，要求维修技师对发动机进行评估。

知识介绍

汽车的动力源是发动机，发动机是把某一种形式的能量转变成机械能的机器。现代汽车所使用的发动机多为内燃机。内燃机是一种动力机械，它是把燃料在机器内部燃烧而释放的热能直接转换成机械能的机器。这种能量转换过程是在发动机气缸内部进行的。

一、汽车发动机的类型

发动机的分类方法有很多，按照不同的分类方法可以把发动机分成不同的类型。

微课

发动机的类型与基本术语

（一）按照所用燃料的不同分类

发动机按照所用燃料的不同可以分为汽油机和柴油机，如图 1-1 所示。以汽油为燃料的发动机称为汽油机；以柴油为燃料的发动机称为柴油机。汽油机与柴油机各有特点：汽油机转速高，质量小，噪声小，起动容易，制造成本低；柴油机压缩比大，热效率高，经济性能和排放性能都比汽油机好。

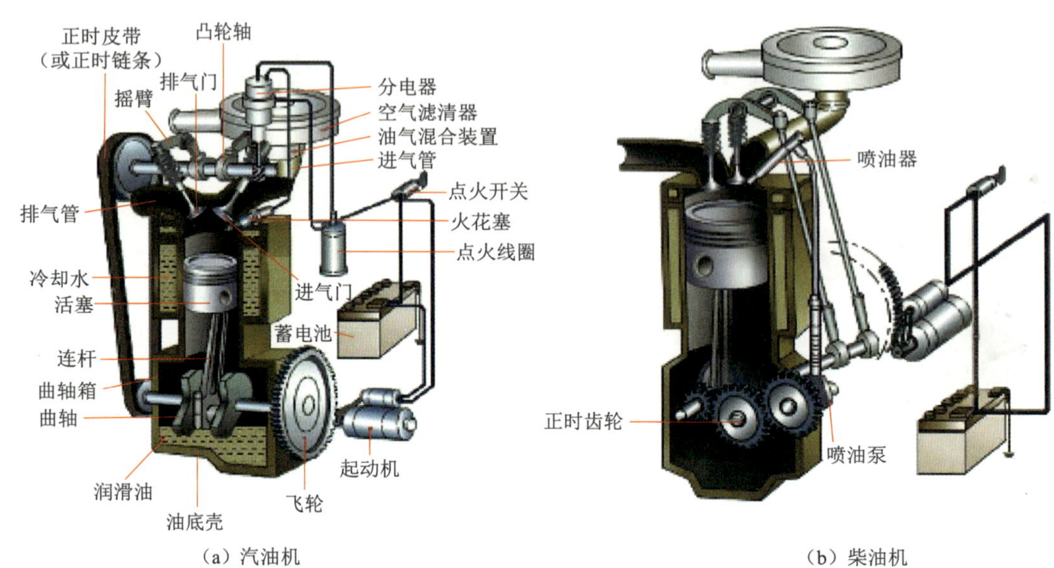

（a）汽油机　　（b）柴油机

图 1-1　汽油机和柴油机

（二）按照行程数分类

发动机按照完成一个工作循环所需的行程数可分为四行程发动机和二行程发动机，如图 1-2 所示。曲轴转两圈（720°），活塞在气缸内上下往复运动四个行程而完成一个工作循环的发动机称为四行程发动机；曲轴转一圈（360°），活塞在气缸内上下往复运动两个行程而完成一个工作循环的发动机称为二行程发动机。汽车发动机广泛使用四行程发动机。

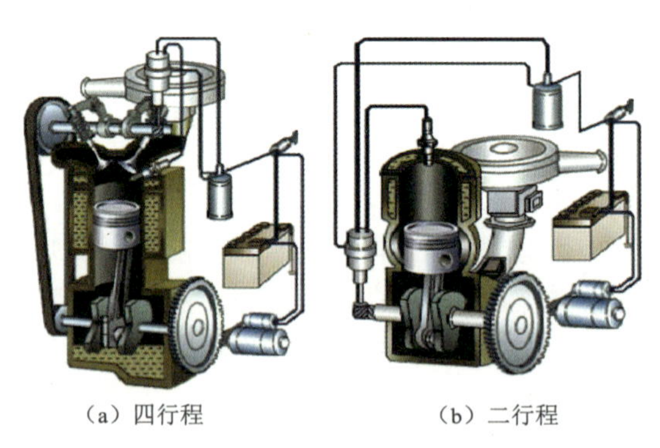

（a）四行程　　（b）二行程

图 1-2　四行程和二行程发动机

（三）按照冷却方式不同分类

发动机按照冷却方式不同可以分为水冷发动机和风冷发动机，如图 1-3 所示。水冷发动机是利用在气缸体和气缸盖冷却水套中进行循环的冷却液作为冷却介质进行冷却的；风冷发动机是利用流动于气缸体与气缸盖外表面散热片之间的空气作为冷却介质进行冷却的。水冷发动机冷却均匀，工作可靠，冷却效果好，被广泛地应用于现代车用发动机。

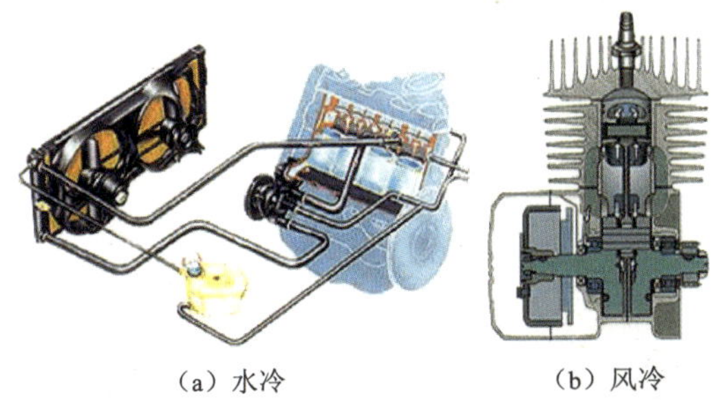

（a）水冷　　（b）风冷

图 1-3　水冷和风冷发动机

（四）按照气缸数目不同分类

发动机按照气缸数目不同可以分为单缸发动机和多缸发动机，如图 1-4 所示。仅有一个气缸的发动机称为单缸发动机；有两个及以上气缸的发动机称为多缸发动机，如双缸、3 缸、4 缸、5 缸、6 缸、8 缸、12 缸等都是多缸发动机。现代汽车多数采用 4 缸、6 缸、8 缸发动机。

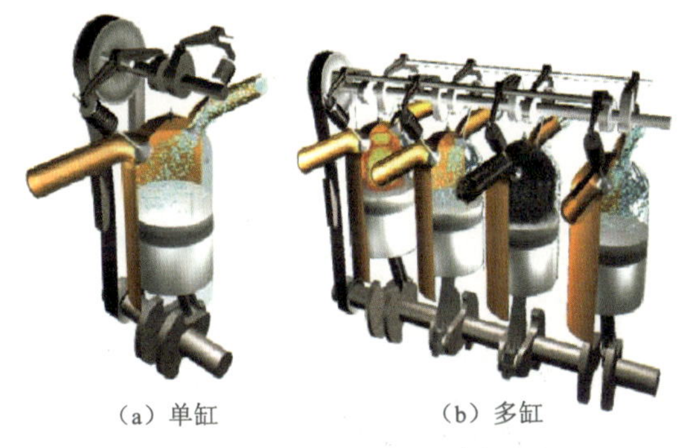

（a）单缸　　（b）多缸

图 1-4　单缸和多缸发动机

（五）按照气缸排列方式不同分类

发动机按照气缸排列方式不同可以分为直列式发动机和 V 型发动机，如图 1-5 所示。直列式发动机的各个气缸排成一列，一般是垂直布置的，但为了降低高度，有时也把气缸布置成倾斜的甚至水平的；V 型发动机把气缸排成两列，若两列之间的夹角小于 180°（一般为 90°）则称为 V 型发动机，若两列之间的夹角等于 180°则称为对置式发动机。

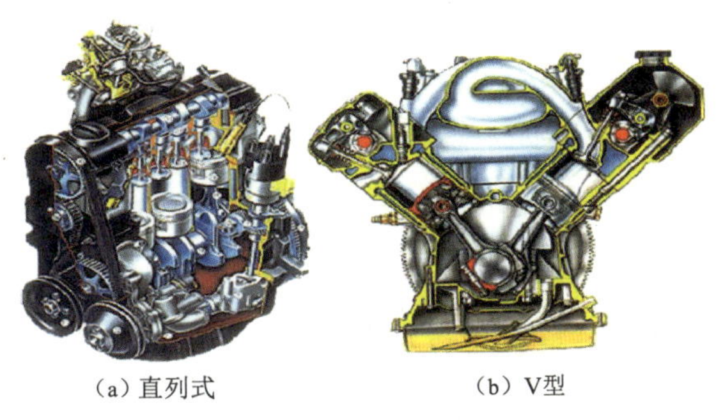

（a）直列式　　（b）V型

图 1-5　直列式和 V 型发动机

（六）按照进气系统是否采用增压方式分类

发动机按照进气系统是否采用增压方式可以分为自然吸气式发动机和增压式发动机，如图 1-6 所示。汽油机常采用自然吸气式；柴油机为了提高功率有采用增压式的。

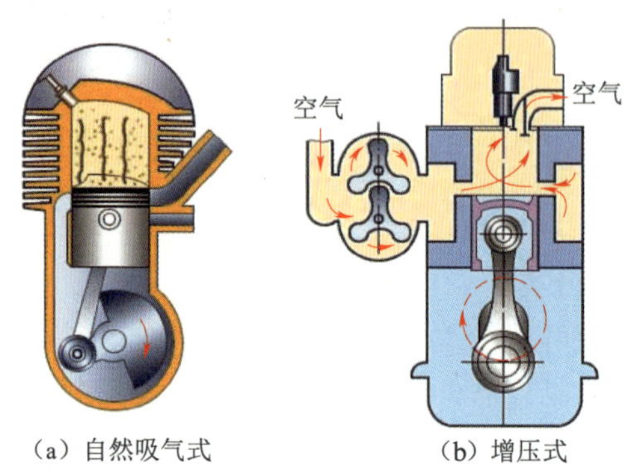

图 1-6　自然吸气式和增压式发动机

二、发动机的基本结构及基本术语

（一）基本结构

发动机的基本结构如图 1-7 所示。

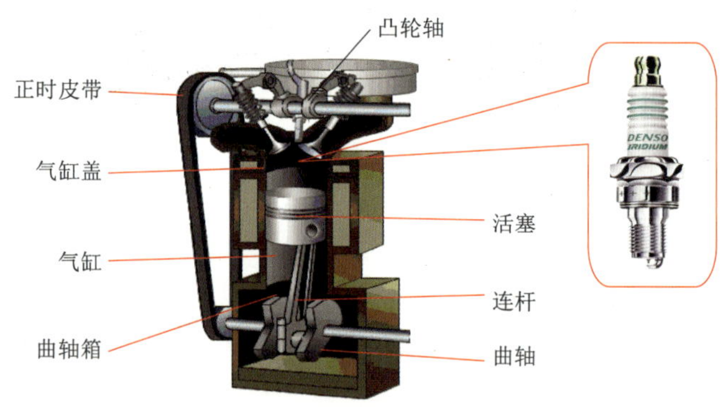

图 1-7　发动机的基本结构

（二）基本术语

发动机的工作过程是一个周期性地将燃料燃烧的热能转变为机械能的过程。发动机每一次将热能转变为机械能，都必须经过进气、压缩、做功、排气四个过程，把燃料燃烧产生的作用力转变为曲轴的扭矩力，从而对外输出动力。每进行一次这样的过程就叫作一个工作循环。

（1）上止点——活塞顶部距离曲轴中心最远的极限位置称为上止点。

（2）下止点——活塞顶部距离曲轴中心最近的极限位置称为下止点。

（3）活塞行程（S）——活塞在上止点、下止点之间的距离称为活塞行程。曲轴每转动半圈（即 180°）相当于一个行程。若用 R 表示曲轴半径（等于曲轴臂长度），则活塞行程等于曲轴臂长度的两倍，即 $S=2R$。

（4）气缸工作容积（V_h）——活塞从上止点到下止点所扫过的气缸容积称为气缸工作容积。

（5）发动机工作容积（V_L）——多缸发动机各气缸工作容积之和称为发动机工作容积或发动机排量。

发动机排量是发动机的重要参数之一。排量越大，进入气缸的可燃混合气或空气量就越多，发动机可能输出的功率就越大。

（6）燃烧室及燃烧室容积（V_c）——活塞位于上止点时，活塞顶上方的空间称为燃烧室，其容积称为燃烧室容积。

（7）气缸总容积（V_a）——活塞位于下止点时，活塞顶上方整个空间的容积称为气缸总容积，$V_a=V_h+V_c$。

（8）压缩比（ε）——气缸总容积与燃烧室容积之比称为压缩比，通常用符号 ε 表示。

压缩比是发动机的一个很重要的参数，它反映了在压缩行程中气缸内的可燃混合气被压缩的程度。排量相同的发动机，压缩比越高，其做功行程时的膨胀能力就越强，输出功率就越大。汽油机压缩比一般为 6～10，柴油机为 15～22。

三、气缸压力的检测

（一）测量条件

（1）冷却液达到正常的工作温度。

（2）保证空气滤清器清洁。

（3）蓄电池电量充足。

（4）起动机工作正常。

（5）节气门全开。

（6）火花塞全部拆下。

（二）安装气缸压力表

气缸压力表（见图 1-8）的安装如图 1-9 所示。注意：不要将任何异物掉入火花塞座孔。

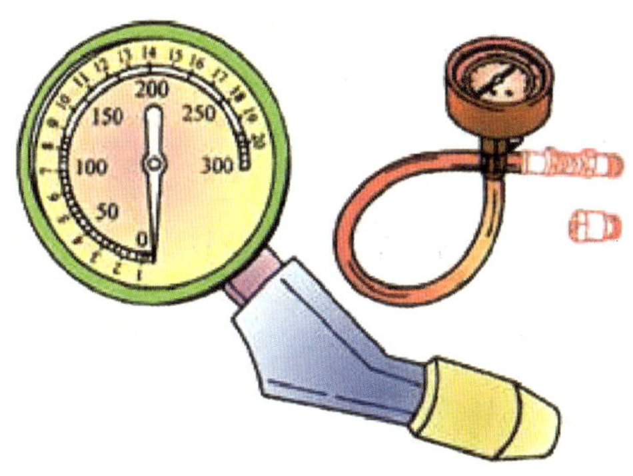

图 1-8 气缸压力表

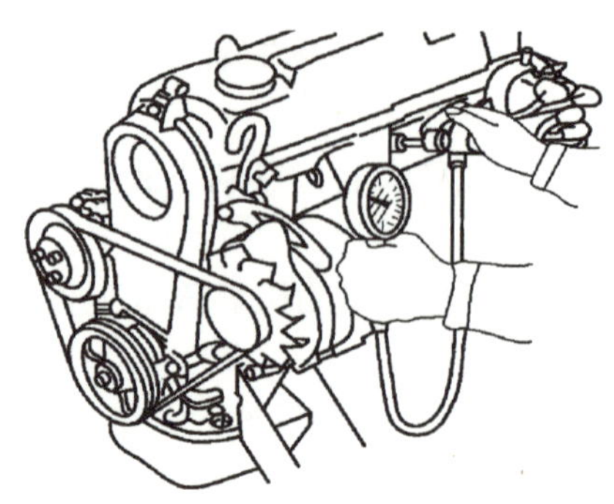

图 1-9　气缸压力表的安装

（三）拔掉油泵熔丝或继电器和点火线圈插头

继电器和点火线圈插头位置如图 1-10 所示。

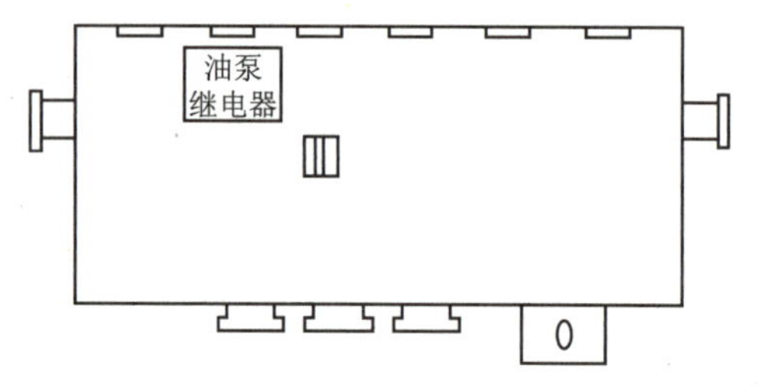

（a）继电器的位置

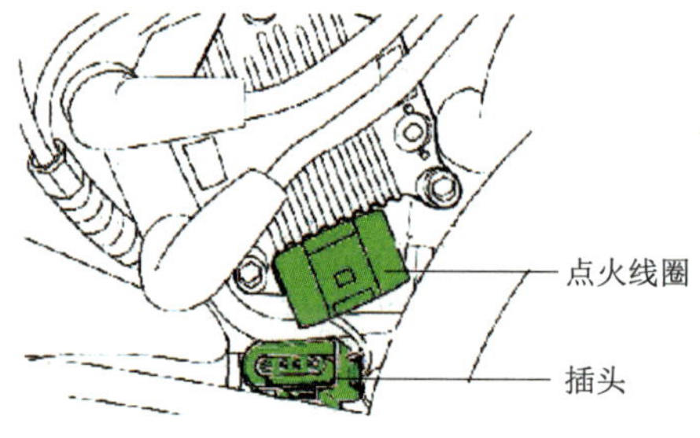

（b）点火线圈插头的位置

图 1-10　继电器和点火线圈插头位置

四、四冲程汽油发动机的工作原理

汽车发动机都是多缸发动机，常见的轿车发动机是四缸和六缸。发动机必须具有一个能够平衡曲轴运转的点火顺序。通常采用如下点火顺序：

直列式四缸发动机：1—2—4—3 或 1—3—4—2。

直列式六缸发动机：1—5—3—6—2—4 或 1—4—2—6—3—5。

四冲程汽油发动机的工作原理如图 1-11 所示。

微课

四冲程发动机的工作原理

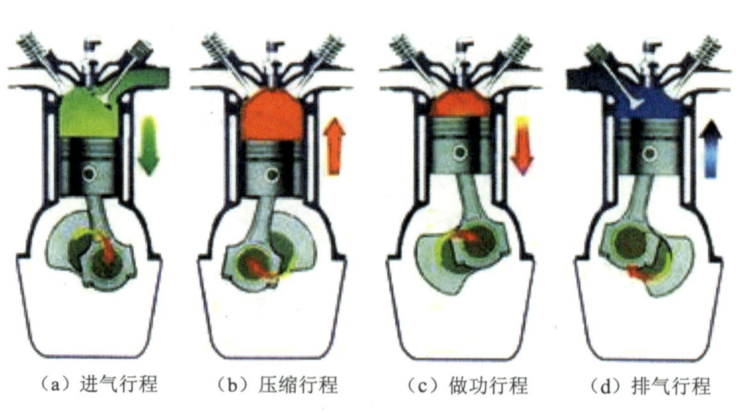

（a）进气行程　（b）压缩行程　（c）做功行程　（d）排气行程

图 1-11　四冲程汽油发动机的工作原理

五、发动机型号的表示方法

发动机型号的排列顺序及符号所代表的意义规定，即发动机型号的表示方法如图 1-12 所示。

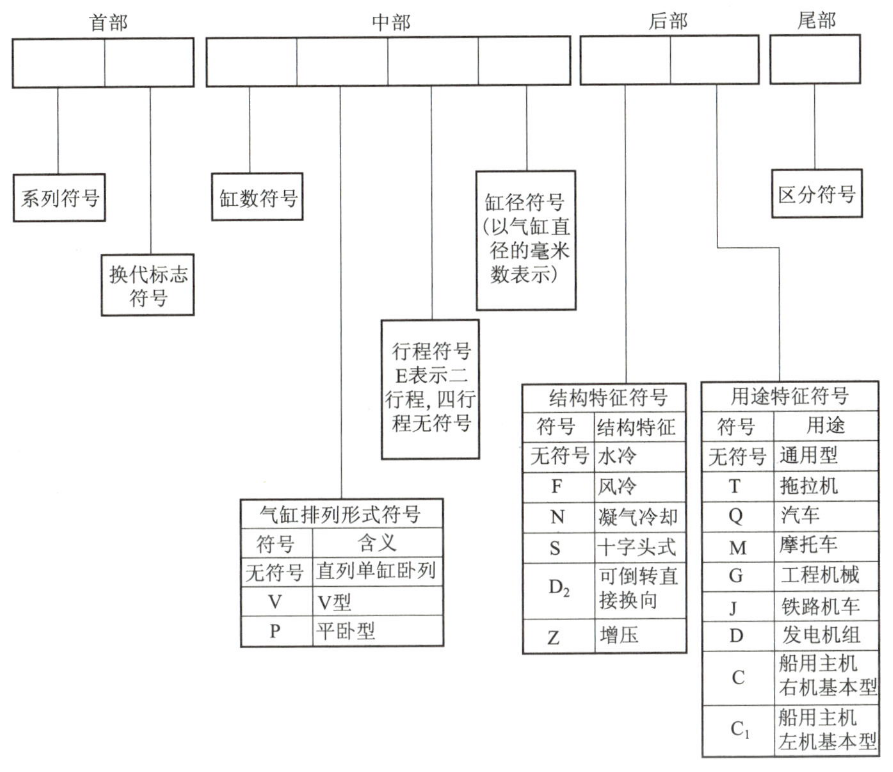

图 1-12　发动机型号的表示方法

型号编制举例如下。

（1）汽油机型号。

CA6102：表示六缸，四行程，缸径为 102 mm，水冷通用型，CA 表示产品系列符号。

1E65F：表示单缸，二行程，缸径为 65 mm，风冷通用型。

（2）柴油机型号。

CY4102：表示四缸，四行程，缸径为 102 mm，水冷通用型，CY 表示产品系列符号。

决　　策

（1）准备好所需设备、工具、资料等。

（2）确定车辆信息。

（3）分组并选出负责人。

拓展学习

二冲程发动机的工作原理

工作内容：识别发动机零部件	完成时间：
参考资料：	
实训设备：	
分组情况	
负责人： 组　员：	

计　划

（1）严格按照维修手册要求的流程进行操作。
（2）对特殊零部件的拆解要使用专用工具。
（3）各螺栓拧紧力矩符合要求。
（4）听从老师管理，禁止随意操作实训车辆、设备等。
（5）安全操作，禁止明火。
（6）注意劳动保护。
（7）检测机油压力时水温应正常。
（8）断掉蓄电池线负极之前应准备好该车防盗及音响解除密码。

实　施

识别发动机舱的零部件，知道名称及作用。

（1）学习车型：年份是________；车型为________。在整车上完成工作任务，认识发动机各系统的总成和零部件。

（2）发动机的总体构成：两大机构为________和________；五大系统分别为________、________、________、________和冷却系统。

自　测

一、填空题

（1）________是指活塞顶部距离曲轴中心最远处，即活塞最高位置。

（2）四冲程发动机的工作循环由________、________、________、________四个行程组成。

（3）发动机气缸的排列形式常见的有________、________、________三种。

二、选择题

（1）气缸工作容积是指（　　）的容积。

A. 活塞运行到下止点活塞上方
B. 活塞运行到上止点活塞上方
C. 活塞上止点、下止点之间
D. 进气门从开到关所进空气

（2）活塞每走一个行程，相应于曲轴转角（　　）。
A. 180°　　B. 360°　　C. 540°　　D. 720°

（3）6135Q 柴油机的缸径是（　　）。
A. 61 mm　　B. 613 mm　　C. 13 mm　　D. 135 mm

（4）下列说法正确的是（　　）。
A. 活塞上止点是指活塞顶部平面运动到离曲轴中心最远点位置
B. 活塞在上止点、下止点之间的距离称为活塞冲程
C. 一个活塞在一个行程中所扫过的容积之和称为气缸总容积
D. 一台发动机所有气缸容积之和称为该发动机的排量

（5）下列发动机组成中柴油机所没有的是（　　）。
A. 冷却系统　　B. 起动系统　　C. 点火系统　　D. 润滑系统

（6）下列说法正确的是（　　）。
A. 四冲程发动机完成进气、压缩、做功、排气一个工作循环曲轴转过了 360°
B. 二冲程发动机完成进气、压缩、做功、排气一个工作循环，活塞在气缸内上下运动两次
C. 柴油机在做功行程时，进、排气门处于关闭状态
D. 压缩比越高越好

三、思考题

（1）五大系统是否缺一不可？它们能否独立工作？

（2）空气是发动机可燃混合气的组成材料之一，进、排气是汽车发动机正常运行所必需的过程，请就车说出发动机内空气流动的路线。

发动机在进气时，空气→

发动机在排气时，废气→

（3）发动机需要呼吸吗？为什么？

（4）发动机正常的冷却液温度应该是多少？

评价与反馈

一、学习目标自我检查

序号	学习目标	完成情况（在相应的选项后打√）		
		能	不能	如果不能，是什么原因
1	讲述发动机各个系统的基本组成、作用和工作原理			
2	讲述发动机在汽车上的集中安装位置及与传动系统的关系			
3	讲述发动机燃油供给路线			
4	识别发动机各系统外部的主要零部件			
5	识别发动机基本术语及参数			
6	对自己的学习和工作效果做出自我评价			

二、日常表现评价（由小组长或者组内成员评价）

序号	日常表现项目	完成情况（在相应栏目后打√）		分数
1	工作页填写情况	填写完整		10
		缺失 0～20%		8
		缺失 20%～40%		6
		缺失 40% 以上		2
2	工作着装是否规范	着校服（工作服），未穿拖鞋、凉鞋		10
		未穿校服或穿拖鞋、凉鞋		8
		偶尔会不穿校服，穿拖鞋、凉鞋		6
		始终不穿校服，穿拖鞋、凉鞋		2

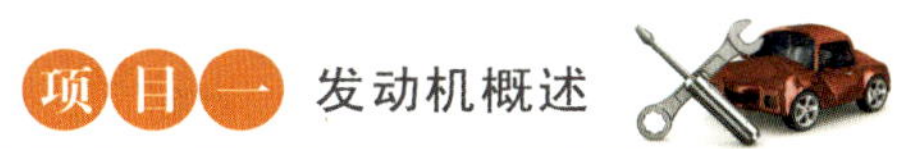

续表

序号	日常表现项目	完成情况（在相应栏目后打√）		分数
3	参与工作现场 7S 工作	积极主动参与 7S 工作		10
		在组长的要求下能参与 7S 工作		8
		在组长的要求下能参与 7S 工作，但效果差		6
		不愿意参加 7S 工作		2
4	操作作业时，有无警示其他同学	有警示		10
		无警示		0
5	考勤情况	全勤		10
		缺勤 0～20%（有请假）		8
		缺勤 0～20%（旷课）		6
		缺勤 20% 以上		2
6	总体评价该同学	非常优秀		10
		比较优秀		8
		有待改进		6
		急需改进		2
总分				

班级： 学生签名： 年 月 日

三、教师总体评价

评价项目	完成情况（在相应栏目后打√）		分数
对该同学所在小组整体印象评价	组长负责，组内学习气氛好		25
	组长能组织组员按要求完成学习任务，个别组员不能达到学习目标		10
	组内有 30% 以上的学生不能达到学习目标		5
	组内大部分学生不能达到学习目标		0
总分			

教师签名： 年 月 日

项目二　曲柄连杆机构的结构与检修

学习目标

（1）能够根据故障现象正确判断曲柄连杆机构的故障原因。

（2）会使用常用工具按照正确的操作方法对曲柄连杆机构进行拆装。

（3）会使用相关量具对曲柄连杆机构部件进行测量。

（4）能够查阅维修手册，并根据测量结果正确制订修复计划。

（5）能够遵守操作规范、劳动纪律和保护要求。

（6）能够用资料说明、核查、评价自身的工作成果。

学习内容

（1）机体组、活塞连杆组、曲轴飞轮组的组成、原理及特点。

（2）机体组、活塞连杆组、曲轴飞轮组常见损伤及原因分析。

（3）气缸体和气缸盖平面度、气缸、轴承座孔、燃烧室容积、活塞、活塞环、连杆、连杆轴承、曲轴等项目的测量和计算。

（4）外径千分尺、游标卡尺、量缸表等量具的使用方法。

（5）活塞连杆组、曲轴飞轮组的拆装及工具使用。

案例导入

丰田卡罗拉如图 2-1 所示，1ZR 发动机，CVT 变速器，行驶 12 万千米，出厂时间是 2014 年 10 月。该车排气管冒蓝烟，尤其是加速时有大量蓝烟冒出，并且伴随有急促而短暂

图 2-1　丰田卡罗拉

的金属敲击声。客户反映该车动力明显不足，并且机油消耗量大，要求检查并修复。

任务一　机体组的结构与检修

知识介绍

一、机体组的结构

汽车发动机机体组主要由气缸体、气缸盖、气缸盖罩、气缸衬垫、主轴承盖以及油底壳等组成。

水冷式发动机的气缸体和曲轴箱铸成一体，称为气缸体。气缸体上半部有若干个为活塞在其中做运动导向的圆柱形空腔，称为气缸；下半部为支承曲轴的曲轴箱，其内腔为曲轴运动空间。气缸体是发动机各个机构和系统的装配基体，它承受高温高压气体作用力，活塞在其中做高速往复运动。气缸体和气缸盖配合形成密封的空间，如果二者结合面不平则会造成漏气。气缸体如图 2-2 所示。

图 2-2　气缸体

二、检查气缸体和气缸盖平面度

（一）检查气缸体和气缸盖平面度常用量具

检查气缸体和气缸盖平面度常用量具是塞尺和刀口尺。

塞尺用于测量间隙尺寸，是由一组具有不同厚度级差的薄钢片组成的量规。在检验被测尺寸是否合格时，可以用通止法判断，也可由检验者根据塞尺与被测表面配合的松紧程度来判断。塞尺一般用不锈钢制造，最薄的为 0. 01 mm，最厚的为 3 mm。钢片厚度在 0. 01～0. 1 mm 的，各钢片厚度级差为 0. 01 mm；在 0. 1～1 mm 的，各钢片的厚度级差为 0. 05 mm；在 1 mm 以上的，各钢片的厚度级差为 1 mm。塞尺如图 2-3 所示。

（二）平面翘曲变形检查

发动机在运行或拆装过程中，由于各种不正常的因素导致气缸体的平面发生翘曲。当气缸体平面变形程度大于技术要求时有可能出现漏气，发动机无法正常工作。检测前必须清洁气缸体和气缸盖的平面，否则会影响检测质量。气缸体和气缸盖平面度的测量方法和测量顺序如图 2-4、图 2-5 所示。

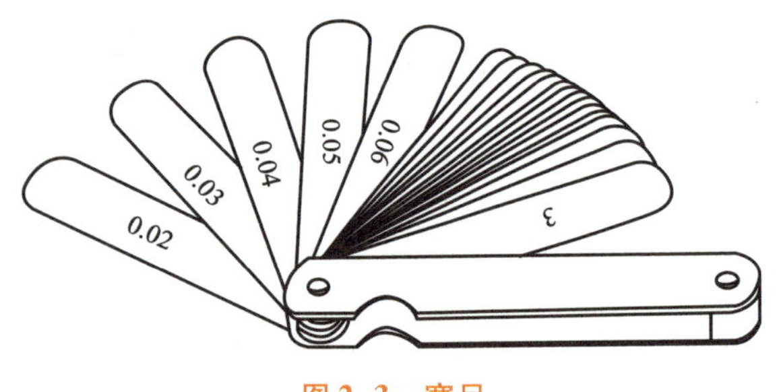

图 2-3　塞尺

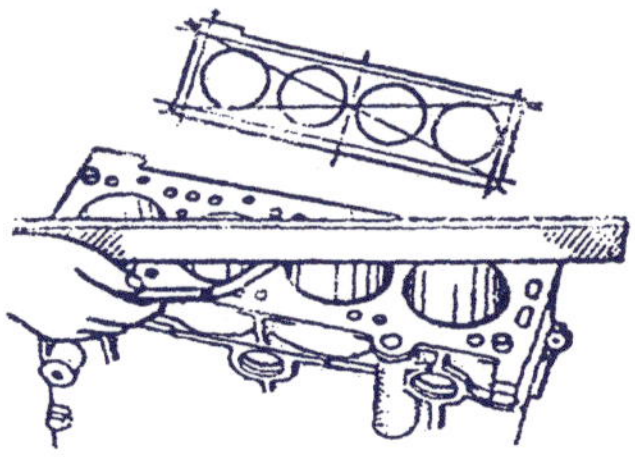

图 2-4　气缸体和气缸盖平面度的测量方法

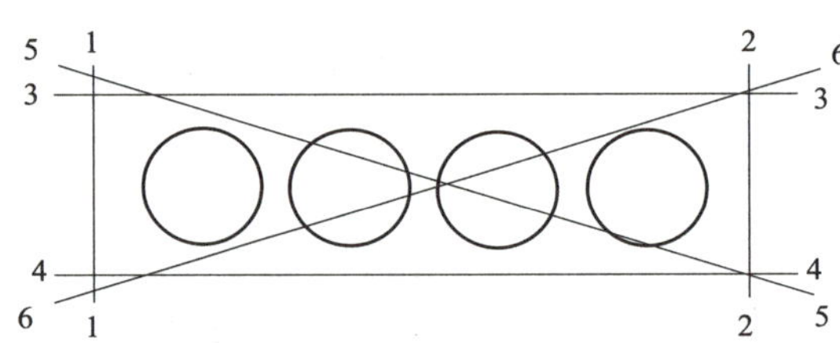

图 2-5　气缸体和气缸盖平面度的测量顺序

三、检查气缸

（一）检查气缸常用量具

1. 游标卡尺

（1）游标卡尺的结构。

游标卡尺由主尺和附在主尺上能滑动的游标两部分构成。主尺以毫米（mm）为单位，而游标上则有 10、20 或 50 个分格，根据分格的不同，游标卡尺可分为十分度游标卡尺、二十分度游标卡尺、五十分度游标卡尺等。游标卡尺的结构如图 2-6 所示。

（2）游标卡尺的读数方法（如图 2-7 所示）。

读数时首先以游标零刻度线为准在主尺上读取毫米（mm）整数，即以毫米（mm）为单位的整数部分。然后看游标上第几条刻度线与主尺的刻度线对齐，如第 6 条刻度线与主尺刻度线对齐，则小数部分即为 0.6 mm（若没有正好对齐的线，则取最接近对齐的线进行读数）。如有零误差，则一律用上述结果减去零误差（零误差为负，相当于加上相同大小的零误差），读数结果为：测量值=整数部分+小数部分-零误差。

判断游标上哪条刻度线与主尺刻度线对准，可用下述方法：选定相邻的 3 条线，如左侧的线在主尺对应线之右，右侧的线在主尺对应线之左，中间那条线便可确定对准。测量值=对准前刻度+游标上第 n 条刻度线与主尺的刻度线对齐的分度值。

如果需测量几次取平均值，不需每次都减去零误差，只要从最后结果减去零误差即可。

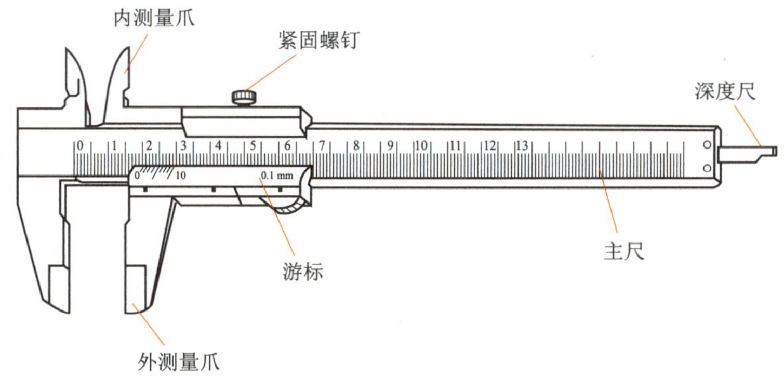

图 2-6　游标卡尺的结构

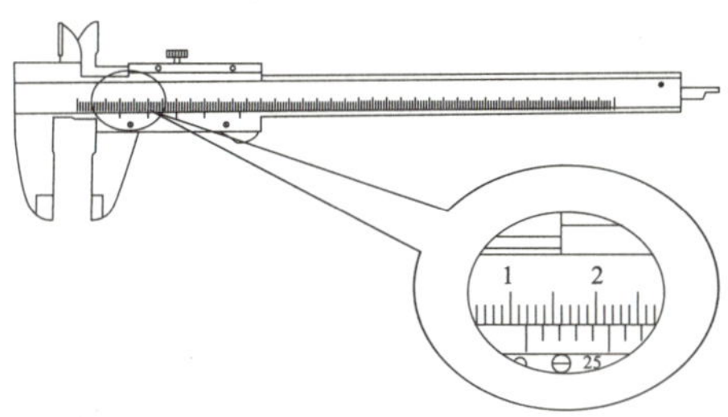
图 2-7　游标卡尺的读数方法

2. 外径千分尺

(1) 外径千分尺的测量方法和结构。

检测时，转动活动套筒使两测微螺杆向被测面移动，两测微螺杆与被测面将要接触时改用棘轮使两测微螺杆与被测面接触，从主尺与副尺对应的刻度读出示数。常用外径千分尺的测量范围有 0～25 mm、25～50 mm、50～75 mm 等，每隔 25 mm 为一档，直至 300 mm。外径千分尺的结构如图 2-8 所示。

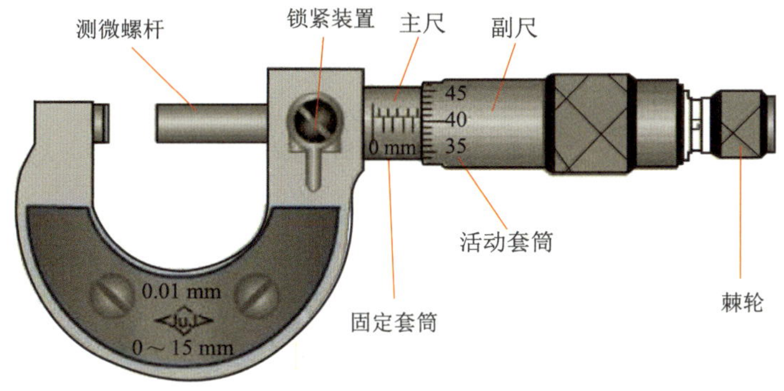

图 2-8　外径千分尺的结构

(2) 外径千分尺的读数方法（如图 2-9 所示）。

1）读出固定套筒上的尺寸数值。读出固定套筒上与活动套筒端面对齐的刻线尺寸（注意不可遗漏应读出的 0. 5 mm 刻线值）。

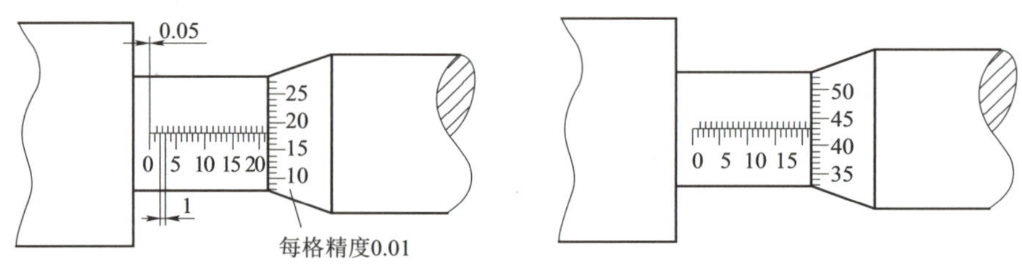

图 2-9 外径千分尺的读数方法

2）读取活动套筒上的尺寸数值。读出活动套筒圆周上与固定套筒的水平基准线（中线）对齐的刻线数值，乘以 0.01 mm 便是活动套筒上的尺寸。

3）求得测量尺寸。最后将这两部分尺寸相加，就是外径千分尺上测得的尺寸。

（3）使用注意事项。

1）测量前应擦净外径千分尺，将两测量面闭合，检查主、副尺 0 刻线是否重合，若不重合，则在测量后根据原始误差修正读数。

2）测量时应握住弓架，当测微螺杆即将接触工件时必须使用棘轮，直到打滑 1～2 圈为止，以保证恒定的测量压力。

3）工件应准确地放置在外径千分尺测量面间，不可倾斜。

4）测量时不应先锁紧测微螺杆，后用力卡住工件。否则将导致测微螺杆弯曲或测量面磨损，因而影响测量准确度。

5）外径千分尺只适用于测量精确度较高的尺寸，不宜测量粗糙表面。

3. 量缸表

（1）量缸表的结构、组装和校准。

量缸表由表头和测量附件组成，表头的表面上有 100 个小格，每小格为 0.01 mm。表面上的大指针偏转一圈（即表面上小指针偏转一格）相当于 1 mm，表盘可以左右转动，上面刻有“0”。量缸表的结构如图 2-10 所示。

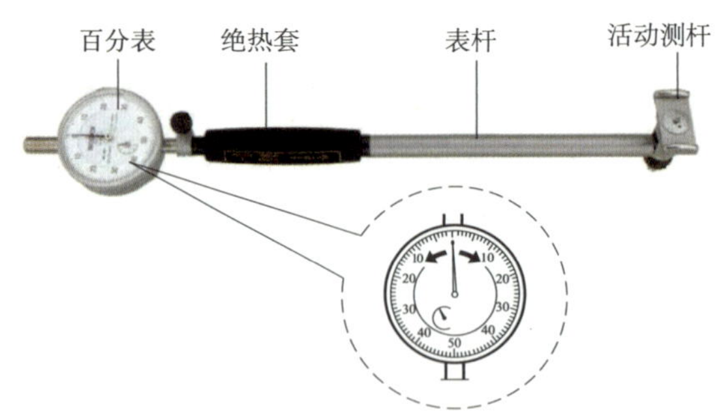

图 2-10 量缸表的结构

根据被测气缸的标准尺寸选择合适的接杆，装上后，暂不拧紧固定螺母，把外径千分尺调至被测气缸的标准尺寸，将装好的量缸表放入外径千分尺。稍微旋动接杆，使表针摆动 1～2 mm，转动表盘，对准 0 刻度。为使测量准确，可重复校准。最后拧紧固定螺母。量缸表的组装和校准如图 2-11 所示。

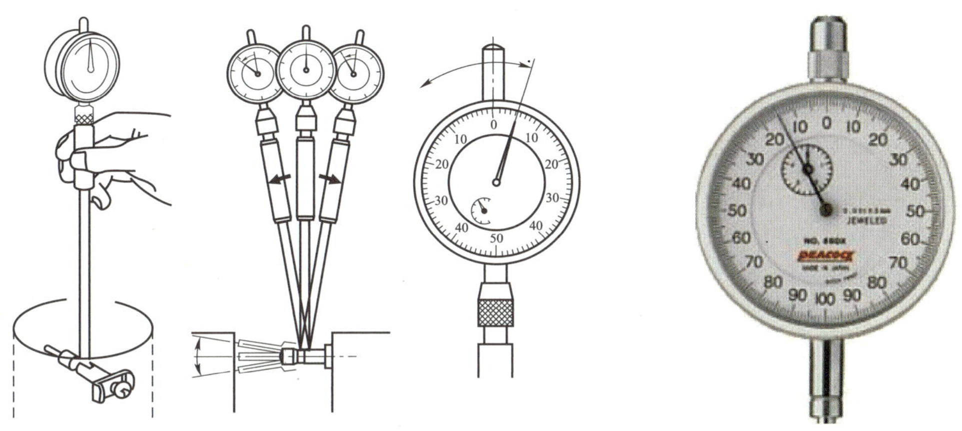

图 2-11　量缸表的组装和校准

（2）量缸表的读数方法。

1）百分表表盘刻度为 100，指针在圆表盘上转动一格为 0.01 mm，转动一圈为 1 mm；小指针移动一格为 1 mm。

2）测量时，当指针顺时针方向离开“0”位时，表示缸径小于标准尺寸的缸径，它是标准缸径与指针离开“0”位格数的差；当指针逆时针方向离开“0”位时，表示缸径大于标准尺寸的缸径，它是标准缸径与指针离开“0”位格数之和。

3）测量时，若小指针移动超过 1 mm，则应在实际测量值中加上或减去 1 mm。

量缸表的读数方法如图 2-12 所示。

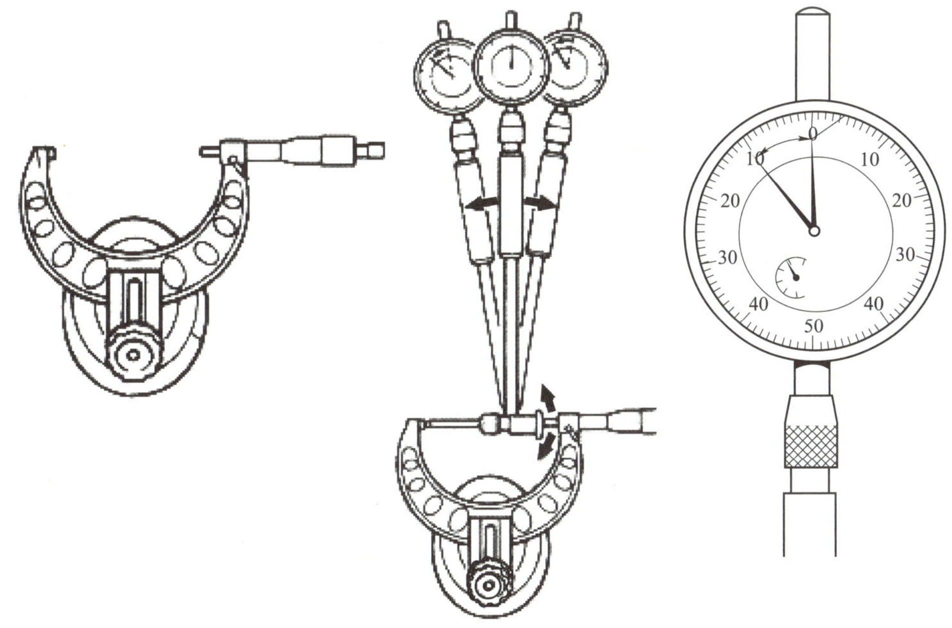

图 2-12　量缸表的读数方法

（二）气缸圆度与圆柱度的测量

1. 气缸圆度的测量

气缸圆度测量的部位应选在活塞环的工作区域内，取上、中、下 3 个截面，如图 2-13（a）所示。在每个截面上沿发动机的前后方向和左右方向分别测量出气缸的直径。为了保证测量的精确性，测量时量缸表的测杆与气缸的轴线应保持垂直。计算时每个截面上所测得的两直径之差的一半即为该截面的圆度误差。对 3 个截面所测得的圆度误差进行比较，取最大值作为被测气缸的圆度误差。

2. 气缸圆柱度的测量

气缸圆柱度测量的部位一般选在气缸的上、下部位，即气缸磨损的最大处和最小处。计算时同一气缸中所测得的直径中的最大值与最小值之差的一半即为被测气缸的圆柱度误差。

测量完一个截面以后，不能直接拉动量缸表到新的测量位置，应倾斜量缸表到新的位置，以防止损坏气缸壁和量缸表。气缸圆柱度的测量位置如图 2-13（b）所示。

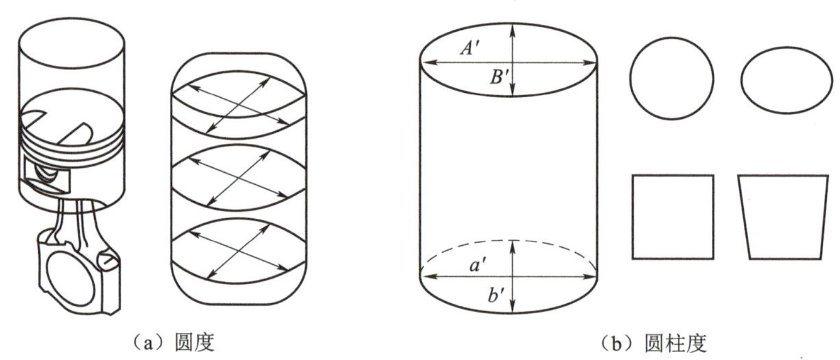

（a）圆度　　（b）圆柱度

图 2-13　气缸圆度与圆柱度的测量位置

（三）修理尺寸

当发动机的圆度误差和圆柱度误差有一项超过厂家要求的标准时，必须进行镗缸修理或更换气缸套。

气缸的修理尺寸以标准尺寸每增加 0.25 mm 为一级，一般可增加 3 级，分别为+0.25 mm、+0.5 mm、+0.75 mm。

有些车型没有修理尺寸，需要更换气缸套进行修复。

知识拓展

气缸体常见损伤主要有磨损、裂纹和变形 3 种类型。磨损主要有机械磨损、磨料磨损、腐蚀磨损和黏着磨损。

机械磨损是由机械摩擦引起的，其大小受加工精度、装配和安装质量、润滑条件、工作温度和摩擦副之间的压力影响。发动机工作时，气缸上部温度高，润滑油变稀，油膜质量差；高压气体进入活塞环槽，将活塞环紧压在缸壁上，第 1 道环压力最大，第 2 道环压力次之。气缸体缸壁的磨损规律如图 2-14 所示。

磨料磨损是指机油和空气中的杂质使零部件加速磨损。由于在进气过程中进气流直冲进气门对面缸壁（尤其是低温时掺杂着未汽化的汽油颗粒），破坏了机油油膜，造成较严

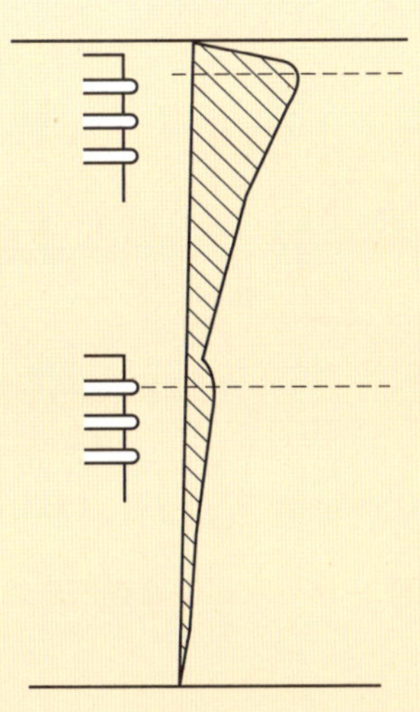

图 2-14 气缸体缸壁的磨损规律

重的磨料磨损，使气缸的横断面磨成椭圆形。气缸体横断面的磨损规律如图 2-15 所示。

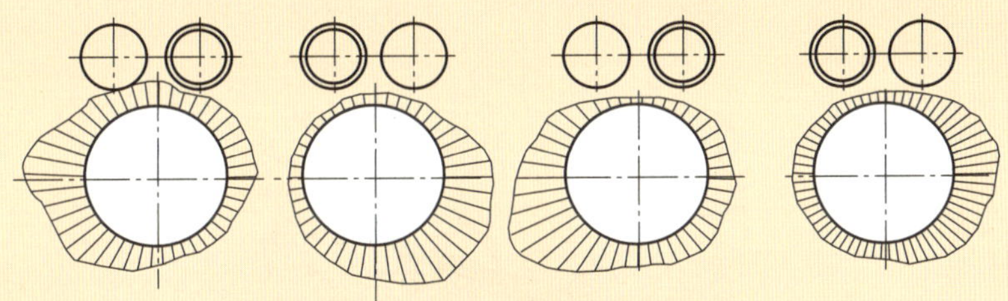

图 2-15 气缸体横断面的磨损规律

腐蚀磨损是指当发动机缸壁温度低、缸内压力大时，气缸内的水蒸气会在缸壁上形成水珠，这些水珠与废气接触生成酸性物质附着在缸壁上，对缸壁产生腐蚀作用。

黏着磨损是指气缸与活塞环在润滑不良的情况下，相互之间有微小部分金属直接接触摩擦，形成局部高温而出现黏着、脱落现象，并逐渐扩展。

多缸发动机一般因两端气缸冷却效率高，所以磨损严重，靠近中间的气缸磨损相对比较轻一些。

制造加工和拆装等过程造成的应力不均和发动机的高低温变化，都会引起气缸体和气缸盖接合面不密封，导致产生漏水、漏油、漏气等密封不严的现象。

发动机工作时机体组承受拉、压、弯曲和扭转等交变载荷，或严寒未使用防冻液等都会导致裂纹产生。

四、气缸体裂纹和轴承座孔的检测

（一）水压法检查气缸体裂纹

裂纹检查一般采用水压法，将气缸垫和气缸盖装在机体上，用一盖板装在机体前壁进水口处，用水管将水压机和进水口相连，将水套出水口封闭。用水压机将水压入水套，当水的压力上升至 300 kPa 时，保压 5 min，检查缸体、缸盖外表及气缸燃烧室等部位，均应无渗水痕迹。如有渗水痕迹则需更换气缸体。水压法检查气缸体如图 2-16 所示。

图 2-16　水压法检查气缸体

（二）轴承座孔的检测

将主轴承盖装上（不装轴承）并用标准力矩将轴承盖螺栓拧紧。用量缸表检查座孔的圆度误差和圆柱度误差。在圆周方向测量 3～5 点所得的最大尺寸差为圆度偏差，沿轴线方向测量 3 处，所得的最大尺寸差为圆柱度偏差。凸轮轴轴承孔的检测方法与之相同。轴承座孔的检测如图 2-17 所示。

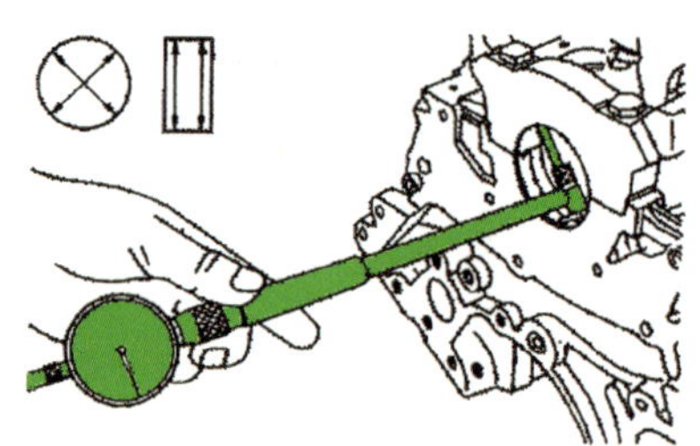

图 2-17　轴承座孔的检测

五、燃烧室容积的测量

当活塞位于上止点时，活塞顶面以上、气缸盖顶面以下所形成的空间称为燃烧室。在汽油机气缸盖底面通常铸有形状各异的凹坑，习惯上称这些凹坑为燃烧室形状。

对气缸盖下平面进行磨削加工后，燃烧室容积会减小。若燃烧室容积过小，会使气缸压缩比发生变化，从而引起发动机工作不正常。所以应该对加工后的气缸盖燃烧室容积进行测量。燃烧室容积一般不得小于标准容积的 95%；同一台发动机各燃烧室容积的公差为标准容积的 1%～2%。其测量步骤如下：

（1）清洁燃烧室。

（2）安装火花塞。

（3）安装进、排气门，确保不泄漏。

（4）将气缸盖倒置放在水平位置。

（5）燃烧室周围涂抹机油，盖上带中心孔的玻璃板。

（6）用量杯将煤油（80%）+机油（20%）的混合液体注入燃烧室，量杯中液面变化的差值即为燃烧室容积。

决　策

用创新精神追逐技术前沿

（1）准备好所需设备、工具、资料等。

（2）确定车辆信息。

（3）分组并选出负责人。

<table>
<tr><td>工作内容：检测气缸体和气缸</td><td>完成时间：</td></tr>
<tr><td colspan="2">参考资料：</td></tr>
<tr><td colspan="2">实训设备：</td></tr>
<tr><td colspan="2">分组情况</td></tr>
<tr><td colspan="2">负责人：

组　员：</td></tr>
</table>

计　划

（1）严格按照维修手册要求的流程进行操作。

（2）对特殊零部件的拆解要使用专用工具。

（3）各螺栓拧紧力矩符合要求。

（4）听从老师管理，禁止随意操作实训车辆、设备等。

（5）安全操作，禁止明火。

（6）做好 7S 管理。

实　施

气缸盖拆装与检测作业单

<table>
<tr><td>姓名：</td><td></td><td>完成时间：15 分钟</td><td>实训教师签字：</td><td></td></tr>
<tr><td colspan="2">作业内容</td><td colspan="3">对气缸盖进行拆卸、检查、安装等相关操作</td></tr>
<tr><td colspan="2">按作业规范要求完成</td><td colspan="3">（1）进行气缸拆卸；
（2）进行气缸垫拆卸；
（3）进行气缸盖基本检查；
（4）填写记录表；
<table><tr><td>测量项目</td><td>气缸盖平面度</td></tr><tr><td>标准值</td><td>≤0. 05 mm</td></tr><tr><td>测量值</td><td></td></tr></table>（5）进行气缸垫检查；
（6）进行气缸垫安装；
（7）进行气缸盖安装</td></tr>
</table>

注：处理结果时，正常打“√”，若不正常给出维修方案（维修、更换、调整）。

气缸盖拆装与检测评价标准

序号	评价项目	评价内容及得分条件	评分标准	配分	得分
1	操作规范 （作业安全） （职业操守）	（1）能进行工位 7S 操作（总分 3 分） □1）整理、整顿（0.5 分） □2）清理、清洁（1 分） □3）素养、节约（0.5 分） □4）安全（1 分）	依据得分条件进行评分，按要求完成在□打√，未按要求完成在□打×并扣除对应分数，扣分不得超过 15 分	15	
		（2）能进行设备和工具安全检查（总分 3 分） □1）检查作业工具设备是否完备（1 分） □2）检查作业环境是否配备灭火器（1 分） □3）检查举升机举升情况是否正常（1 分）			
		（3）能进行车辆安全防护操作（总分 3 分） □1）正确安装车外三件套（1 分） □2）正确安装车内四件套（1 分） □3）正确安装车轮挡块（1 分）			
		（4）能进行工具清洁校准存放操作（总分 3 分） □1）使用工具前对工具进行校准（1 分） □2）使用工具后对工具进行清洁（1 分） □3）作业完成后对工具进行复位（1 分）			
		（5）能进行三不落地操作（总分 3 分） □1）作业过程中做到油液不落地（1 分） □2）作业过程中做到水液不落地（1 分） □3）作业过程中做到工具不落地（1 分）			
2	专业能力 （应用技能） （操作技能） （保养作业） （拆装作业） （维修作业）	（1）气缸盖拆卸（总分 10 分） □1）正确使用扭力扳手由外向内依次预松气缸盖固定螺栓（2 分） □2）正确使用棘轮扳手由外向内依次拆卸气缸盖固定螺栓（2 分） □3）取下气缸盖固定螺栓（2 分） □4）取下气缸盖螺栓垫片（2 分） □5）取下气缸盖总成，放置在工作台上（2 分）	依据得分条件进行评分，按要求完成在□打√，未按要求完成在□打×并扣除对应分数，扣分不得超过 50 分	50	
		（2）气缸垫拆卸（总分 5 分） □1）取下气缸垫（2.5 分） □2）取下定位套（2.5 分）			
		（3）气缸盖基本检查（总分 5 分） □1）清洁气缸盖（1 分） □2）检查气缸盖是否腐蚀、击伤（2 分） □3）检查气缸盖螺纹孔、水道、油道是否损坏、腐蚀、堵塞（2 分）			

续表

<table>
<tr><th>序号</th><th>评价项目</th><th>评价内容及得分条件</th><th>评分标准</th><th>配分</th><th>得分</th></tr>
<tr><td rowspan="4">2</td><td rowspan="4">专业能力
（应用技能）
（操作技能）
（保养作业）
（拆装作业）
（维修作业）</td><td>（4）气缸盖平面度检查（总分 10 分）
□ 1）取出刀口尺和塞尺，清洁刀口尺和塞尺，翻转气缸盖至安装面朝上（2 分）
□ 2）使用刀口尺和塞尺测量气缸盖横面平面度（2 次），读取测量值，记录测量值（2 分）
□ 3）使用刀口尺和塞尺测量气缸盖竖面平面度（2 次），读取测量值，记录测量值（2 分）
□ 4）使用刀口尺和塞尺测量气缸盖对角平面度（2 次），读取测量值，记录测量值（2 分）
□ 5）根据记录的测量值，对比分析测量值（2 分）</td><td rowspan="4">依据得分条件进行评分，按要求完成在□打√，未按要求完成在□打×并扣除对应分数，扣分不得超 50 分</td><td rowspan="4">50</td><td rowspan="4"></td></tr>
<tr><td>（5）气缸垫检查（总分 5 分）
□ 1）清洁气缸垫（2.5 分）
□ 2）检查气缸垫是否平整、牢固、损伤、凹陷、褶皱、锈污（2.5 分）</td></tr>
<tr><td>（6）气缸垫安装（总分 5 分）
□ 1）清洁气缸体安装面及气缸盖安装面（1 分）
□ 2）清洁气缸垫（1 分）
□ 3）安装定位套（1 分）
□ 4）安装气缸垫，对准定位套，对准气缸体油孔、水孔（2 分）</td></tr>
<tr><td>（7）气缸盖安装（总分 10 分）
□ 1）安装气缸盖总成至气缸体（2 分）
□ 2）安装螺栓垫片至缸盖螺栓（2 分）
□ 3）涂抹适量机油至缸盖螺栓（1 分）
□ 4）安装气缸盖固定螺栓（1 分）
□ 5）正确使用棘轮扳手由内向外依次预紧气缸盖固定螺栓（2 分）
□ 6）正确使用扭力扳手由内向外依次紧固气缸盖固定螺栓（按照维修手册中规定的扭矩紧固螺栓）（2 分）</td></tr>
<tr><td rowspan="4">3</td><td rowspan="4">信息能力
（信息录入）
（资料应用）
（资讯检索）</td><td>（1）能正确使用维修手册查询资料（总分 4 分）
□ 1）查询气缸盖拆卸及安装步骤（2 分）
□ 2）查询气缸盖检查项目、检查方法（1 分）
□ 3）查询气缸盖平面度标准数值（1 分）</td><td rowspan="4">依据得分条件进行评分，按要求完成在□打√，未按要求完成在□打×并扣除对应分数，扣分不得超 10 分</td><td rowspan="4">10</td><td rowspan="4"></td></tr>
<tr><td>□（2）查询发动机维护保养相关信息（2 分）</td></tr>
<tr><td>□（3）能在规定时间内查询所需资料（2 分）</td></tr>
<tr><td>□（4）能正确记录查询资料章节页码（2 分）</td></tr>
</table>

续表

<table>
<tr><th>序号</th><th>评价项目</th><th>评价内容及得分条件</th><th>评分标准</th><th>配分</th><th>得分</th></tr>
<tr><td rowspan="3">4</td><td rowspan="3">工具、设备和软件使用能力
（岗位所需工具及设备的使用能力）
（办公软件的使用能力）
（查询软件的使用能力）</td><td>□（1）能正确选用维修工具、检测工具（4 分）</td><td rowspan="3">依据得分条件进行评分，按要求完成在□打√，未按要求完成在□打×并扣除对应分数，扣分不得超 10 分</td><td rowspan="3">10</td><td rowspan="3"></td></tr>
<tr><td>□（2）能正确使用维修工具进行拆装（3 分）</td></tr>
<tr><td>□（3）能正确使用检测工具进行检测（3 分）</td></tr>
<tr><td rowspan="2">5</td><td rowspan="2">分析能力
（诊断分析）
（检测分析）
（调校分析）</td><td>□（1）能判断气缸盖外观是否正常（5 分）</td><td rowspan="2">依据得分条件进行评分，按要求完成在□打√，未按要求完成在□打×并扣除对应分数，扣分不得超 10 分</td><td rowspan="2">10</td><td rowspan="2"></td></tr>
<tr><td>□（2）能判断气缸盖平面度是否正常（5 分）</td></tr>
<tr><td rowspan="5">6</td><td rowspan="5">表单填写与报告撰写能力
（电子工单）
（纸质工单）
（任务记录单）</td><td>□（1）字迹清晰（1 分）</td><td rowspan="5">依据得分条件进行评分，按要求完成在□打√，未按要求完成在□打×并扣除对应分数，扣分不得超 5 分</td><td rowspan="5">5</td><td rowspan="5"></td></tr>
<tr><td>□（2）语句通顺（1 分）</td></tr>
<tr><td>□（3）无错别字（1 分）</td></tr>
<tr><td>□（4）无涂改（1 分）</td></tr>
<tr><td>□（5）无抄袭（1 分）</td></tr>
</table>

自　测

一、判断题

（1）塞尺可以测得某一间隙的精确尺寸。（　　）

（2）计算气缸圆度时，每个截面上所测得的两直径之差的一半即为该截面的圆度误差。（　　）

（3）活塞第一道环的工作环境最恶劣。（　　）

（4）千分尺是精密量具。（　　）

二、思考题

（1）简述气缸圆度和圆柱度的测量方法。

（2）简述游标卡尺读数的注意事项。

评价与反馈

一、学习目标自我检查

序号	学习目标	完成情况（在相应的选项后打√）		
		能	不能	如果不能，是什么原因
1	讲述机体组的组成、原理及特点			
2	讲述机体组常见损伤及原因分析			
3	讲述气缸体、气缸盖平面度、气缸、轴承座孔、燃烧室容积等项目的测量和计算方法			
4	讲述外径千分尺、游标卡尺、量缸表等量具的使用方法			
5	讲述机体组的拆装方法			
6	对自己的学习和工作效果做出自我评价			

二、日常表现评价（由小组长或者组内成员评价）

序号	日常表现项目	完成情况（在相应栏目后打√）		分数
1	工作页填写情况	填写完整		10
		缺失 0～20%		8
		缺失 20%～40%		6
		缺失 40% 以上		2
2	工作着装是否规范	着校服（工作服），未穿拖鞋、凉鞋		10
		未穿校服或穿拖鞋、凉鞋		8
		偶尔会不穿校服，穿拖鞋、凉鞋		6
		始终不穿校服，穿拖鞋、凉鞋		2
3	参与工作现场 7S 工作	积极主动参与 7S 工作		10
		在组长的要求下能参与 7S 工作		8
		在组长的要求下能参与 7S 工作，但效果差		6
		不愿意参加 7S 工作		2
4	操作作业时，有无警示其他同学	有警示		10
		无警示		0

续表

序号	日常表现项目	完成情况（在相应栏目后打√）		分数
5	考勤情况	全勤		10
		缺勤 0～20%（有请假）		8
		缺勤 0～20%（旷课）		6
		缺勤 20% 以上		2
6	总体评价该同学	非常优秀		10
		比较优秀		8
		有待改进		6
		急需改进		2
总分				

班级：　　　　学生签名：　　　　　年　月　日

三、教师总体评价

评价项目	完成情况（在相应栏目后打√）		分数
对该同学所在小组整体印象评价	组长负责，组内学习气氛好		25
	组长能组织组员按要求完成学习任务，个别组员不能达到学习目标		10
	组内有 30% 以上的学生不能达到学习目标		5
	组内大部分学生不能达到学习目标		0
总分			

教师签名：　　　　　年　月　日

任务二　活塞连杆组的结构与检修

知识介绍

一、活塞连杆组的组成及拆装方法

（一）活塞连杆组的组成及功用

活塞连杆组的功用是将做功产生的压力传给曲轴，使曲轴旋转并输出动力。活塞连杆组主要由活塞、活塞环、活塞销、连杆及连杆轴承等组成，如图 2-18 所示。

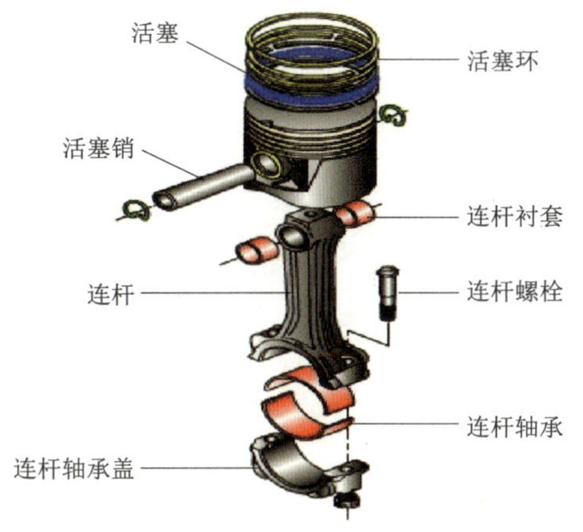

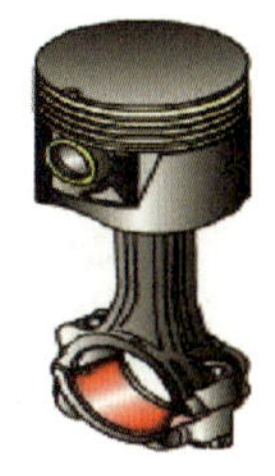

图 2-18 活塞连杆组的组成

（二）活塞连杆组的拆装方法

（1）将要拆卸的活塞连杆旋转到下止点位置，检查连杆是否有明显弯曲现象，检查活塞连杆组的序号是否与气缸体上的序号一致。气缸体上的序号如图 2-19 所示。用抹布清洁气缸，检查有无缸肩，如有应先清除。

（2）检查或设置装配标记，如果无原车标记，用记号笔在连杆和连杆轴承盖上做记号。用扭力扳手和套筒分两次旋松连杆螺母，之后用手拧下螺母。装配标记如图 2-20 所示。

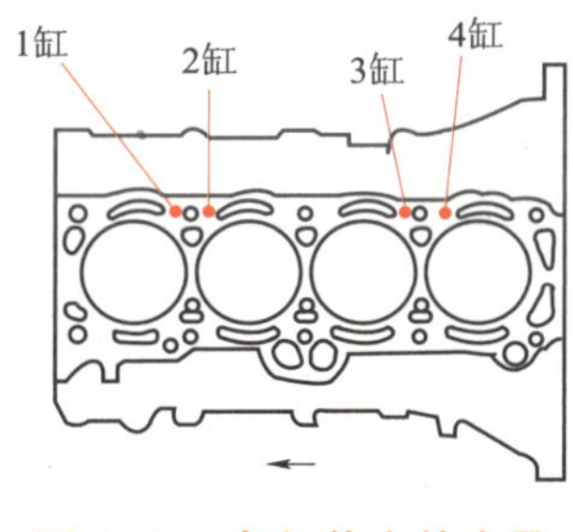

图 2-19 气缸体上的序号

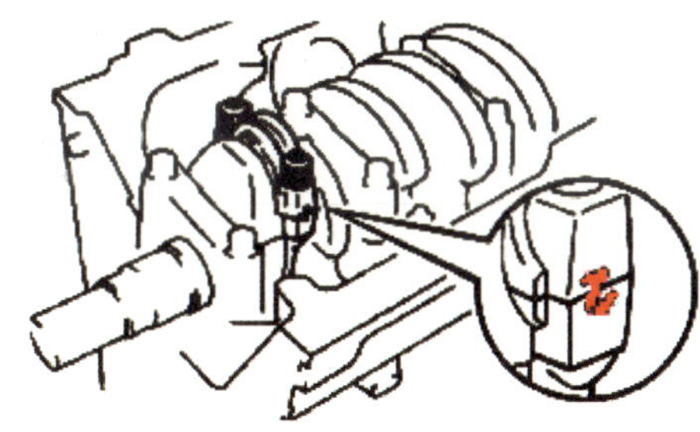

图 2-20 装配标记

（3）使用活塞环扩张器（如图 2-21 所示）拆下两道压缩环，用手拆下组合油环，用铲刀清理活塞顶面积炭。

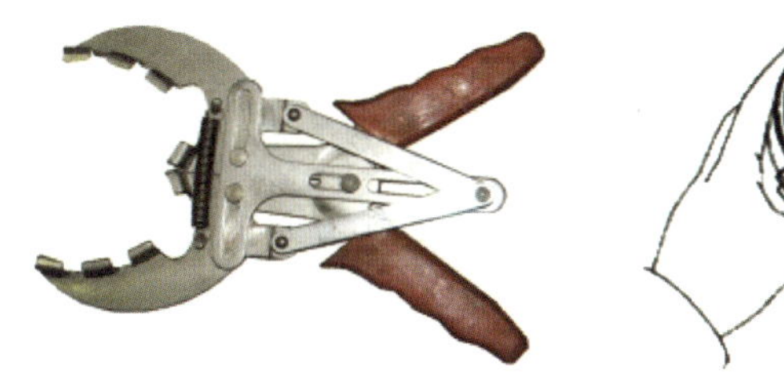

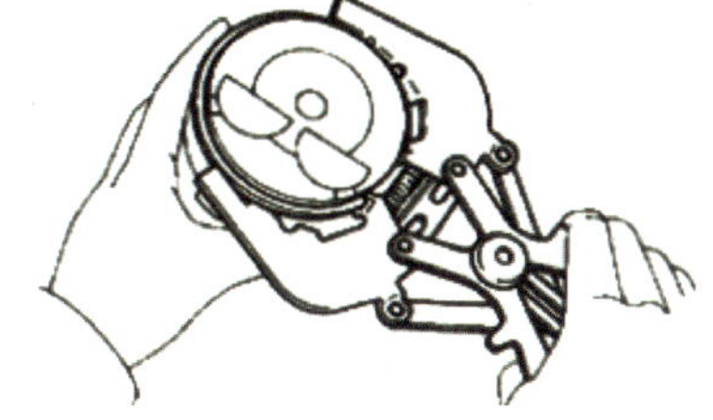

图 2-21 活塞环扩张器

（4）用抹布清洁活塞连杆、活塞环、连杆轴承（两片，并注意按原来的安装位置摆放）、连杆轴承盖、连杆螺母等。用尖嘴钳取出活塞销卡簧，将活塞加热至 60 ℃以上，用拇指压出活塞销，或用专用冲头将其冲出，如图 2-22 所示。

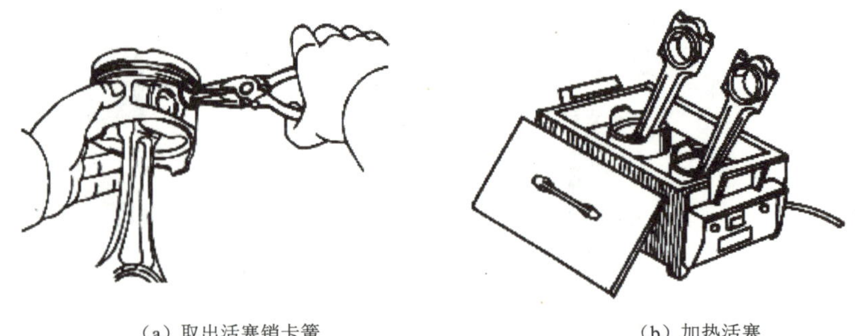

（a）取出活塞销卡簧　　（b）加热活塞

图 2-22　取出活塞销卡簧并加热活塞

二、活塞及其测量

活塞组的结构如图 2-23 所示。

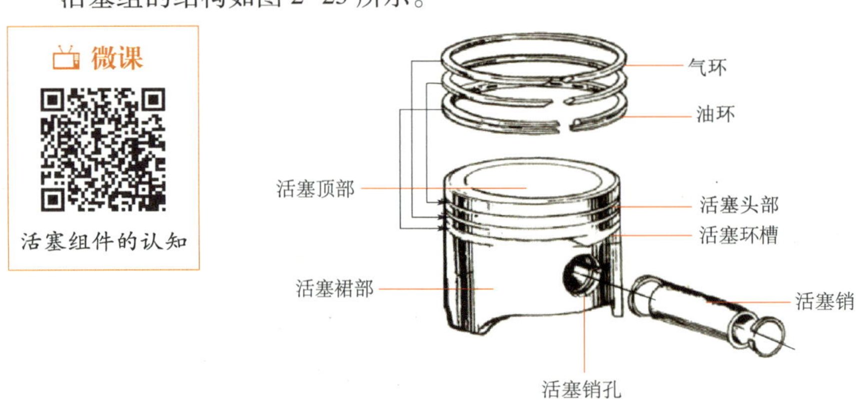

图 2-23　活塞组的结构

（一）活塞的功能、组成及特点

1. 功能

活塞与气缸盖、气缸壁共同组成燃烧室，承受气体压力并将压力通过活塞销传给连杆，以推动曲轴旋转。

2. 组成

活塞主要由活塞顶部、活塞头部和活塞裙部三部分组成。活塞的工作环境为 300～400 ℃（最高瞬时温度可达 2 000 ℃以上）的高温、4 000 kPa 的高压、平均 8～12 m/s 的速度，所以要求活塞刚度、强度高，质量小，热膨胀系数小，导热性能好，以满足活塞的正常工作需求。铝合金制成的活塞可以满足质量小、导热性好、强度高的要求，但热膨胀系数大，在制造时需要采取相应措施。

（1）活塞顶部。活塞顶部结构类型有平顶（如图 2-24 所示）、凹顶（如图 2-25 所示）和凸顶（如图 2-26 所示）三种。

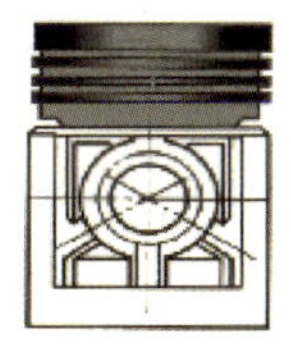

图 2-24 平顶活塞

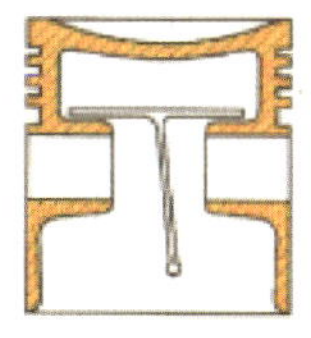

图 2-25 凹顶活塞

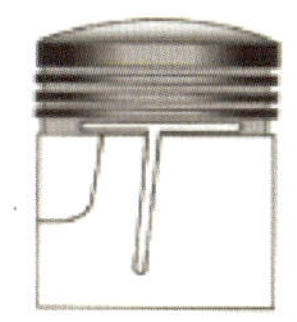

图 2-26 凸顶活塞

平顶活塞受热面积小，被广泛采用；凹顶活塞用于高压缩比发动机，为了防止碰撞气门，也可用凹坑的深度来调整压缩比；凸顶活塞与半球形燃烧室配用。

（2）活塞头部。活塞头部由于受热比活塞裙部高，直径要比活塞裙部小，为了保证温度低时不漏气，头部开有活塞环槽，安装活塞环，用来密封活塞头部与缸壁之间的间隙。活塞环槽分为气环槽和油环槽。气环槽一般为第一道和第二道，油环槽一般为第三道。活塞头部的结构如图 2-27 所示。

（3）活塞裙部。活塞裙部指活塞环槽以下的部分，主要起导向、承受侧压力和传递气体作用力给连杆的作用。活塞裙部直径比头部大，为使高温工作时不胀死，一般的活塞裙部具有一定的椭圆度。因为裙部区域加工有活塞销孔，所以销座部分必须加厚。销孔的两端有用于安装活塞销挡环的环槽，销座与顶部内壁之间还有加强筋。活塞裙部的结构如图 2-28 所示。

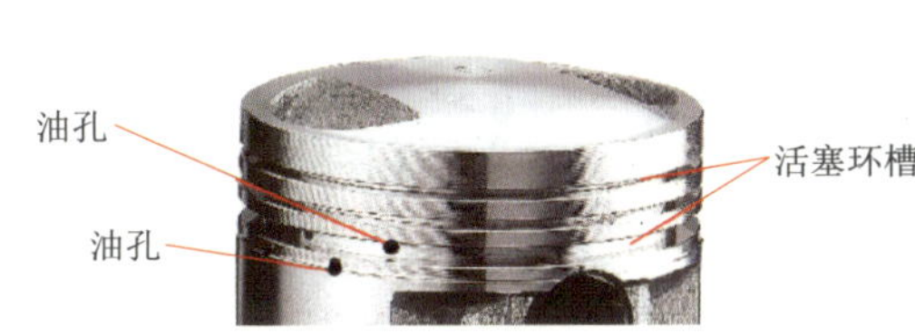

图 2-27 活塞头部的结构

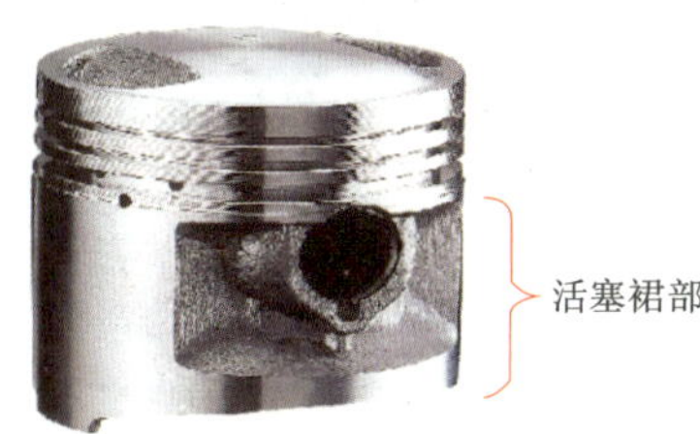

图 2-28 活塞裙部的结构

3. 特点

（1）活塞工作时从上到下温度越来越低，所以，将活塞制成上小下大的锥形或桶形的非正圆柱体，在正常工作温度时即可变成正圆柱体。活塞的锥形结构如图 2-29 所示。

（2）活塞在工作时，连杆使垂直于销座轴线方向的两个侧面交替与气缸壁接触，受气缸壁侧压力的挤压，此方向尺寸大。另外，由于活塞销座部分材料比较厚，热膨胀量比较大，所以，需要将活塞裙部横截面加工成销孔轴线方向直径稍短的椭圆形。活塞裙部的横截面形状如图 2-30 所示。

图 2-29 活塞的锥形结构

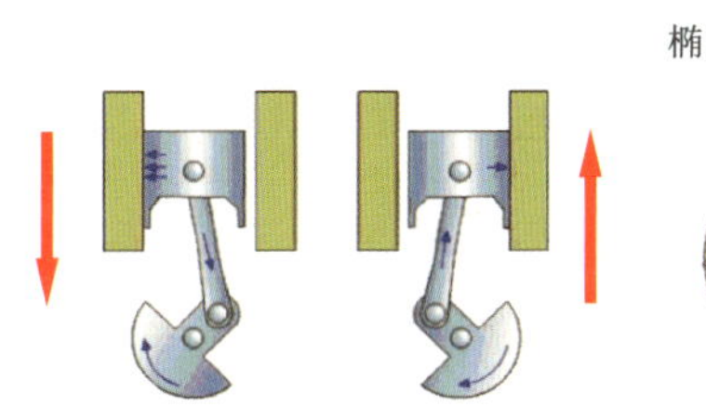

图 2-30 活塞裙部的横截面形状

（3）为了阻止活塞销座的膨胀，可使用恒范钢片活塞，即在销座处镶入热膨胀系数小的恒范钢片。恒范钢片活塞如图 2-31 所示。

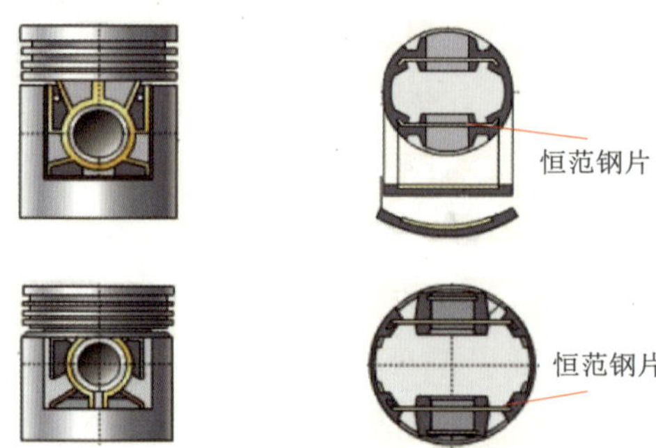

图 2-31　恒范钢片活塞

同时，为了减少传到活塞裙部的热量，降低活塞裙部温度，需要在活塞裙部的靠上部位切横向槽。另外，还需要在活塞裙部切纵向槽，使其更具有弹性，允许横向膨胀而不增大尺寸。柴油机因为活塞受力大，活塞裙部不能开槽，所以装配间隙较大。活塞裙部的横向槽和纵向槽如图 2-32 所示。

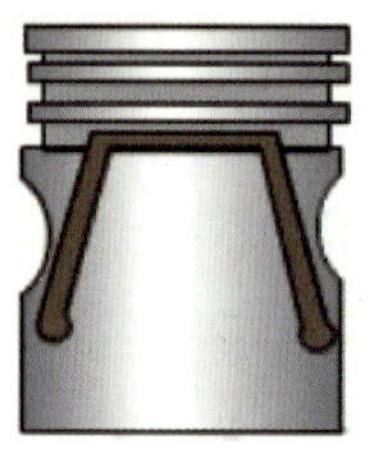
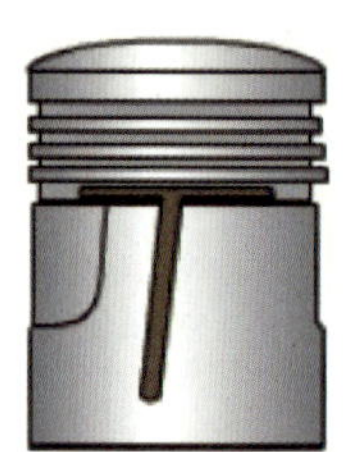
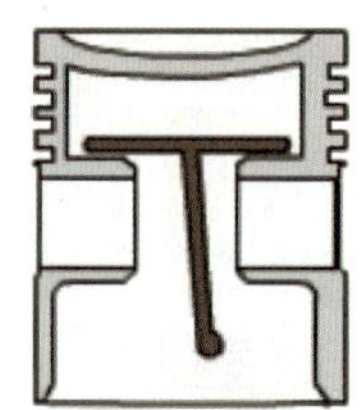

图 2-32　活塞裙部的横向槽和纵向槽

（4）现代汽油发动机转速较高，为了减轻活塞质量，减小惯性和变形量，将活塞裙部不受侧压力的两底边部分或全部去掉，此举也可以避免活塞在下止点时与曲轴平衡块相撞。活塞裙部形状如图 2-33 所示。

（5）活塞的冷却采用油冷措施。一般从连杆小头上的喷油孔或从机体专设的喷油嘴向活塞顶部内侧喷射机油。喷油孔和喷油嘴位置如图 2-34 所示。

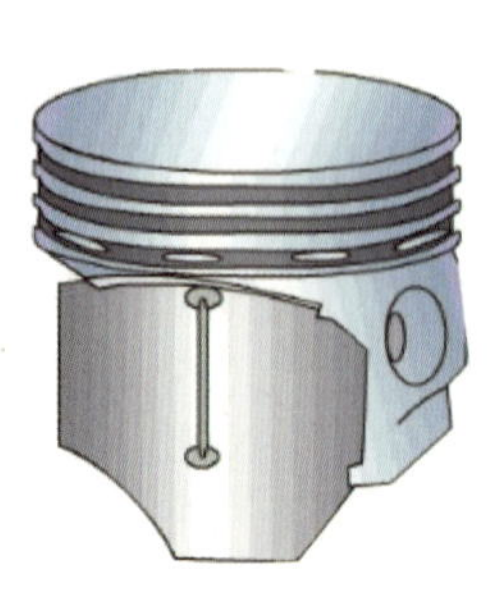

图 2-33　活塞裙部形状

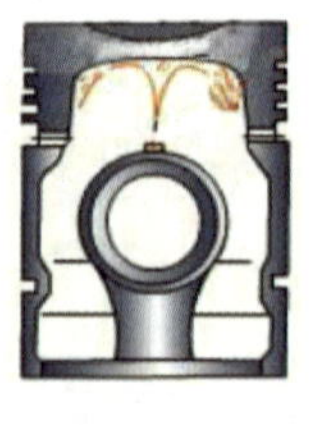
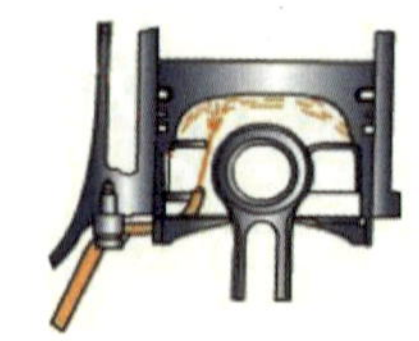

图 2-34　喷油孔和喷油嘴位置

（二）测量气缸壁与活塞的油膜间隙

用外径千分尺测量活塞裙部的直径（查阅维修手册，确定测量点的位置），用量缸表测量出气缸直径，它们的差值即为气缸壁与活塞的油膜间隙，如图 2-35 所示。检查活塞时，检测部位距离活塞裙部下缘约 10 mm，并与活塞销轴线成 90°。

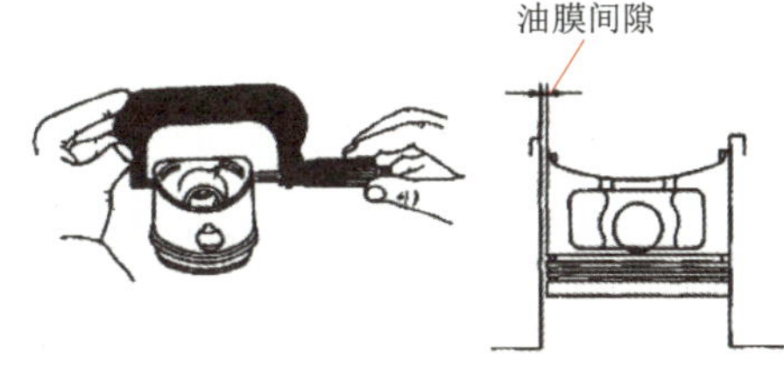

图 2-35 测量油膜间隙

三、活塞环及其检查

（一）活塞环的功能、特点及分类

活塞环分为气环和油环，如图 2-36 所示。气环的功用是密封活塞和气缸之间的间隙，防止漏气，并将活塞头部热量传给气缸壁，帮助活塞散热。油环的作用是刮油，经活塞内腔流入曲轴箱，防止多余机油进入燃烧室，造成燃烧室积炭，同时使气缸壁上机油分布均匀，改善活塞与气缸壁的润滑条件。

发动机工作时，活塞、活塞环等机件都会发生热膨胀。而活塞环在气缸、活塞环槽内的运动相对较为复杂，既要与活塞一起在气缸内做上下运动，径向胀缩，还要在环槽内做微量的圆周运动，保证气缸的密封性，并防止活塞环卡死在气缸内或胀死于环槽中。安装时，活塞环应留有侧隙、端隙和背隙，如图 2-37 所示。

图 2-36 气环和油环

图 2-37 活塞环的侧隙、端隙和背隙

（二）检查活塞环与活塞的侧隙

侧隙是指活塞环装配后上平面与槽之间的间隙。侧隙过大，将减弱活塞环的密封作用，过小则可能导致活塞环卡死。超过极限间隙时，应更换活塞环。侧隙的检查如图 2-38 所示。

（三）检查活塞环端隙

将活塞环平正地放入气缸，用一个活塞将环推到环行程的底部，因为这里的磨损量是最小的。然后取出活塞，用塞尺测量端口间隙，即端隙。端隙的检查如图 2-39 所示。

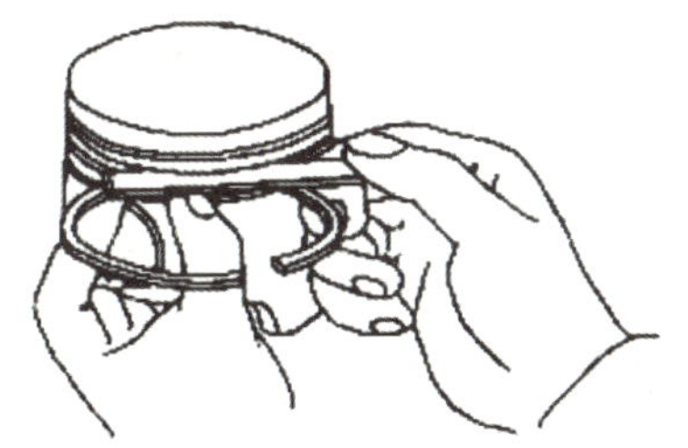
图 2-38 侧隙的检查

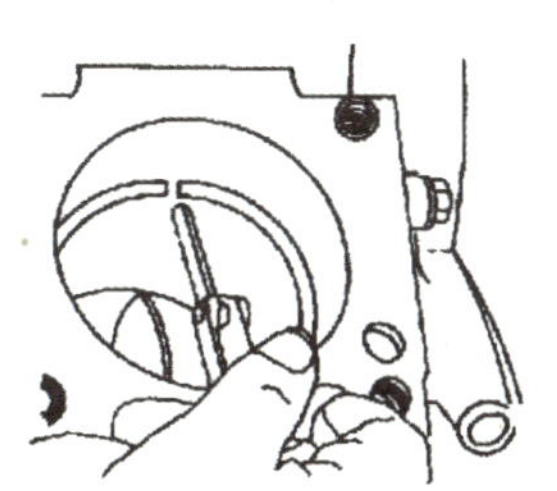
图 2-39 端隙的检查

四、连杆组及其检查

（一）连杆组的组成及功用

1. 连杆

连杆的功用是将活塞的力传给曲轴，变活塞的往复运动为曲轴的旋转运动。连杆的材料为中碳钢或合金钢，经模锻或辊锻、机械加工和热处理，要求在质量尽可能小的前提下有足够的刚度和强度。连杆的结构如图 2-40 所示。

2. 连杆轴承

连杆轴承是由钢背和减磨层组成的分开式薄壁轴承，如图 2-41 所示。其中钢背是 1～3 mm 的低碳钢，减磨层由 0.3～0.7 mm 的薄层减磨合金制成。减磨合金具有保持油膜、减少摩擦阻力和易于磨合的作用。

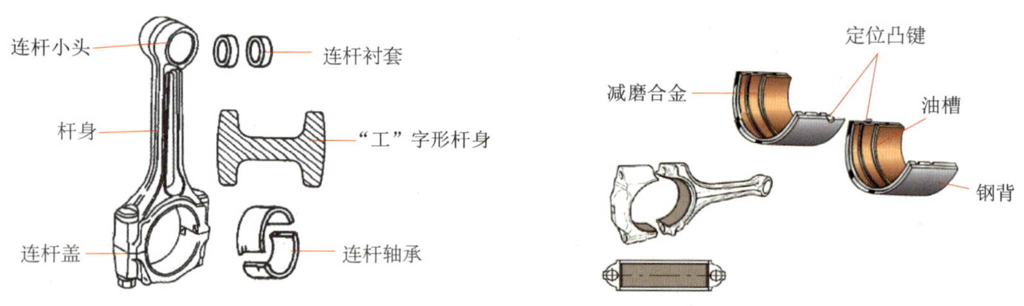

图 2-40 连杆的结构

图 2-41 连杆轴承

（二）测量连杆弯曲变形量和扭曲量

把活塞销试装到连杆上，再把连杆大端装到连杆检验器上，用塞尺测量其弯曲变形量和扭曲量。连杆的弯曲变形量和扭曲量不得大于原厂规定值，否则应进行更换。连杆弯曲变形量的测量如图 2-42 所示，连杆扭曲量的测量如图 2-43 所示。

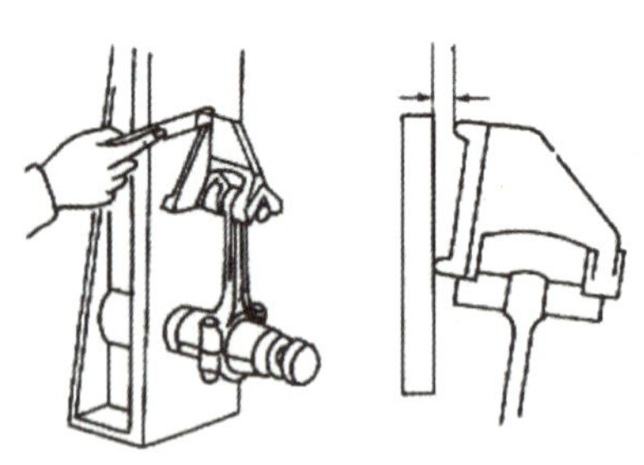

图 2-42 连杆弯曲变形量的测量

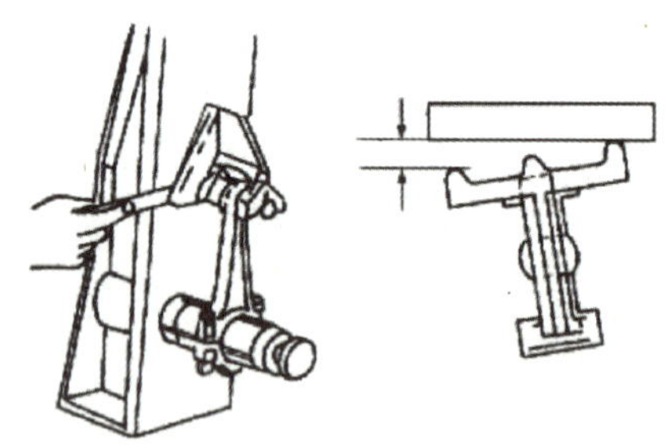

图 2-43 连杆扭曲量的测量

五、组装活塞连杆组

（一）组装注意事项

（1）活塞环开口错开 120°。

（2）活塞环标记“TOP”朝向活塞顶部。

（3）注意活塞所属气缸。

（4）活塞头部上的箭头指向皮带轮侧。

（5）使用活塞环加紧箍。

（6）安装活塞销时加热活塞至 60 ℃。

（7）注意连杆所属气缸和方向。

（8）连杆螺栓拧紧需使用标准力矩（以车型维修手册为准）。

（二）测量连杆径向间隙和轴向间隙

1. 测量连杆径向间隙

（1）将连杆轴瓦被测面的机油清洗干净，防止塑料间隙规溶于机油中。

（2）把一小段塑料间隙规（如图 2-44 所示）横置于连杆盖中轴承的全宽上，拧紧连杆螺栓至标准力矩。不要进一步拧紧，也不要转动曲轴。

（3）卸下连杆盖，用量尺与压扁的塑料间隙规的宽度比较。量尺条纹上的数值即为连杆径向间隙值。

测量连杆径向间隙如图 2-45 所示。

2. 测量轴向间隙

可用塞尺测量轴向间隙，如图 2-46 所示。

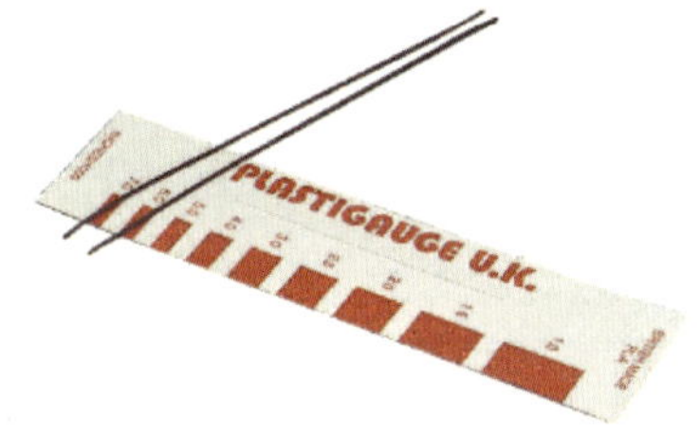

图 2-44　塑料间隙规

图 2-45　测量连杆径向间隙

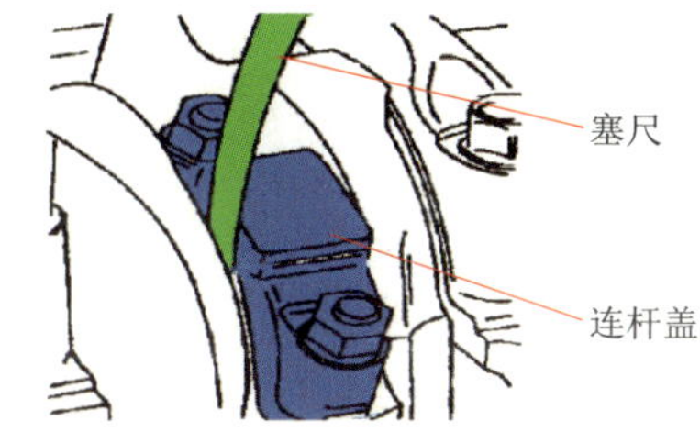

图 2-46　测量轴向间隙

决　策

拓展学习

活塞环的分类

（1）准备好所需设备、工具、资料等。

（2）确定车辆信息。

（3）分组并选出负责人。

<table>
<tr><td>工作内容：检测活塞连杆组</td><td>完成时间：</td></tr>
<tr><td colspan="2">参考资料：</td></tr>
<tr><td colspan="2">实训设备：</td></tr>
<tr><td colspan="2">分组情况</td></tr>
<tr><td colspan="2">负责人：

组　员：</td></tr>
</table>

计　划

（1）严格按照维修手册要求的流程进行操作。

（2）对特殊零部件的拆解要使用专用工具。

（3）各螺栓拧紧力矩符合要求。

（4）听从老师管理，禁止随意操作实训车辆、设备等。

（5）安全操作，禁止明火。

（6）做好 7S 管理。

实　施

活塞连杆组拆装与检测作业单

<table>
<tr><td>姓名：</td><td></td><td>完成时间：15 分钟</td><td>实训教师签字：</td><td></td></tr>
<tr><td colspan="2">作业内容</td><td colspan="3">对活塞连杆组进行拆卸、检测、安装等相关操作</td></tr>
<tr><td colspan="2">按作业规范要求完成</td><td colspan="3">（1）进行活塞连杆组拆卸；
（2）进行活塞连杆组分解；
（3）进行活塞环侧隙测量；
（4）填写活塞环侧隙测量记录表；
<table>
<tr><td>测量项目</td><td>活塞环侧隙</td></tr>
<tr><td>标准值</td><td>第一道环：0. 04～0. 10 mm
第二道环：0. 03～0. 07 mm</td></tr>
<tr><td>测量值</td><td></td></tr>
<tr><td>结果分析</td><td></td></tr>
</table>
（5）进行活塞环端隙测量；
（6）填写活塞环端隙测量记录表；
<table>
<tr><td>测量项目</td><td>活塞环端隙</td></tr>
<tr><td>标准值</td><td>0. 25～0. 50 mm</td></tr>
<tr><td>测量值</td><td></td></tr>
<tr><td>结果分析</td><td></td></tr>
</table>
（7）进行活塞直径测量；
（8）填写活塞直径测量记录表；
<table>
<tr><td>测量项目</td><td>活塞直径</td></tr>
<tr><td>标准值</td><td></td></tr>
<tr><td>测量值</td><td></td></tr>
<tr><td>结果分析</td><td></td></tr>
</table>
（9）进行连杆轴承间隙测量；
（10）填写连杆轴承间隙测量记录表；
<table>
<tr><td>测量项目</td><td>连杆轴承间隙</td></tr>
<tr><td>标准值</td><td></td></tr>
<tr><td>测量值</td><td></td></tr>
<tr><td>结果分析</td><td></td></tr>
</table>
（11）进行活塞连杆组组装；
（12）进行活塞连杆组安装</td></tr>
</table>

注：处理结果时，正常打“√”，若不正常给出维修方案（维修、更换、调整）。

活塞连杆组拆装与检测评价标准

序号	评价项目	评价内容及得分条件	评分标准	配分	得分
1	操作规范 （作业安全） （职业操守）	（1）能进行工位 7S 操作（总分 3 分） □1）整理、整顿（0.5 分） □2）清理、清洁（1 分） □3）素养、节约（0.5 分） □4）安全（1 分）	依据得分条件进行评分，按要求完成在□打√，未按要求完成在□打×并扣除对应分数，扣分不得超 15 分	15	
		（2）能进行设备和工具安全检查（总分 3 分） □1）检查作业工具设备是否完备（1 分） □2）检查作业环境是否配备灭火器（1 分） □3）检查举升机举升情况是否正常（1 分）			
		（3）能进行车辆安全防护操作（总分 3 分） □1）正确安装车外三件套（1 分） □2）正确安装车内四件套（1 分） □3）正确安装车轮挡块（1 分）			
		（4）能进行工具清洁校准存放操作（总分 3 分） □1）使用工具前对工具进行校准（1 分） □2）使用工具后对工具进行清洁（1 分） □3）作业完成后对工具进行复位（1 分）			
		（5）能进行三不落地操作（总分 3 分） □1）作业过程中做到油液不落地（1 分） □2）作业过程中做到水液不落地（1 分） □3）作业过程中做到工具不落地（1 分）			
2	专业能力 （应用技能） （操作技能） （保养作业） （拆装作业） （维修作业）	（1）活塞连杆组拆卸（总分 5 分） □1）正确对活塞连杆进行装配标记（1 分） □2）正确使用工具拆卸连杆盖螺栓（1 分） □3）正确从气缸体下方取出连杆盖（1 分） □4）正确从气缸体上方取出活塞及连杆（1 分） □5）正确取下连杆上轴瓦（1 分）	依据得分条件进行评分，按要求完成在□打√，未按要求完成在□打×并扣除对应分数，扣分不得超 50 分	50	
		（2）活塞连杆组分解（总分 5 分） □1）正确使用工具拆卸活塞环（2 分） □2）正确使用工具拆卸活塞销（2 分） □3）正确取下活塞、活塞环、活塞销、连杆、连杆轴瓦、连杆盖，并按各缸顺序摆放（1 分）			
		（3）活塞环侧隙测量（总分 5 分） □1）使用工具清理活塞环槽积炭（1 分） □2）使用工具装配第一道、第二道气环至活塞环槽（1 分） □3）使用塞尺检查第一道、第二道气环与活塞环槽间隙（3 分）			
		（4）活塞环端隙测量（总分 5 分） □1）清洁气缸内壁（1 分） □2）安装第一道气环至气缸顶部（1 分） □3）使用未装活塞环的活塞将第一道气环垂直推入气缸内部合适位置，然后取出活塞（1 分） □4）使用塞尺测量活塞环端隙（1 分） □5）使用同样方法测量第二道气环端隙（1 分）			

续表

序号	评价项目	评价内容及得分条件	评分标准	配分	得分
2	专业能力 （应用技能） （操作技能） （保养作业） （拆装作业） （维修作业）	（5）活塞直径测量（总分5分） □1）使用抹布清洁活塞（0.5分） □2）使用抹布包裹活塞，并将活塞固定在台虎钳上（0.5分） □3）取出千分尺（先清洁千分尺，后校准千分尺）（0.5分） □4）使用千分尺测量活塞直径（1分） □5）读取测量值，测量值与标准值对比分析（1分） □6）正确从台虎钳上取下活塞，并取下抹布（0.5分） □7）使用同样方法测量另外三个活塞直径（1分）	依据得分条件进行评分，按要求完成在□打√，未按要求完成在□打×并扣除对应分数，扣分不得超50分	50	
		（6）连杆轴承间隙测量（总分10分） □1）清洁曲轴连杆轴颈和连杆盖（1分） □2）安装塑料间隙规至连杆轴颈（1分） □3）安装连杆轴承盖（1分） □4）安装连杆轴承盖两颗固定螺栓（先使用组合工具预紧，后使用扭力扳手紧固）（1.5分） □5）拆卸连杆轴承盖两颗固定螺栓（先使用扭力扳手预松，后使用组合工具拆卸）（1.5分） □6）将塑料间隙规与油膜间隙比对卡对比（1分） □7）测量完毕后将连杆轴颈上和连杆盖上的塑料间隙规完全清除（1分） □8）使用相同方法测量另外三个连杆轴承间隙（2分）			
		（7）活塞连杆组组装（总分5分） □1）清洁活塞、活塞环、活塞销、连杆、连杆轴瓦、连杆盖（1分） □2）正确使用工具安装活塞销（2分） □3）正确使用工具安装活塞环（2分）			
		（8）活塞连杆组安装（总分10分） □1）润滑某一缸气缸体、气缸壁、连杆轴瓦、活塞销、活塞环（1分） □2）检查调整活塞环开口位置（1分） □3）安装活塞连杆组至气缸体（2分） □4）使用活塞环压紧器对活塞环进行压缩（1分） □5）使用橡胶锤轻轻敲击压紧器边缘（1分） □6）使用橡胶锤手柄轻轻敲击活塞顶部，使活塞顺利进入气缸，直至活塞连杆组连杆轴承内表面抵在曲轴连杆轴径（1分） □7）在曲轴连杆轴颈、连杆盖上涂抹适量润滑油，安装连杆盖（1分） □8）使用同样方法将其他活塞连杆组装入气缸，装配完成后，旋转曲轴3～5圈，检查活塞连杆组运转是否顺畅（2分）			

续表

序号	评价项目	评价内容及得分条件	评分标准	配分	得分
3	信息能力 （信息录入） （资料应用） （资讯检索）	（1）能正确使用维修手册查询资料（总分4分） □1）查询活塞环标准侧隙范围（1分） □2）查询活塞环标准端隙范围（1分） □3）查询活塞直径标准范围（1分） □4）查询连杆轴承间隙标准范围（1分）	依据得分条件进行评分，按要求完成在□打√，未按要求完成在□打×并扣除对应分数，扣分不得超10分	10	
		□（2）查询发动机维护保养相关信息（2分）			
		□（3）能在规定时间内查询所需资料（2分）			
		□（4）能正确记录查询资料章节页码（2分）			
4	工具、设备和软件使用能力 （岗位所需工具设备的使用能力） （办公软件的使用能力） （查询软件的使用能力）	□（1）能正确选用维修工具、检测工具（4分）	依据得分条件进行评分，按要求完成在□打√，未按要求完成在□打×并扣除对应分数，扣分不得超10分	10	
		□（2）能正确使用维修工具进行拆装（3分）			
		□（3）能正确使用检测工具进行检测（3分）			
5	分析能力 （诊断分析） （检测分析） （调校分析）	□（1）能判断活塞环侧隙是否正常（2.5分）	依据得分条件进行评分，按要求完成在□打√，未按要求完成在□打×并扣除对应分数，扣分不得超10分	10	
		□（2）能判断活塞环端隙是否正常（2.5分）			
		□（3）能判断活塞直径是否正常（2.5分）			
		□（4）能判断连杆轴承间隙是否正常（2.5分）			
6	表单填写与报告撰写能力 （电子工单） （纸质工单） （任务记录单）	□（1）字迹清晰（1分）	依据得分条件进行评分，按要求完成在□打√，未按要求完成在□打×并扣除对应分数，扣分不得超5分	5	
		□（2）语句通顺（1分）			
		□（3）无错别字（1分）			
		□（4）无涂改（1分）			
		□（5）无抄袭（1分）			

自　测

一、填空题

（1）活塞主要由________、________和活塞裙部三部分组成。

（2）活塞按顶部结构类型分有________、________和________三种。

（3）活塞环分为________和________两种，活塞环的“三隙”是指________、________和________。

二、思考题

（1）简述测量活塞环“三隙”的方法。

（2）简述组装活塞连杆组的注意事项。

评价与反馈

一、学习目标自我检查

序号	学习目标	完成情况（在相应的选项后打√）		
		能	不能	如果不能，是什么原因
1	讲述活塞连杆组的组成、原理及特点			
2	讲述活塞连杆组常见损伤及原因分析			
3	讲述活塞、活塞环、连杆、连杆轴承等的检测和计算方法			
4	讲述活塞连杆组的拆装及工具使用方法			
5	对自己的学习和工作效果做出自我评价			

二、日常表现评价（由小组长或者组内成员评价）

序号	日常表现项目	完成情况（在相应栏目后打√）		分数
1	工作页填写情况	填写完整		10
		缺失 0～20%		8
		缺失 20%～40%		6
		缺失 40% 以上		2
2	工作着装是否规范	着校服（工作服），未穿拖鞋、凉鞋		10
		未穿校服或穿拖鞋、凉鞋		8
		偶尔会不穿校服，穿拖鞋、凉鞋		6
		始终不穿校服，穿拖鞋、凉鞋		2
3	参与工作现场 7S 工作	积极主动参与 7S 工作		10
		在组长的要求下能参与 7S 工作		8
		在组长的要求下能参与 7S 工作，但效果差		6
		不愿意参加 7S 工作		2
4	操作作业时，有无警示其他同学	有警示		10
		无警示		0
5	考勤情况	全勤		10
		缺勤 0～20%（有请假）		8
		缺勤 0～20%（旷课）		6
		缺勤 20% 以上		2

续表

序号	日常表现项目	完成情况（在相应栏目后打√）		分数
6	总体评价该同学	非常优秀		10
		比较优秀		8
		有待改进		6
		急需改进		2
总分				

班级：　　　　学生签名：　　　　　年　月　日

三、教师总体评价

评价项目	完成情况（在相应栏目后打√）		分数
对该同学所在小组整体印象评价	组长负责，组内学习气氛好		25
	组长能组织组员按要求完成学习任务，个别组员不能达到学习目标		10
	组内有 30% 以上的学生不能达到学习目标		5
	组内大部分学生不能达到学习目标		0
总分			

教师签名：　　　　　年　月　日

任务三　曲轴飞轮组的结构与检修

微课

曲轴飞轮组的认知与检修

知识介绍

一、曲轴飞轮组的结构

曲轴飞轮组的主要零件是曲轴和飞轮。在曲轴上装有驱动配气机构的正时齿轮和正时齿形带，其作用是驱动凸轮轴。曲轴飞轮组的结构如图 2-47 所示。

（一）曲轴

曲轴（如图 2-48 所示）是发动机的主要旋转机件，装上连杆后，连杆的上下（往复）运动变成循环（旋转）运动。

曲轴由主轴颈、连杆轴颈、前端轴、后端凸缘及平衡铁等构成。

1. 主轴颈

主轴颈是曲轴的支承点，主轴颈的数量多于连杆轴颈数量的曲轴叫全支承曲轴，这种曲轴刚性好，但曲轴的长度增加，质量加大；主轴颈的数量少于连杆轴颈数量的曲轴叫非全支承曲轴。

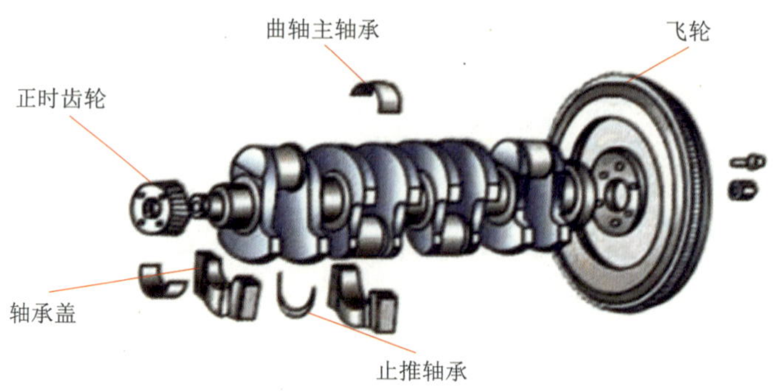

图 2-47　曲轴飞轮组的结构

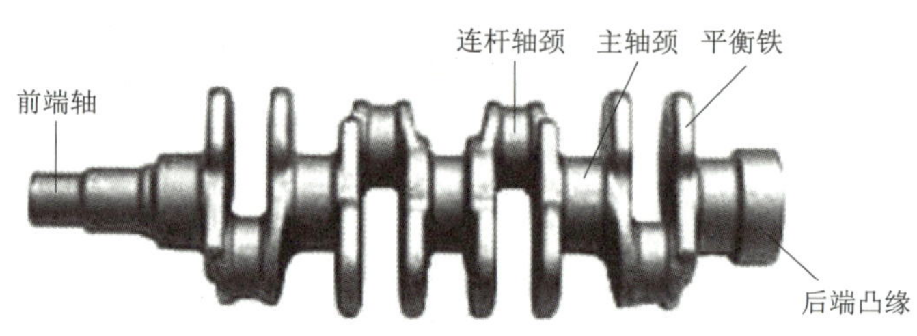

图 2-48　曲轴

2. 连杆轴颈

连杆轴颈用来安装连杆，连杆轴颈数量一般和气缸数量相等。为了使发动机能够平稳工作，应使各缸工作间隔相等，连续做功的两缸尽可能远些，还要使各个曲拐的离心力相互平衡。

曲轴上有贯穿主轴颈、曲柄和连杆轴颈的油道，以润滑主轴颈和连杆轴颈。

3. 前端轴

前端轴安装正时齿轮、带轮、起动爪等。有的曲轴在第一个轴承两边各装一个一面浇有巴氏合金的止推轴承以防止曲轴的轴向移动。

4. 后端凸缘

后端凸缘用来安装飞轮。在凸缘与最后一道主轴颈之间车有回油螺纹并装有挡油凸缘或挡油盘。

5. 平衡铁

有的曲轴在曲柄靠主轴颈的一侧有平衡铁，用来平衡曲轴旋转时因连杆轴颈产生的离心力，使曲轴旋转平稳。曲轴在动平衡试验中出现不平衡现象时，可以在重部位的平衡铁上去掉适当的金属以修正不平衡量。

（二）曲轴主轴承

曲轴主轴承大部分是滑动轴承，由上、下两只瓦片对合组成，俗称“大瓦”，如图 2-49 所示。曲轴主轴承是将曲轴支承在发动机机体上的零件，瓦片接合处有定位唇与轴承片上的槽配合定位，还开有油槽和油孔。

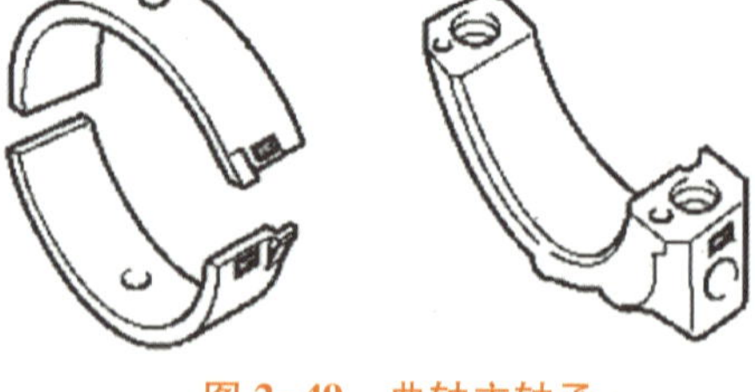

图 2-49　曲轴主轴承

发动机工作时，曲轴经常受到离合器等配套机构施加的轴向作用力而发生轴向窜动，影响曲柄连杆机构的正确位置，破坏正确的配气正时等，所以必须对其进行轴向定位。这就是

在曲轴和机体之间设置止推轴承（轴瓦），且只能在一处设置，可设在前、后端主轴颈或中部某一主轴颈上。轴瓦止推面与曲轴止推面之间留有0.2～0.6 mm的轴向间隙，以保证曲轴受热膨胀时自由伸长，防止轴向转动阻力大，甚至轴间卡死。

止推轴承有翻边轴瓦、半圆止推片等形式，轴向间隙可通过改变止推片厚度来调整。在使用中磨损后间隙增大，需更换或修复。止推轴承的样式如图2-50所示。

图2-50 止推轴承的样式

（三）飞轮

1. 飞轮的功用

飞轮的主要功用如下：

（1）储存能量，使发动机运转平稳。

（2）利用飞轮上的齿圈传递动力。

（3）将动力传给离合器。

（4）克服短暂的超负荷。

飞轮的结构如图2-51所示。

图2-51 飞轮的结构

2. 拆卸飞轮的工具及使用方法

拆卸飞轮时，使用专用工具卡住飞轮齿圈，拧下飞轮紧固螺栓，从曲轴上拆下飞轮并拉出轴承，如图2-52～图2-54所示。

3. 飞轮常见损伤及测量

飞轮常见损伤及测量方法如图2-55所示。

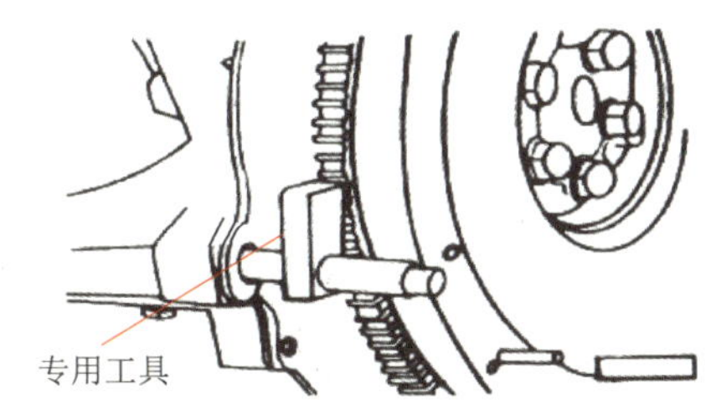

图2-52 卡住飞轮齿圈

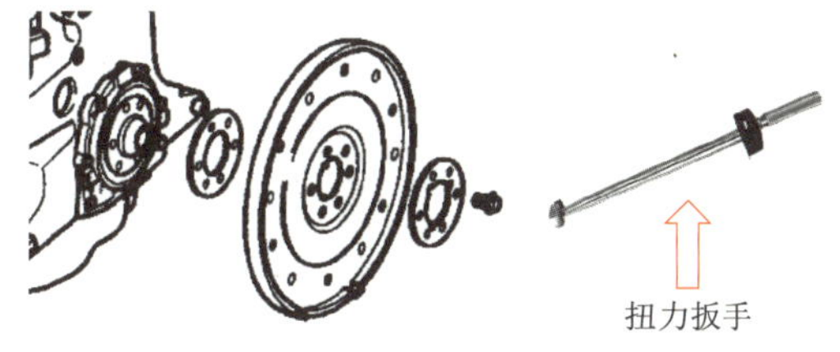

图2-53 拧下飞轮紧固螺栓

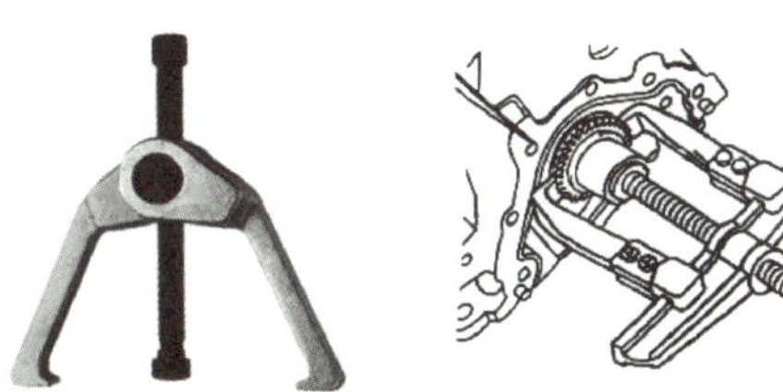

图2-54 拉出轴承

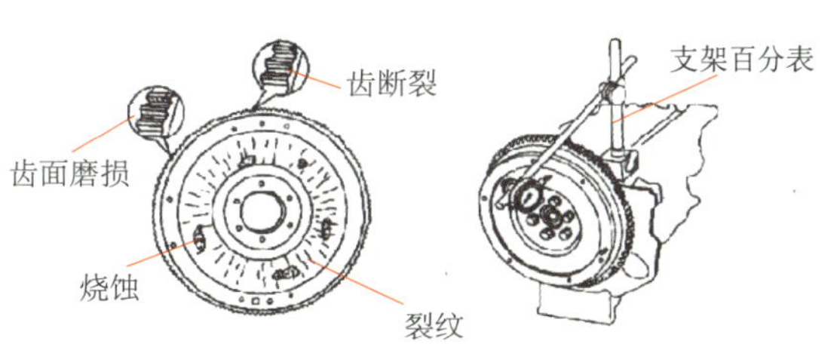

图2-55 飞轮常见损伤及测量方法

二、测量曲轴轴向间隙并拆下曲轴

（一）曲轴轴向间隙的测量

测量前，百分表触杆作用在曲轴的一端，并有 1～2 mm 的压缩量。通过螺丝刀把曲轴往另一端撬动，然后将百分表调零，再把曲轴往百分表的方向撬动，此时指针所指读数便是曲轴的轴向间隙。用支架百分表测量曲轴轴向间隙如图 2-56 所示。

测量曲轴轴向间隙也可用厚薄规，测量前用螺丝刀把曲轴撬向一端，然后用塞尺检测图 2-57 所示的位置。塞尺应放在推力轴承与止推轴承之间。曲轴轴向间隙若不符合要求，应更换止推轴承或止推片。

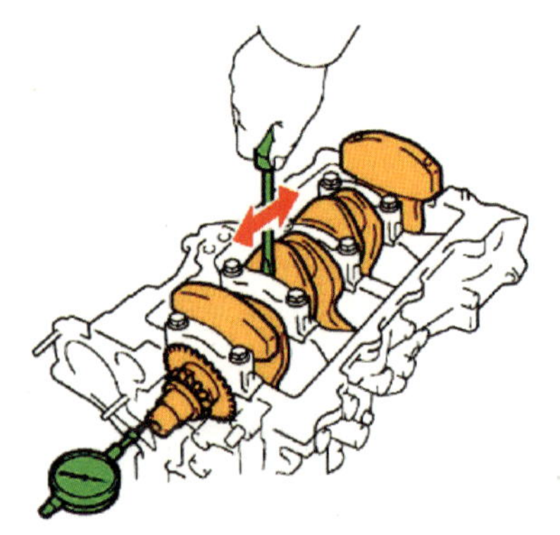

图 2-56　用支架百分表测量曲轴轴向间隙

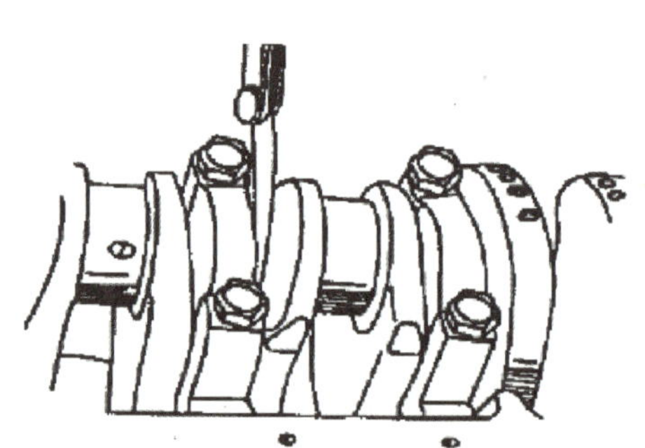

图 2-57　用塞尺测量曲轴轴向间隙

（二）拆卸曲轴

按照从外到内并且交叉的顺序分多次拧松轴承盖螺栓，禁止不按顺序一次拧下。轴承盖螺栓拆卸的顺序如图 2-58 所示。

按要求拆下所有螺栓后，如果遇到轴承盖不能取下，可插入两个螺栓并晃动轴承盖，如图 2-59 所示。注意拆下的轴承盖按照标记和顺序摆放。

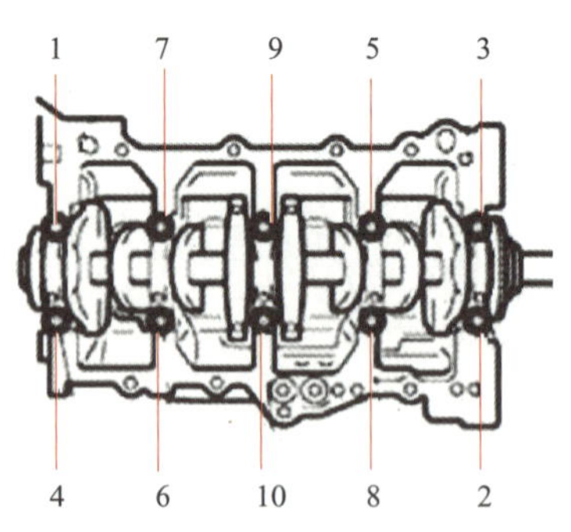

图 2-58　轴承盖螺栓拆卸的顺序

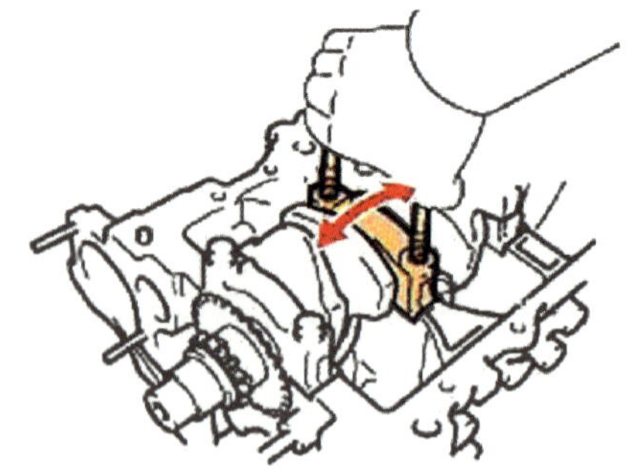

图 2-59　拆卸轴承盖

轴承可用一字螺丝刀小心地撬出，连同轴承盖一起按顺序摆放。

三、检查曲轴

（一）曲轴裂纹的检查

小心地将曲轴抬下，用干净汽油清洗后放到 V 形铁上检查是否有裂纹。

将曲轴清洗干净支在支架上，用榔头敲击各曲柄臂，如发出清脆的铛铛声，表示无裂纹；如发出嘶哑的沉闷声，说明有裂纹。一般裂纹在曲柄和连杆轴颈的连接处及主轴颈周围。为进一步查明裂纹所在，可用显微镜仔细观察，或将曲轴在柴油或煤油中浸泡后，擦干曲轴表面，在轴颈上均匀涂一层白粉。然后，用手锤轻击曲柄臂。如曲轴有裂纹，则在裂纹处会渗出油液将白粉染色。有条件的，可用探伤仪进行探伤。确定曲轴有裂纹时需更换。曲轴裂纹如图 2-60 所示。

（二）曲轴弯曲的检查与校正

1. 支架百分表

支架百分表（如图 2-61 所示）可用于检测曲轴的弯曲度和曲轴的轴向间隙。支架的高度可进行调节。百分表上的大指针每摆动一小格代表跳动量为 0.01 mm，摆动一圈代表跳动量为 1.00 mm，此时小指针摆动一格。

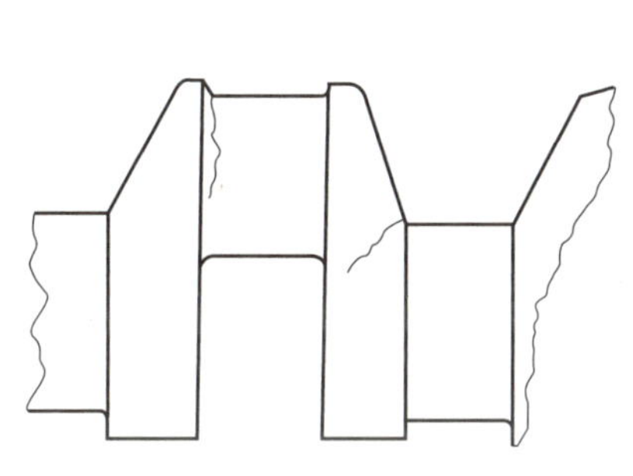

图 2-60　曲轴裂纹

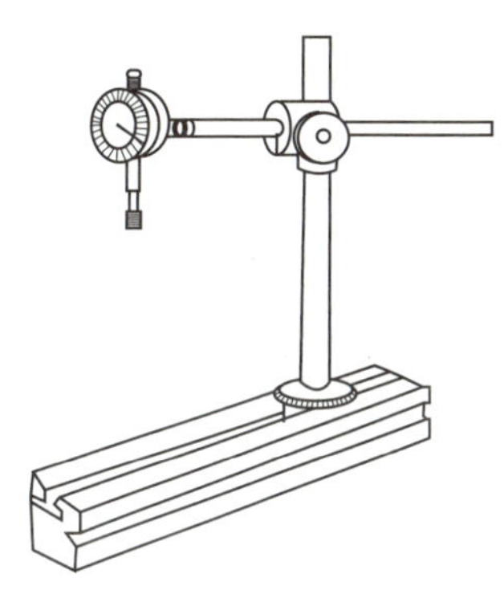

图 2-61　支架百分表

2. 曲轴弯曲度的测量

如图 2-62 所示，将曲轴两端支在平板上的 V 形铁架上，用百分表进行测量，将百分表的测头触及中部的主轴颈，用手慢慢转动曲轴一周，观察百分表指针变化。跳动量大于 0.15 mm 时，应进行校正或更换。

3. 曲轴弯曲的校正

曲轴弯曲的校正通常在压床上进行，如图 2-63 所示。用两个平行的 V 形铁支承住曲轴两端的轴颈，把百分表抵在曲轴中间的主轴颈的下方，观察百分表的系数，找出曲轴轴颈弯曲的最高点。

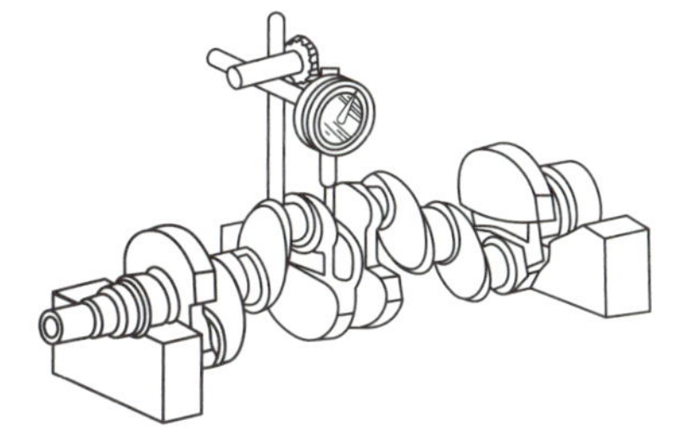

图 2-62　曲轴弯曲度的测量

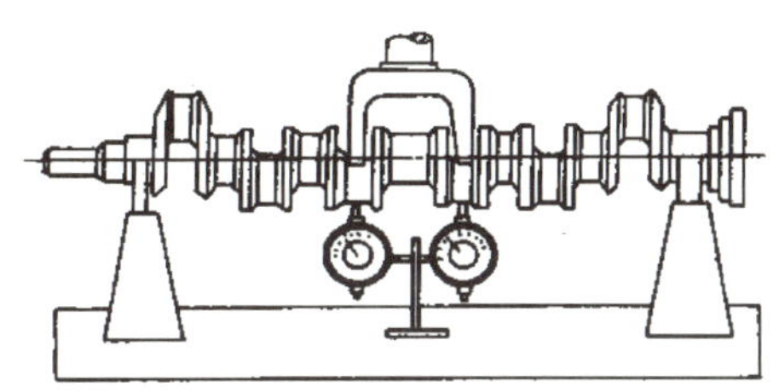

图 2-63　曲轴弯曲的校正

用压床在曲轴弯曲的相反方向对主轴颈加压，压下的数值大约为曲轴弯曲度的 10 倍，并保持 4～6 min。然后将曲轴加热至 300～500 ℃，并保温 1 h，以消除冷压后曲轴内部的应力。

（三）曲轴轴颈磨损程度的检测和计算方法

曲轴轴颈的磨损程度可通过测量曲轴轴颈圆度和圆柱度来反映。曲轴轴颈圆度和圆柱度的检测用外径千分尺进行，测量与计算方法与连杆轴颈类似，如图 2-64 所示。各曲轴轴颈的圆度和圆柱度应不超过原厂规定值，表面无损伤时，曲轴可以继续使用。上述条件任何一个不满足，都需进行磨修。

（四）曲轴轴颈油膜间隙的检测

将轴承对应安装到曲轴主轴颈轴承孔和轴承盖上，在轴承表面涂上机油，清洁曲轴后放进气缸体主轴承上，剪下一段塑料间隙规沿轴向放置在轴颈上，按规定要求安装轴承盖螺栓。随后把轴承盖拆下，用规尺测量塑料间隙规并确定曲轴主轴颈的油膜间隙。如果曲轴各项参数都符合要求但其油膜间隙过小或过大，可通过更换轴瓦来解决。曲轴轴颈油膜间隙的检测如图 2-65 所示。

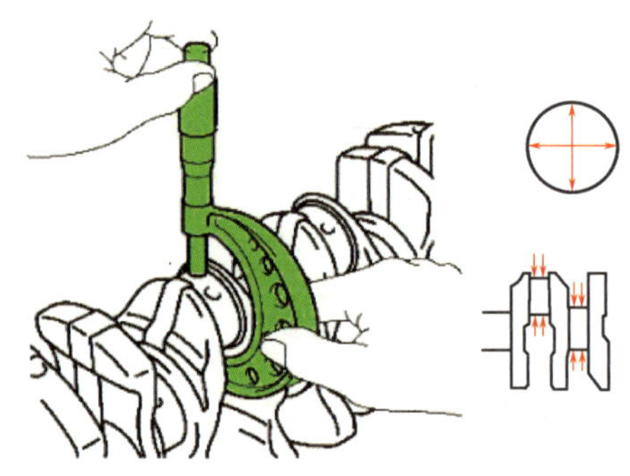

图 2-64　曲轴轴颈圆度和圆柱度的检测

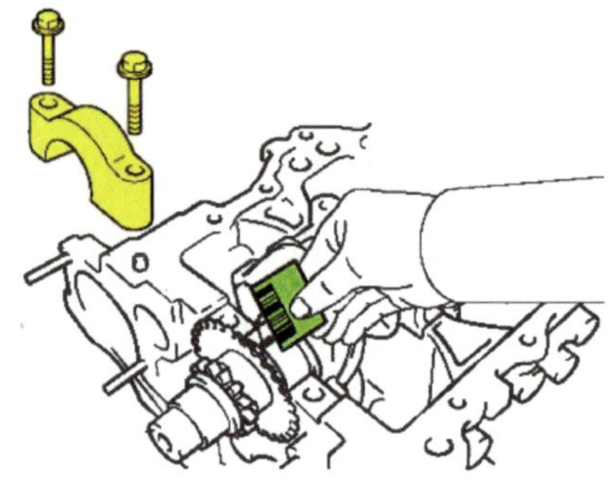

图 2-65　曲轴轴颈油膜间隙的检测

决　策

曲拐布置与多缸发动机的工作顺序

（1）准备好所需设备、工具、资料等。

（2）确定车辆信息。

（3）分组并选出负责人。

工作内容：检测曲轴	完成时间：
参考资料：	
实训设备：	
分组情况	
负责人： 组　员：	

计　划

（1）严格按照维修手册要求的流程进行操作。
（2）对特殊零部件的拆解要使用专用工具。
（3）各螺栓拧紧力矩符合要求。
（4）听从老师管理，禁止随意操作实训车辆、设备等。
（5）安全操作，禁止明火。
（6）做好 7S 管理。

实　施

曲轴拆装与检测作业单

<table>
<tr><td>姓名：</td><td></td><td>完成时间：15 分钟</td><td>实训教师签字：</td><td></td></tr>
<tr><td colspan="2">作业内容</td><td colspan="3">对曲轴进行拆卸、检查、测量、安装等相关操作</td></tr>
<tr><td colspan="2">按作业规范要求完成</td><td colspan="3">（1）进行曲轴拆卸；
（2）进行曲轴基本检查；
（3）进行曲轴轴颈圆度及圆柱度测量，分析磨损程度；
（4）填写曲轴轴颈圆度及圆柱度测量记录表；
<table>
<tr><td>测量项目</td><td>曲轴轴颈圆度</td><td>曲轴轴颈圆柱度</td></tr>
<tr><td>标准值</td><td>≤0. 25 mm</td><td>≤0. 25 mm</td></tr>
<tr><td>测量值</td><td></td><td></td></tr>
</table>
（5）进行曲轴止推片厚度测量；
（6）填写曲轴止推片厚度测量记录表；
<table>
<tr><td>测量项目</td><td>曲轴止推片厚度</td></tr>
<tr><td>标准值</td><td>≤2. 40 mm</td></tr>
<tr><td>测量值</td><td></td></tr>
</table>
（7）进行曲轴安装；
（8）进行曲轴径向间隙测量；
（9）填写曲轴径向间隙测量记录表；
<table>
<tr><td>测量项目</td><td>曲轴径向间隙</td></tr>
<tr><td>标准值</td><td>0. 016～0. 039 mm</td></tr>
<tr><td>测量值</td><td></td></tr>
<tr><td>结果分析</td><td></td></tr>
</table>
（10）进行曲轴轴向间隙测量；
（11）填写曲轴轴向间隙测量记录表
<table>
<tr><td>测量项目</td><td>曲轴轴向间隙</td></tr>
<tr><td>标准值</td><td>0. 04～0. 14 mm</td></tr>
<tr><td>测量值</td><td></td></tr>
</table>
</td></tr>
</table>

注：处理结果时，正常打“√”，若不正常给出维修方案（维修、更换、调整）。

曲轴拆装与检测评价标准

序号	评价项目	评价内容及得分条件	评分标准	配分	得分
1	操作规范 （作业安全） （职业操守）	（1）能进行工位7S操作（总分3分） □1）整理、整顿（0.5分） □2）清理、清洁（1分） □3）素养、节约（0.5分） □4）安全（1分）	依据得分条件进行评分，按要求完成在□打√，未按要求完成在□打×并扣除对应分数，扣分不得超15分	15	
		（2）能进行设备和工具安全检查（总分3分） □1）检查作业工具设备是否完备（1分） □2）检查作业环境是否配备灭火器（1分） □3）检查举升机举升情况是否正常（1分）			
		（3）能进行车辆安全防护操作（总分3分） □1）正确安装车外三件套（1分） □2）正确安装车内四件套（1分） □3）正确安装车轮挡块（1分）			
		（4）能进行工具清洁校准存放操作（总分3分） □1）使用工具前对工具进行校准（1分） □2）使用工具后对工具进行清洁（1分） □3）作业完成后对工具进行复位（1分）			
		（5）能进行三不落地操作（总分3分） □1）作业过程中做到油液不落地（1分） □2）作业过程中做到水液不落地（1分） □3）作业过程中做到工具不落地（1分）			
2	专业能力 （应用技能） （操作技能） （保养作业） （拆装作业） （维修作业）	（1）曲轴拆卸（总分5分） □1）正确使用扭力扳手由外向内依次预松曲轴主轴承盖固定螺栓（1分） □2）正确使用棘轮扳手由外向内依次拆卸曲轴主轴承盖固定螺栓（1分） □3）取下曲轴主轴承盖固定螺栓（0.5分） □4）使用胶锤敲打曲轴主轴承盖（1分） □5）取下曲轴主轴承盖，放置在工作台上（0.5分） □6）取下曲轴止推片（0.5分） □7）取下曲轴，放置在工作台上（0.5分）	依据得分条件进行评分，按要求完成在□打√，未按要求完成在□打×并扣除对应分数，扣分不得超50分	50	
		（2）曲轴基本检查（总分5分） □1）清洁曲轴（1分） □2）检查曲轴轴颈表面和连杆轴颈表面是否损伤（2分） □3）检查曲轴轴颈油孔和连杆轴颈油孔是否堵塞（2分）			

续表

序号	评价项目	评价内容及得分条件	评分标准	配分	得分
2	专业能力 (应用技能) (操作技能) (保养作业) (拆装作业) (维修作业)	(3) 曲轴轴颈磨损程度检测(总分10分) □1) 正确使用千分尺(先取出千分尺,再清洁千分尺,然后校准千分尺)(1分) □2) 使用千分尺测量轴颈第一截面垂直直径(1分) □3) 读取测量值,记录测量值(1分) □4) 使用千分尺测量轴颈第一截面水平直径(1分) □5) 读取测量值,记录测量值(1分) □6) 使用千分尺测量轴颈第二截面垂直直径(1分) □7) 读取测量值,记录测量值(1分) □8) 使用千分尺测量轴颈第二截面水平直径(1分) □9) 读取测量值,记录测量值(1分) □10) 利用公式计算轴颈圆度、圆柱度,计算值与标准值对比分析(1分)	依据得分条件进行评分,按要求完成在□打√,未按要求完成在□打×并扣除对应分数,扣分不得超50分	50	
		(4) 曲轴止推片厚度测量(总分5分) □1) 清洁曲轴止推片(1分) □2) 使用千分尺测量曲轴止推片厚度(2分) □3) 读取测量值,测量值与标准值对比分析(2分)			
		(5) 曲轴安装(总分10分) □1) 清洁曲轴轴承座、轴承盖(1分) □2) 涂抹适量机油至上下轴瓦(1分) □3) 安装曲轴止推片(2分) □4) 安装曲轴(1分) □5) 安装曲轴主轴承盖(1分) □6) 使用胶锤敲打曲轴主轴承盖(1分) □7) 安装曲轴主轴承盖固定螺栓(1分) □8) 正确使用棘轮扳手由内向外依次预紧曲轴主轴承盖固定螺栓(1分) □9) 正确使用扭力扳手由内向外依次紧固曲轴主轴承盖固定螺栓(按照维修手册中规定的扭矩紧固螺栓)(1分)			
		(6) 曲轴径向间隙测量(总分10分) □1) 使用扭力扳手预松曲轴第一道轴承盖固定螺栓(1分) □2) 使用棘轮扳手拆卸曲轴第一道轴承盖固定螺栓(1分) □3) 取下固定螺栓(1分) □4) 取下曲轴第一道轴承盖(1分) □5) 安装塑料间隙规至第一道轴颈(1分) □6) 安装曲轴第一道轴承盖(1分) □7) 安装固定螺栓(1分) □8) 使用棘轮扳手预紧曲轴第一道轴承盖固定螺栓(1分) □9) 使用扭力扳手紧固曲轴第一道轴承盖固定螺栓(按照维修手册中规定的扭矩紧固螺栓)(1分) □10) 再重复拆卸曲轴第一道轴承盖,取出塑料间隙规与比对卡对比(1分)			

续表

序号	评价项目	评价内容及得分条件	评分标准	配分	得分
2	专业能力 （应用技能） （操作技能） （保养作业） （拆装作业） （维修作业）	（7）曲轴轴向间隙测量（总分5分） □1）正确安装百分表至曲轴链轮侧，并预压缩1 mm（2分） □2）使用一字螺丝刀前后轻微撬动曲轴，读取百分表数值（2分） □3）读取测量值，测量值与标准数值对比分析（1分）	依据得分条件进行评分，按要求完成在□打√，未按要求完成在□打×并扣除对应分数，扣分不得超50分	50	
3	信息能力 （信息录入） （资料应用） （资讯检索）	（1）能正确使用维修手册查询资料（总分4分） □1）查询曲轴拆卸及安装步骤（0.5分） □2）查询曲轴检查项目、检查方法（0.5分） □3）查询曲轴轴颈圆度和圆柱度测量标准值（1分） □4）查询曲轴径向间隙测量标准值（1分） □5）查询曲轴轴向间隙测量标准值（1分）	依据得分条件进行评分，按要求完成在□打√，未按要求完成在□打×并扣除对应分数，扣分不得超10分	10	
		□（2）查询发动机维护保养相关信息（2分）			
		□（3）能在规定时间内查询所需资料（2分）			
		□（4）能正确记录查询资料章节页码（2分）			
4	工具、设备和软件使用能力 （岗位所需工具设备的使用能力） （办公软件的使用能力） （查询软件的使用能力）	□（1）能正确选用维修工具、检测工具（4分）	依据得分条件进行评分，按要求完成在□打√，未按要求完成在□打×并扣除对应分数，扣分不得超10分	10	
		□（2）能正确使用维修工具进行拆装（3分）			
		□（3）能正确使用检测工具进行检测（3分）			
5	分析能力 （诊断分析） （检测分析） （调校分析）	□（1）能判断曲轴外观是否正常（2分）	依据得分条件进行评分，按要求完成在□打√，未按要求完成在□打×并扣除对应分数，扣分不得超10分	10	
		□（2）能判断曲轴轴颈磨损程度是否正常（2分）			
		□（3）能判断曲轴止推片是否正常（2分）			
		□（4）能判断曲轴径向间隙是否正常（2分）			
		□（5）能判断曲轴轴向间隙是否正常（2分）			
6	表单填写与报告撰写能力 （电子工单） （纸质工单） （任务记录单）	□（1）字迹清晰（1分）	依据得分条件进行评分，按要求完成在□打√，未按要求完成在□打×并扣除对应分数，扣分不得超5分	5	
		□（2）语句通顺（1分）			
		□（3）无错别字（1分）			
		□（4）无涂改（1分）			
		□（5）无抄袭（1分）			

自　测

一、判断题

（1）曲轴上有可以驱动配气机构的结构。（　　）

（2）拆卸曲轴有严格的顺序且分多次拧松轴承盖螺栓，禁止不按顺序一次拧下。（　　）

（3）连杆轴颈数量等于气缸数量。（　　）

（4）调整止推片厚度，可调整曲轴的径向间隙。（　　）

二、思考题

（1）简述测量曲轴轴向间隙的方法、步骤。

（2）简述飞轮的功用及拆卸方法。

评价与反馈

一、学习目标自我检查

序号	学习目标	完成情况（在相应的选项后打√）		
		能	不能	如果不能，是什么原因
1	讲述曲轴飞轮组的组成、原理及特点			
2	讲述曲轴飞轮组常见损伤及原因分析			
3	讲述曲轴相关项目的测量和计算方法			
4	讲述曲轴飞轮组的拆装及工具使用方法			
5	对自己的学习和工作效果做出自我评价			

二、日常表现评价（由小组长或者组内成员评价）

序号	日常表现项目	完成情况（在相应栏目后打√）		分数
1	工作页填写情况	填写完整		10
		缺失 0～20%		8
		缺失 20%～40%		6
		缺失 40% 以上		2
2	工作着装是否规范	着校服（工作服），未穿拖鞋、凉鞋		10
		未穿校服或穿拖鞋、凉鞋		8
		偶尔会不穿校服，穿拖鞋、凉鞋		6
		始终不穿校服，穿拖鞋、凉鞋		2
3	参与工作现场 7S 工作	积极主动参与 7S 工作		10
		在组长的要求下能参与 7S 工作		8
		在组长的要求下能参与 7S 工作，但效果差		6
		不愿意参加 7S 工作		2

续表

序号	日常表现项目	完成情况（在相应栏目后打√）		分数
4	操作作业时，有无警示其他同学	有警示		10
		无警示		0
5	考勤情况	全勤		10
		缺勤 0～20%（有请假）		8
		缺勤 0～20%（旷课）		6
		缺勤 20% 以上		2
6	总体评价该同学	非常优秀		10
		比较优秀		8
		有待改进		6
		急需改进		2
总分				

班级：　　　　学生签名：　　　　　　年　月　日

三、教师总体评价

评价项目	完成情况（在相应栏目后打√）		分数
对该同学所在小组整体印象评价	组长负责，组内学习气氛好		25
	组长能组织组员按要求完成学习任务，个别组员不能达到学习目标		10
	组内有 30% 以上的学生不能达到学习目标		5
	组内大部分学生不能达到学习目标		0
总分			

教师签名：　　　　　　年　月　日

项目三　配气机构的结构与检修

学习目标

（1）能够根据故障现象正确判断配气机构故障原因。

（2）能够使用工具按照正确的操作方法对配气机构进行拆装。

（3）熟练使用相关量具对配气机构部件进行测量。

（4）会查阅维修手册，并根据测量结果正确制订修复计划。

（5）能够遵守操作规范、劳动纪律和环保要求。

（6）会用资料说明、核查、评价自身的工作成果。

学习内容

（1）配气机构各部件的组成、原理及特点。

（2）配气机构常见损伤及原因分析。

（3）配气机构各部件的检测。

（4）配气机构拆装专用工具的使用。

（5）按要求填写项目单。

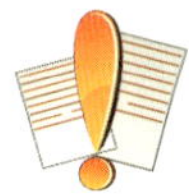

案例导入

一辆迈腾 2017 款 280TSI DSG 舒适型，大众 EA888 发动机，双离合变速器，DOHC 配气机构，行驶 12 万千米。客户反馈该车排气管冒蓝烟，尤其是加速时有大量蓝烟冒出，伴随有急促而短暂的敲击金属声。同时，车辆动力明显不足，并且机油消耗量大，要求检查并修复。

4S 店维修人员分析：排气管冒蓝烟是由机油进入燃烧室参与燃烧（俗称“烧机油”）而导致的。原因一般有两种：一是气门杆与气门导管间隙过大或气门油封失效；二是活塞环和气缸的间隙过大，导致曲轴箱内的机油窜到燃烧室。而客户在几天前已在其他修理厂更换过曲柄连杆机构总成（发动机中断），所以维修人员分析此故障现象极有可能由第一种原因引起。至于“嗒嗒”的、有节奏的敲击金属声，维修人员听出是配气机构异响，所以本次维修工作主要针对配气机构。

任务一　气门传动组的结构与检修

知识介绍

在拆装过程中发现气缸盖上部脏污严重，导致相关机件润滑不良；凸轮轴已经严重磨损，有明显的沟痕，认为此车行驶里程过长并且平时不注意保养。所以要先对气门传动组进行彻底检修。

配气机构的主要作用是按照气缸的做功次序和工作过程的要求，控制进、排气门，准时地开闭进、排气门，向气缸供给可燃混合气（汽油机）或新鲜空气（柴油机），并及时地排出废气；当进、排气门关闭时，保证气缸密封。配气机构的组成包括气门组和气门传动组。

一、气门传动组功能及组成

气门传动组的功能是按照发动机的工作顺序，适时地开启和关闭气门，并保证气门有足够的开度。气门传动组由凸轮轴、正时机构、液压挺柱或摇臂等组成，如图 3-1 所示。

微课

配气机构的认知

二、配气正时和记号

配气正时就是按活塞的工作行程去配置进、排气门的开启时间，如图 3-2 所示。进气冲程：活塞从上止点向下止点运动，进气门开，排气门关；压缩冲程：活塞从下止点向上止点运动，进、排气门全部关闭；做功冲程：活塞从上止点向下止点运动，进、排气门全部关闭；排气冲程：活塞从下止点向上止点运动，进气门关，排气门开。

图 3-1　气门传动组

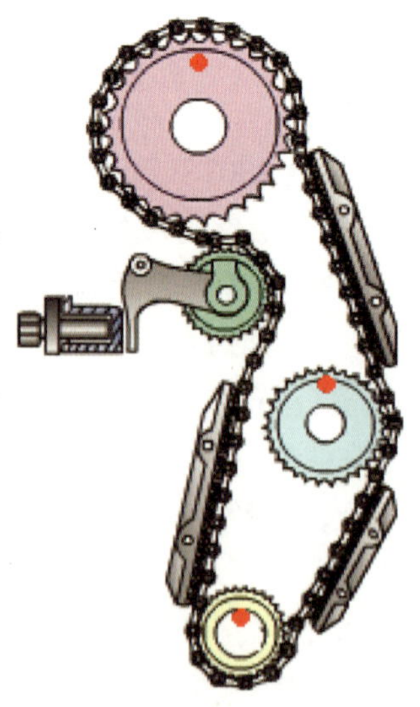

图 3-2　配气正时

在凸轮轴和曲柄这两个正时齿轮上均刻有正时记号，在拆装齿形带或链条时上下记号应对准。凸轮轴和曲柄上的正时记号如图 3-3 所示。

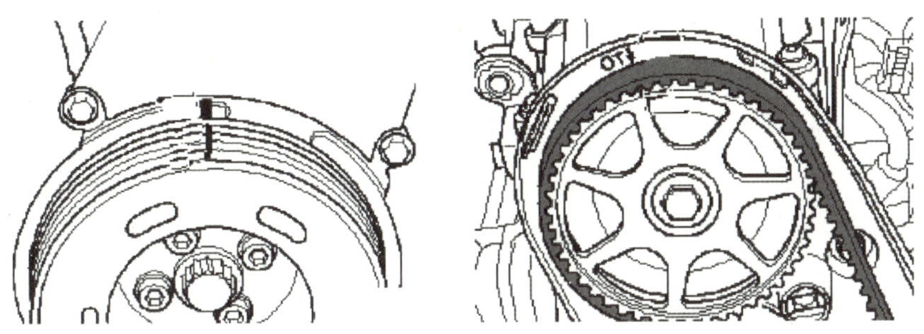

图 3-3　凸轮轴和曲柄上的正时记号

三、正时机构

凸轮轴是由曲轴驱动的，通过正时机构来完成。驱动的方式主要为链传动、齿轮传动和齿形带传动。齿轮传动用于凸轮轴下置和上置配气机构，目前已被淘汰。随着相关材料技术的不断进步，链传动不断扩大市场占有率，成为主流。正时链条驱动如图 3-4 所示。

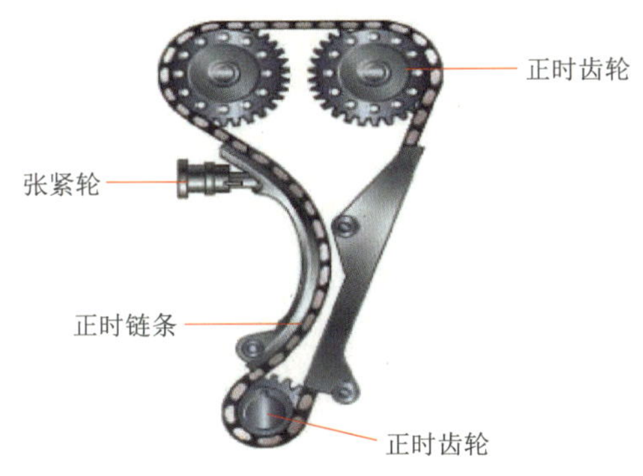

图 3-4　正时链条驱动

四、检查正时机构

目测检查齿形带是否有残缺、裂纹等损伤，如有，应更换；用手快速转动张紧轮，应无任何异响、松旷等现象，如有，应更换；正时齿轮的齿面应该光洁无任何损伤，如有，应更换。一定要按厂家要求定期更换齿形带和张紧轮，否则齿形带的断裂会给发动机造成严重损坏。

拓展学习

大众 EA888 发动机气门传动组

决　策

（1）准备好所需设备、工具、资料等。

（2）确定车辆信息。

（3）分组并选出负责人。

工作内容：拆检正时机构	完成时间：
参考资料：	
实训设备：	
分组情况	
负责人： 组　员：	

计　划

根据任务内容制订任务计划，简要说明任务实施过程及注意事项，并填写下表。

车型：		任务内容：	
序号	任务步骤	工具/辅具	注意事项
1			
2			
3			
4			
5			
6			

实　施

（1）实施正时机构拆装计划并填写下表。

发动机：		正时机构：		
步骤	零部件名称	使用工具	螺栓数量	注意事项
1				
2				
3				
4				
5				

（2）实施正时机构检测计划并填写下表。

作业内容	标准	实际	处理方法
链轮直径			
链条长度			
张紧轮检查情况描述			
正时链条检查情况描述			

自 测

一、判断题

（1）气门传动组由凸轮轴、正时机构、液压挺柱或摇臂等组成。（ ）

（2）气门传动组要确保进气门开度足够，排气门关闭紧密。（ ）

（3）为了确保配气正时，在凸轮轴和曲柄这两个正时齿轮上，均刻有正时记号。（ ）

（4）正时机构必须要张紧。（ ）

（5）正时齿形带的正常工作寿命一般是 10 000 km，如有损伤，则必须修复。（ ）

二、思考题

描述正时机构的主要作用。

评价与反馈

一、学习目标自我检查

序号	学习目标	完成情况（在相应的选项后打√）		
		能	不能	如果不能，是什么原因
1	讲述正时机构的组成、原理及特点			
2	能使用工具按照正确的操作方法对正时机构进行拆装			
3	熟练使用相关量具对正时机构部件进行测量			
4	讲述正时机构的拆装工具的使用方法			
5	对自己的学习和工作效果做出自我评价			

二、日常表现评价（由小组长或者组内成员评价）

<table>
<tr><th>序号</th><th>日常表现项目</th><th colspan="2">完成情况（在相应栏目后打√）</th><th>分数</th></tr>
<tr><td rowspan="4">1</td><td rowspan="4">工作页填写情况</td><td>填写完整</td><td></td><td>10</td></tr>
<tr><td>缺失 0～20%</td><td></td><td>8</td></tr>
<tr><td>缺失 20% ～40%</td><td></td><td>6</td></tr>
<tr><td>缺失 40% 以上</td><td></td><td>2</td></tr>
<tr><td rowspan="4">2</td><td rowspan="4">工作着装是否规范</td><td>着校服（工作服），未穿拖鞋、凉鞋</td><td></td><td>10</td></tr>
<tr><td>未穿校服或穿拖鞋、凉鞋</td><td></td><td>8</td></tr>
<tr><td>偶尔会不穿校服，穿拖鞋、凉鞋</td><td></td><td>6</td></tr>
<tr><td>始终不穿校服，穿拖鞋、凉鞋</td><td></td><td>2</td></tr>
<tr><td rowspan="4">3</td><td rowspan="4">参与工作现场 7S 工作</td><td>积极主动参与 7S 工作</td><td></td><td>10</td></tr>
<tr><td>在组长的要求下能参与 7S 工作</td><td></td><td>8</td></tr>
<tr><td>在组长的要求下能参与 7S 工作，但效果差</td><td></td><td>6</td></tr>
<tr><td>不愿意参加 7S 工作</td><td></td><td>2</td></tr>
<tr><td rowspan="2">4</td><td rowspan="2">操作作业时，
有无警示其他同学</td><td>有警示</td><td></td><td>10</td></tr>
<tr><td>无警示</td><td></td><td>0</td></tr>
<tr><td rowspan="4">5</td><td rowspan="4">考勤情况</td><td>全勤</td><td></td><td>10</td></tr>
<tr><td>缺勤 0～20%（有请假）</td><td></td><td>8</td></tr>
<tr><td>缺勤 0～20%（旷课）</td><td></td><td>6</td></tr>
<tr><td>缺勤 20% 以上</td><td></td><td>2</td></tr>
<tr><td rowspan="4">6</td><td rowspan="4">总体评价该同学</td><td>非常优秀</td><td></td><td>10</td></tr>
<tr><td>比较优秀</td><td></td><td>8</td></tr>
<tr><td>有待改进</td><td></td><td>6</td></tr>
<tr><td>急需改进</td><td></td><td>2</td></tr>
<tr><td colspan="4">总分</td><td></td></tr>
</table>

班级：　　　　学生签名：　　　　年　月　日

三、教师总体评价

<table>
<tr><th>评价项目</th><th colspan="2">完成情况（在相应栏目后打√）</th><th>分数</th></tr>
<tr><td rowspan="4">对该同学所在小组
整体印象评价</td><td>组长负责，组内学习气氛好</td><td></td><td>25</td></tr>
<tr><td>组长能组织组员按要求完成学习任务，个别组员不能达到学习目标</td><td></td><td>10</td></tr>
<tr><td>组内有 30% 以上的学生不能达到学习目标</td><td></td><td>5</td></tr>
<tr><td>组内大部分学生不能达到学习目标</td><td></td><td>0</td></tr>
<tr><td colspan="3">总分</td><td></td></tr>
</table>

教师签名：　　　　年　月　日

任务二 凸轮轴和液压挺柱的结构与检修

知识介绍

一、凸轮轴的组成、功能及特点

凸轮轴是传动组的主要零件，由轴颈、凸轮、前端轴组成，用于驱动和控制气门的开闭，使其符合发动机的配气相位、工作顺序、气门升程等。凸轮轴如图 3-5 所示。

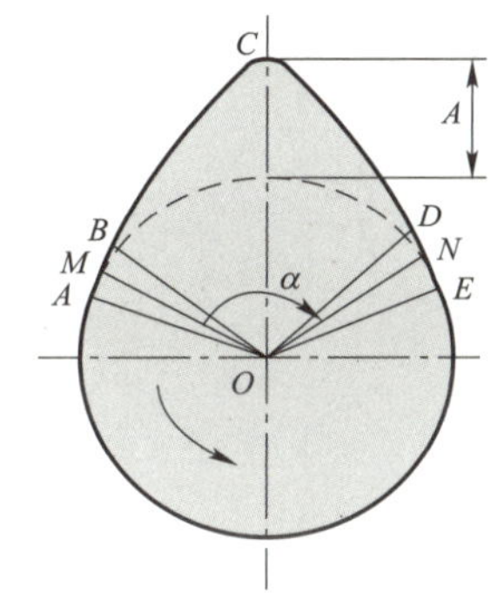

图 3-5 凸轮轴

凸轮分为进气凸轮和排气凸轮。如果凸轮磨损或变形，会导致配气相位的改变和气门升程的减小，因此要求其具有足够的硬度和耐磨性。

凸轮轴在工作中主要承受气门弹簧的弹力，径向力很大，很容易造成弯曲、扭曲。为了尽量减少此现象，采用了全支承方式和每两个气缸设置一个轴颈支承的方式。为了便于安装，凸轮轴轴颈的直径从前往后依次缩小。

二、凸轮轴的常见损伤及检测

凸轮轴常见的损伤有凸轮磨损、轴颈磨损、弯曲等。

检查凸轮轴弯曲度（如图 3-6 所示）：将凸轮轴两端支在平板上的两只 V 形铁上，使用百分表测量凸轮轴靠近中部的轴颈，将凸轮轴转动一圈，如表针摆差大于 0. 10 mm，应更换。

检查凸轮轴轴颈的圆度和圆柱度（如图 3-7 所示）：用外径千分尺分别测量各道轴颈的圆度和圆柱度。

检查凸轮轴的凸轮高度，如图 3-8 所示。

三、气门挺柱

气门挺柱的功用是将凸轮的推力传给气门，并承受凸轮轴旋转时所施加的侧向力。

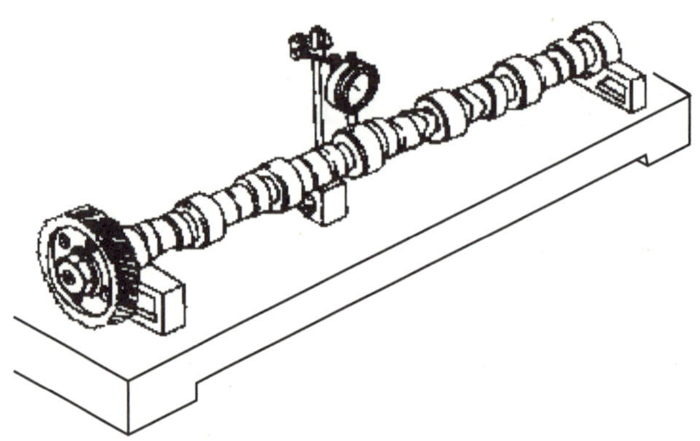

图 3-6　检查凸轮轴弯曲度

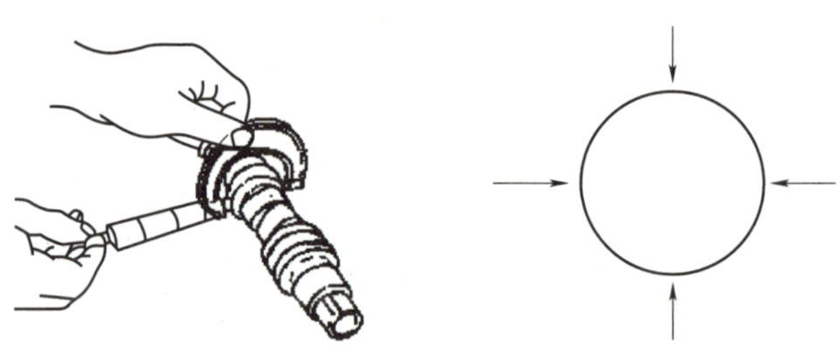

图 3-7　检查凸轮轴轴颈的圆度和圆柱度

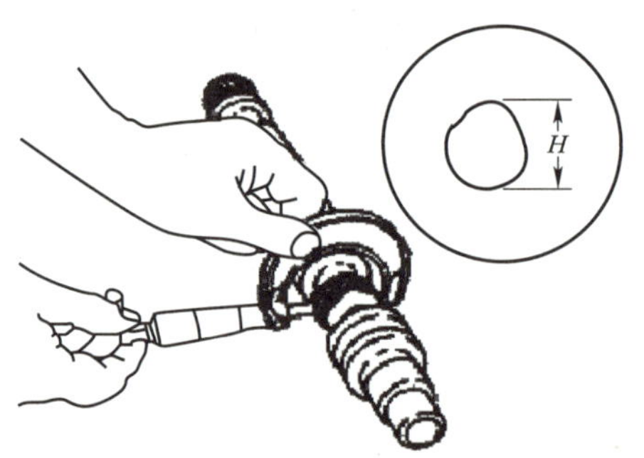

图 3-8　检查凸轮轴的凸轮高度

气门挺柱分为机械式和液压式两大类，每一类又分为平面挺柱和滚子挺柱两种。目前最常见的为液压挺柱，如图 3-9 所示。

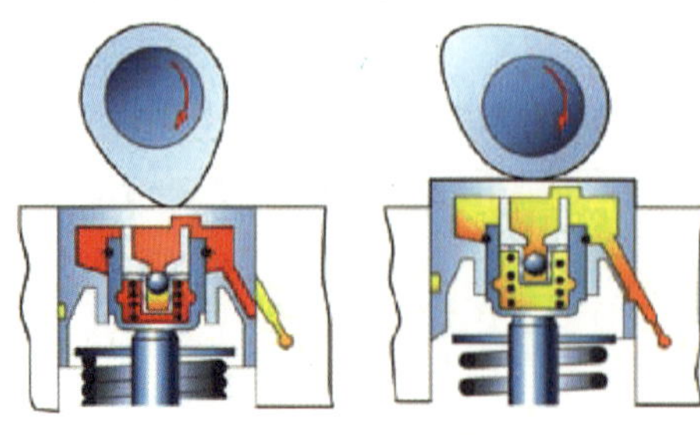

图 3-9　液压挺柱

液压挺柱工作原理：利用发动机润滑油的压力调整其自身长度，以使气门传动机构中由于热膨胀、磨损等因素产生的气门间隙减小到最小限度。液压挺柱可使发动机配气机构在工作过程中保持良好的气密性，保障发动机平稳工作。

气门挺柱的检查：将要检查挺柱的凸轮旋转至向上。此时正时皮带/链条已被拆卸，要注意活塞位置。用塞尺测量气门挺柱与凸轮轴之间的间隙，如果超出厂家要求数值应更换气门挺柱。如果无间隙或小于 0.1 mm，使用一木质或塑料楔将气门挺柱稍微向下按压，如此时的气门间隙超出厂家要求数值也应更换气门挺柱。注意必须成套更换气门挺柱。测量气门挺柱与凸轮轴间的间隙如图 3-10 所示。

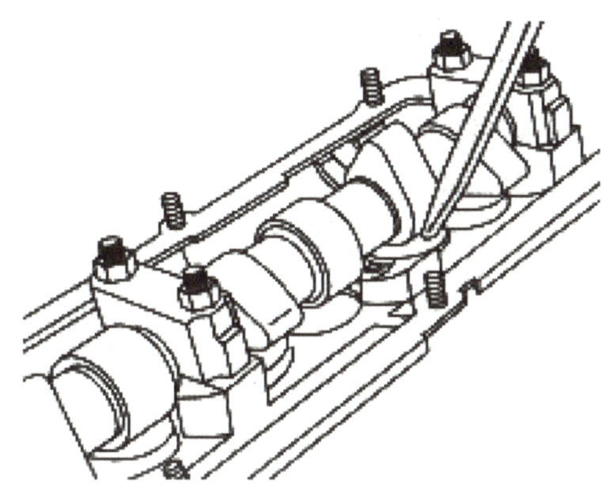

图 3-10　测量气门挺柱与凸轮轴间的间隙

四、气门摇臂和轴

气门摇臂的作用是改变从推杆或凸轮传来的力的方向，驱动气门的开启。工作时以摇臂轴（如图 3-11 所示）为支点，将凸轮轴的推力传递给气门，克服气门弹簧张力，将气门推开。传统摇臂与气门杆端接触处装有气门调整螺钉以调整气门间隙。目前越来越多的摇臂调整螺钉由间隙补偿器（一种液压挺柱）来代替。

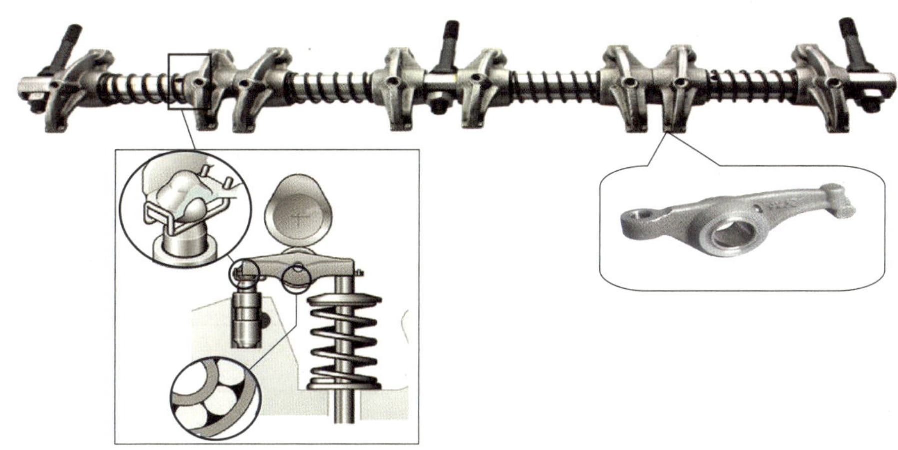

图 3-11　摇臂轴

五、气门间隙

为了保证气门关闭严密，在气门杆端与气门驱动件（摇臂、挺柱或凸轮）之间留有适当的间隙，称为气门间隙。气门间隙在热车时比较小，在冷车时比较大，这是因为发动机运行时，气门杆因温度升高而膨胀伸长，导致间隙缩小。若气门间隙调整不当就会使发动机运行不正常，过大会影响气门的开启量，气门升程减小，导致进气不足、排气不彻底；过小会导致气门关闭不严，引起漏气，造成动力下降。

标准的气门间隙依据配气机构的总体结构形式、发动机制造厂根据试验而定。在冷态时，进气门的间隙为 0. 25～0. 30 mm，排气门的间隙为 0. 30～0. 35 mm。

气门间隙用于满足气门膨胀的需要，只有在气门完全关闭时，才能检查和调整气门间隙。部分发动机通过更换调整垫片的厚度来实现气门间隙的调整，或者通过更换气门挺柱来调整气门间隙。有的发动机通过调整螺钉来实现气门间隙的调整。

气门间隙调整（如图 3－12 所示）要在常温下进行，调整前要确保该气门完全关闭，把相应厚度的塞尺钢片放进摇臂与气门杆端面之间进行检测。

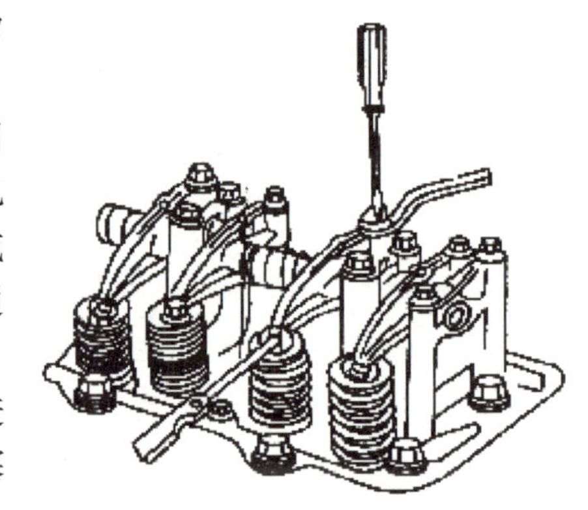

图 3－12　气门间隙调整

决　策

（1）准备好所需设备、工具、资料等。
（2）确定车辆信息。
（3）分组并选出负责人。

<table>
<tr><td>工作内容：检测凸轮轴</td><td>完成时间：</td></tr>
<tr><td colspan="2">参考资料：</td></tr>
<tr><td colspan="2">实训设备：</td></tr>
<tr><td colspan="2" align="center">分组情况</td></tr>
<tr><td colspan="2">负责人：

组　员：</td></tr>
</table>

计　划

根据任务内容制订任务计划，简要说明任务实施过程及注意事项，并填入下表。

车型：		任务内容：	
序号	任务步骤	工具/辅具	注意事项
1			
2			
3			
4			

实　施

凸轮轴拆装与检测作业单

姓名：		完成时间：15 分钟	实训教师签字：	
作业内容	对凸轮轴进行拆卸、测量、安装等相关操作			

按作业规范要求完成：

（1）进行凸轮轴箱体拆卸；
（2）进行凸轮轴轴向间隙测量；
（3）填写凸轮轴轴向间隙测量记录表；

测量项目	凸轮轴轴向间隙
标准值	≤0. 5 mm
测量值	
结果分析	

（4）进行凸轮轴拆卸；
（5）进行凸轮轴轴颈圆度、圆柱度测量；
（6）填写凸轮轴轴颈圆度、圆柱度测量记录表；

测量项目	凸轮轴轴颈圆度	凸轮轴轴颈圆柱度
标准值	≤0. 015 mm	≤0. 015 mm
测量值		
结果分析		

（7）进行凸轮轴凸角高度测量；
（8）填写凸轮轴凸角高度测量记录表；

测量项目	凸轮轴凸角高度
标准值	40. 86～41. 2 mm
测量值	
结果分析	

（9）进行凸轮轴安装；
（10）进行凸轮轴箱体安装

注：处理结果时，正常打“√”，若不正常给出维修方案（维修、更换、调整）。

凸轮轴拆装与检测评价标准

序号	评价项目	评价内容及得分条件	评分标准	配分	得分
1	操作规范 （作业安全） （职业操守）	（1）能进行工位7S操作（总分3分） □1）整理、整顿（0.5分） □2）清理、清洁（1分） □3）素养、节约（0.5分） □4）安全（1分）	依据得分条件进行评分，按要求完成在□打√，未按要求完成在□打×并扣除对应分数，扣分不得超15分	15	
		（2）能进行设备和工具安全检查（总分3分） □1）检查作业工具设备是否完备（1分） □2）检查作业环境是否配备灭火器（1分） □3）检查举升机举升情况是否正常（1分）			
		（3）能进行车辆安全防护操作（总分3分） □1）正确安装车外三件套（1分） □2）正确安装车内四件套（1分） □3）正确安装车轮挡块（1分）			
		（4）能进行工具清洁校准存放操作（总分3分） □1）使用工具前对工具进行校准（1分） □2）使用工具后对工具进行清洁（1分） □3）作业完成后对工具进行复位（1分）			
		（5）能进行三不落地操作（总分3分） □1）作业过程中做到油液不落地（1分） □2）作业过程中做到水液不落地（1分） □3）作业过程中做到工具不落地（1分）			
2	专业能力 （应用技能） （操作技能） （保养作业） （拆装作业） （维修作业）	（1）凸轮轴箱体拆卸（总分10分） □1）正确使用扭力扳手预松凸轮轴箱体固定螺栓（2分） □2）正确使用棘轮扳手拆卸凸轮轴箱体固定螺栓（2分） □3）取下凸轮轴箱体固定螺栓（2分） □4）使用工具撬松凸轮轴箱体（2分） □5）取下凸轮轴箱体，放置在工作台上（2分）			
		（2）凸轮轴轴向间隙测量（总分5分） □1）正确安装百分表至进气凸轮轴链轮侧，并预压缩1 mm（2分） □2）使用一字螺丝刀前后轻微撬动进气凸轮轴，读取百分表数值（0.5分） □3）正确安装百分表至排气凸轮轴链轮侧，并预压缩1 mm（2分） □4）使用一字螺丝刀前后轻微撬动排气凸轮轴，读取百分表数值（0.5分）			

续表

序号	评价项目	评价内容及得分条件	评分标准	配分	得分
2	专业能力 （应用技能） （操作技能） （保养作业） （拆装作业） （维修作业）	（3）凸轮轴拆卸（总分 5 分） □1）正确拆卸进、排气凸轮轴后端盖固定螺栓（2 分） □2）使用一字螺丝刀轻微撬松进、排气凸轮轴后端盖（1 分） □3）取下进、排气凸轮轴后端盖（1 分） □4）取下进、排气凸轮轴，放置于 V 形铁（1 分）	依据得分条件进行评分，按要求完成在□打√，未按要求完成在□打×并扣除对应分数，扣分不得超 50 分	50	
		（4）凸轮轴轴颈圆度、圆柱度测量（总分 10 分） □1）正确使用千分尺（先取出千分尺，再清洁千分尺，然后校准千分尺）（2 分） □2）清洁凸轮轴（1 分） □3）使用千分尺测量轴颈圆截面纵向直径（1.5 分） □4）读取测量值，记录测量值（1 分） □5）使用千分尺测量轴颈圆截面横向直径（1.5 分） □6）读取测量值，记录测量值（1 分） □7）利用公式计算轴颈圆度、圆柱度值，计算值与标准值对比分析（2 分）			
		（5）凸轮轴凸角高度测量（总分 5 分） □1）将凸轮轴凸轮桃尖朝上放置（1 分） □2）千分尺测微螺杆与推杆抵靠凸轮横截面最高与最低处（1 分） □3）调千分尺分筒旋钮（调 3 次）至推杆受力旋紧锁止，读取测量值，记录测量值，测量数值与标准值对比分析（3 分）			
		（6）凸轮轴安装（总分 5 分） □1）清洁进、排气凸轮轴，清洁凸轮轴箱体（1 分） □2）涂抹适量机油至凸轮轴箱体轴承座内以及凸轮轴轴颈（1 分） □3）将进、排气凸轮轴正确放入凸轮轴箱体（1 分） □4）正确装上进、排气凸轮轴后端盖并安装进、排气凸轮轴后端盖固定螺栓（2 分）			
		（7）凸轮轴箱体安装（总分 10 分） □1）涂抹适量密封胶至凸轮轴箱体结合面（2 分） □2）安装凸轮轴箱体至发动机缸盖（2 分） □3）装上凸轮轴箱体固定螺栓（2 分） □4）正确使用棘轮扳手预紧凸轮轴箱体固定螺栓（2 分） □5）正确使用扭力扳手紧固凸轮轴箱体固定螺栓（按照维修手册中规定的扭矩紧固螺栓）（2 分）			

续表

<table>
<tr><th>序号</th><th>评价项目</th><th>评价内容及得分条件</th><th>评分标准</th><th>配分</th><th>得分</th></tr>
<tr><td rowspan="4">3</td><td rowspan="4">信息能力
（信息录入）
（资料应用）
（资讯检索）</td><td>（1）能正确使用维修手册查询资料（总分4分）
□1）查询进、排气凸轮轴拆卸及安装步骤（1分）
□2）查询进、排气凸轮轴轴向间隙标准值（1分）
□3）查询进、排气凸轮轴轴颈圆度、圆柱度标准值（1分）
□4）查询进、排气凸轮轴凸角高度标准值（1分）</td><td rowspan="4">依据得分条件进行评分，按要求完成在□打√，未按要求完成在□打×并扣除对应分数，扣分不得超10分</td><td rowspan="4">10</td><td rowspan="4"></td></tr>
<tr><td>□（2）查询发动机维护保养相关信息（2分）</td></tr>
<tr><td>□（3）能在规定时间内查询所需资料（2分）</td></tr>
<tr><td>□（4）能正确记录查询资料章节页码（2分）</td></tr>
<tr><td rowspan="3">4</td><td rowspan="3">工具、设备和工具使用能力
（岗位所需工具设备的使用能力）
（办公软件的使用能力）
（查询软件的使用能力）</td><td>□（1）能正确选用维修工具、检测工具（4分）</td><td rowspan="3">依据得分条件进行评分，按要求完成在□打√，未按要求完成在□打×并扣除对应分数，扣分不得超10分</td><td rowspan="3">10</td><td rowspan="3"></td></tr>
<tr><td>□（2）能正确使用维修工具进行拆装（3分）</td></tr>
<tr><td>□（3）能正确使用检测工具进行检测（3分）</td></tr>
<tr><td rowspan="3">5</td><td rowspan="3">分析能力
（诊断分析）
（检测分析）
（调校分析）</td><td>□（1）能判断凸轮轴轴向间隙是否正常（2分）</td><td rowspan="3">依据得分条件进行评分，按要求完成在□打√，未按要求完成在□打×并扣除对应分数，扣分不得超10分</td><td rowspan="3">10</td><td rowspan="3"></td></tr>
<tr><td>□（2）能判断凸轮轴轴颈圆度、圆柱度是否正常（6分）</td></tr>
<tr><td>□（3）能判断凸轮轴凸角高度是否正常（2分）</td></tr>
<tr><td rowspan="5">6</td><td rowspan="5">表单填写与报告撰写能力
（电子工单）
（纸质工单）
（任务记录单）</td><td>□（1）字迹清晰（1分）</td><td rowspan="5">依据得分条件进行评分，按要求完成在□打√，未按要求完成在□打×并扣除对应分数，扣分不得超5分</td><td rowspan="5">5</td><td rowspan="5"></td></tr>
<tr><td>□（2）语句通顺（1分）</td></tr>
<tr><td>□（3）无错别字（1分）</td></tr>
<tr><td>□（4）无涂改（1分）</td></tr>
<tr><td>□（5）无抄袭（1分）</td></tr>
</table>

自　测

一、判断题

（1）为确保配气机构不出现“卡死”现象，气门间隙越大越好。（　　）

（2）气门间隙超出要求数值，必须成套地更换液压挺柱。（　　）

（3）气门间隙的调整应该在发动机常温下进行。（　　）

（4）凸轮轮廓形状的变化会影响正时位置。（　　）

二、思考题

（1）简述气门间隙过大或过小对发动机的影响。

（2）简述气门间隙的测量方法。

评价与反馈

一、学习目标自我检查

序号	学习目标	完成情况（在相应的选项后打√）		
		能	不能	如果不能，是什么原因
1	讲述凸轮轴的结构、功能和特点			
2	能使用工具按照正确的操作方法对凸轮轴进行拆装			
3	熟练使用相关量具测量凸轮轴轴向间隙			
4	对自己的学习和工作效果做出自我评价			

二、日常表现评价（由小组长或者组内成员评价）

序号	日常表现项目	完成情况（在相应栏目后打√）		分数
1	工作页填写情况	填写完整		10
		缺失 0～20%		8
		缺失 20%～40%		6
		缺失 40% 以上		2
2	工作着装是否规范	着校服（工作服），未穿拖鞋、凉鞋		10
		未穿校服或穿拖鞋、凉鞋		8
		偶尔会不穿校服，穿拖鞋、凉鞋		6
		始终不穿校服，穿拖鞋、凉鞋		2
3	参与工作现场 7S 工作	积极主动参与 7S 工作		10
		在组长的要求下能参与 7S 工作		8
		在组长的要求下能参与 7S 工作，但效果差		6
		不愿意参加 7S 工作		2
4	操作作业时，有无警示其他同学	有警示		10
		无警示		0

续表

序号	日常表现项目	完成情况（在相应栏目后打√）		分数
5	考勤情况	全勤		10
		缺勤 0～20%（有请假）		8
		缺勤 0～20%（旷课）		6
		缺勤 20% 以上		2
6	总体评价该同学	非常优秀		10
		比较优秀		8
		有待改进		6
		急需改进		2
总分				

班级：　　　　学生签名：　　　　　年　月　日

三、教师总体评价

评价项目	完成情况（在相应栏目后打√）		分数
对该同学所在小组整体印象评价	组长负责，组内学习气氛好		25
	组长能组织组员按要求完成学习任务，个别组员不能达到学习目标		10
	组内有 30% 以上的学生不能达到学习目标		5
	组内大部分学生不能达到学习目标		0
总分			

教师签名：　　　　　年　月　日

任务三　气门组的结构与检修

知识介绍

配气机构的另一组成部分——气门组如果出现问题，会导致气缸密封性能下降、烧机油等，所以对气门组的检修是必不可少的工作。

气门组包括气门、气门弹簧、气门锁片、气门油封、弹簧座等，如图 3-13 所示。

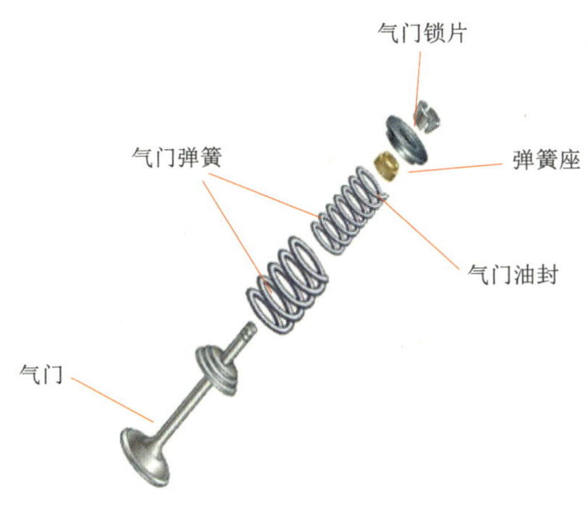

图 3-13 气门组

一、气门

气门分为进气门和排气门。进气门的作用是将空气吸入发动机内，与燃料混合燃烧；排气门的作用是将燃烧后的废气排出并散热。气门头部直接与气缸内燃烧的高温气体接触，温度高且散热和润滑困难，还要承受很大的落座冲击力，同时要承受气体压力、传动零件惯性力。气门杆身在气门开闭过程中起导向作用，也可以通过气门导管来散发一部分热量。气门如图 3-14 所示。

微课

气门与气门弹簧的认知

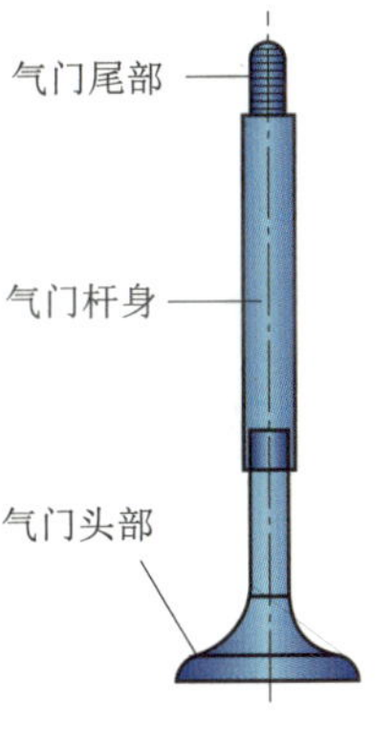

图 3-14 气门

气门头部有平顶、球面顶和喇叭形顶三种，如图 3-15 所示。

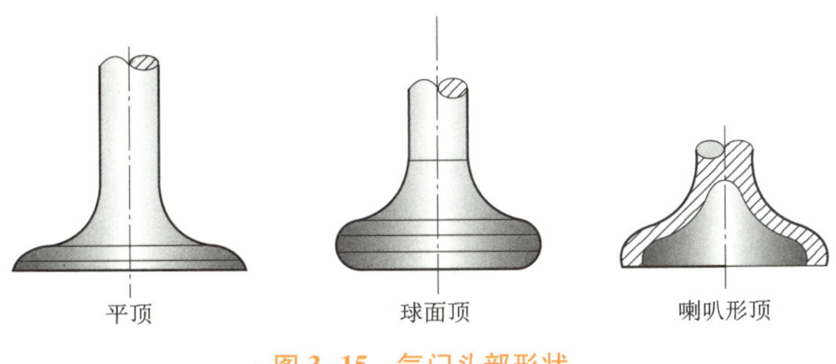

图 3-15 气门头部形状

气门头部与气门座圈接触的工作面，是与气门杆身同心的锥面，通常将这一锥面与气门顶平面的夹角称为气门锥角，一般成 30°和 45°，如图 3-16 所示。

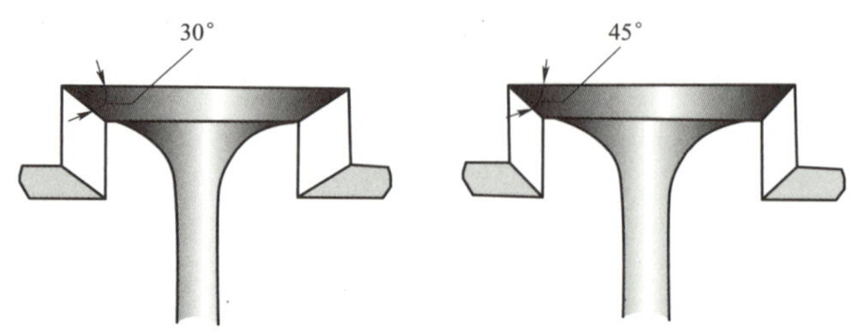

图 3-16　气门锥角

采用锥形工作面能获得较大的气门座密合压力，可提高密封性和导热性；气门落座时有自动回位作用，能避免气流转向过大而降低流速。此外，有了锥角，气门落座时还将与座口发生相对的研磨，这一方面会增加磨损，另一方面能挤掉接触面上的沉积物，有自洁作用。

二、气门导管

气门导管如图 3-17 所示，其作用如下：

（1）导向作用，保证气门做直线往复运动。

（2）导热作用，将气门头部传给杆身的热量，通过气缸盖传出去。

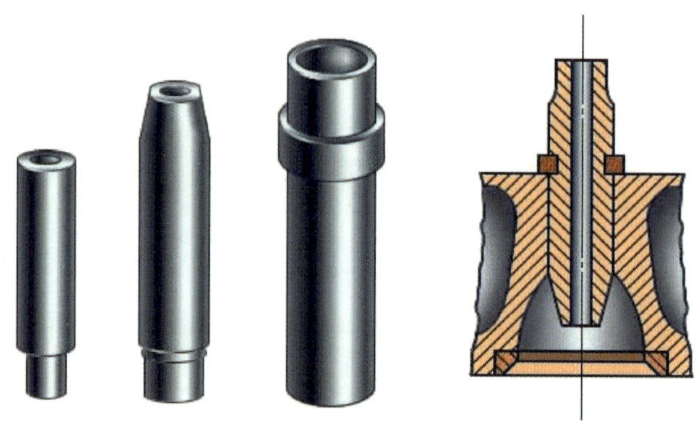

图 3-17　气门导管

三、气门油封

气门导管和气门之间应该有适量的机油来润滑，但是如果机油过量，就会造成烧机油现象，从而会在气缸内和气门上产生积炭，所以要安装气门油封。

气门油封如图 3-18 所示，其作用如下：

（1）防止机油进入进、排气管，造成机油流失。

（2）防止汽油与空气的混合体及排放废气泄漏。

（3）防止机油进入燃烧室。

气门油封是发动机气门组的重要零件之一，在高温下与汽油和机油相接触，因此需要采用耐热性和耐油性优良的材料，一般用氟橡胶制作。

图 3-18 气门油封

四、气门弹簧、锁片

气门弹簧借其张力克服气门关闭过程中气门及传动件因惯性力而产生的间隙，保证气门及时落座并精密贴合，同时也防止气门在发动机振动时因跳动而破坏密封性。锁片的作用是在气门弹簧力的作用下把弹簧座和气门杆锁住，使弹簧力作用到气门杆上。

气门弹簧的工作频率与其自然频率相等或成整数倍时，将会发生共振。共振可破坏气门的正常工作，使弹簧折断。为了避免以上现象，可采用不等螺距弹簧或双弹簧。

气门弹簧常见的损伤主要有歪斜、断裂、弹力减退。歪斜和弹力减退会影响气门性能，容易烧蚀气门。

五、配气相位

发动机的排气过程和进气过程统称为换气过程。换气过程的任务是做到排气彻底，进气充分，这样可以提高充气系数，增大发动机的输出功率。

配气相位是用轴转角表示的进、排气门的开启时刻和开启延续的时间，通常用环形图表示，如图 3-19 所示。

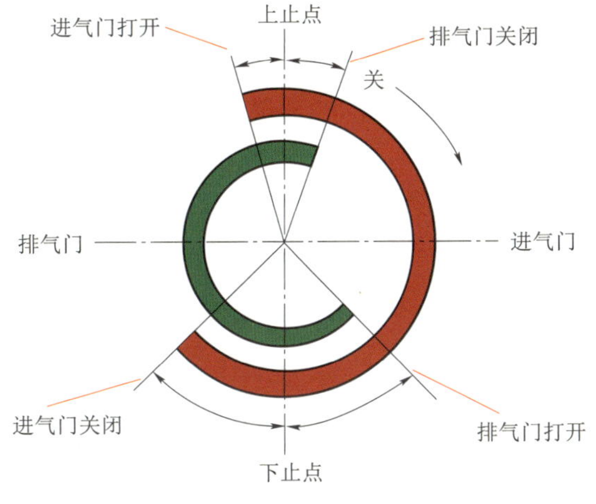

图 3-19 配气相位图

六、气门组的拆检

（1）使用气门弹簧压缩器拆卸气门弹簧，如图 3-20 所示。

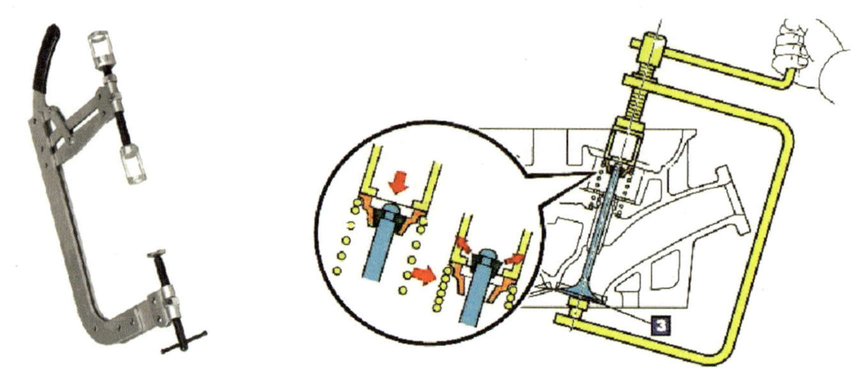

图 3-20　气门弹簧压缩器

（2）拆检后的气门弹簧要按顺序码放，如图 3-21 所示。

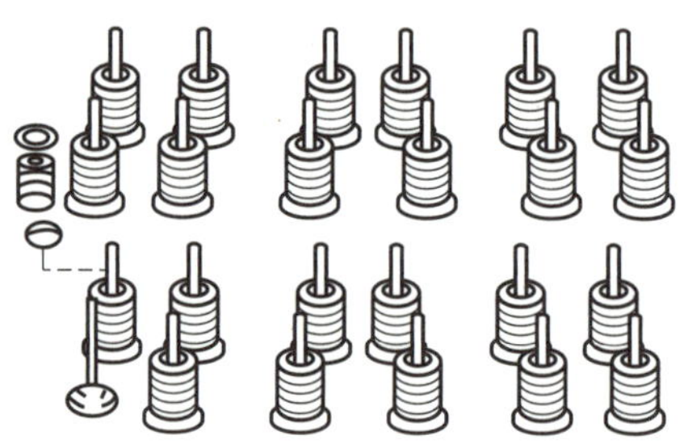

图 3-21　气门弹簧要按顺序码放

（3）气门杆端面磨损量测量，如图 3-22 所示。
（4）气门杆直径磨损量测量，如图 3-23 所示。

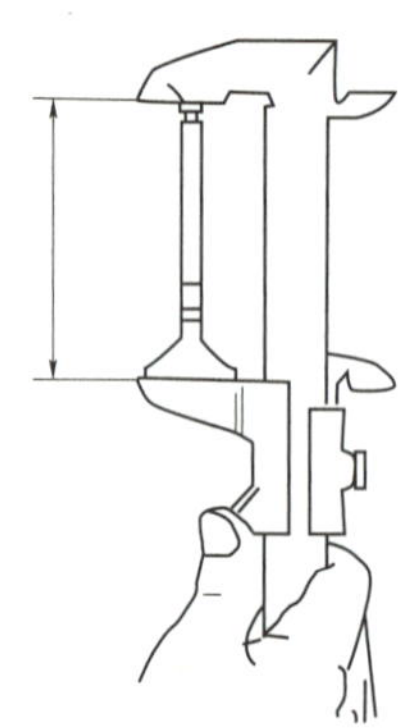

图 3-22　气门杆端面磨损量测量

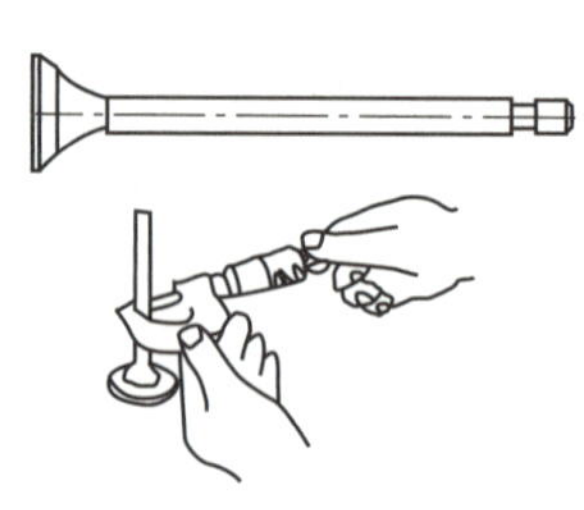

图 3-23　气门杆直径磨损量测量

（5）气门杆弯曲度的检测，如图 3-24 所示。

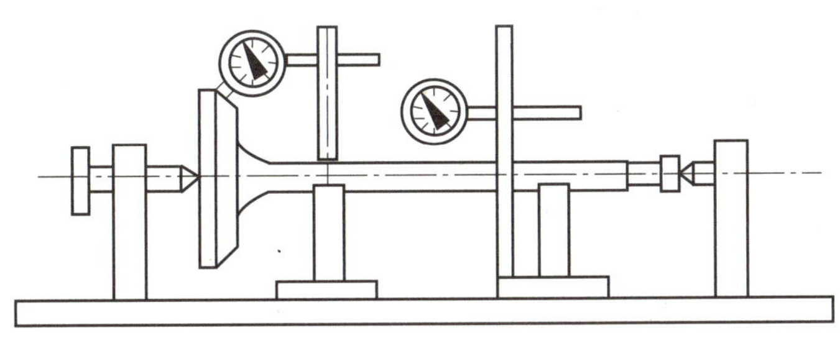

图 3-24 气门杆弯曲度的检测

拓展学习

气门组的
常见损伤

决 策

（1）准备好所需设备、工具、资料等。
（2）确定车辆信息。
（3）分组并选出负责人。

工作内容：检测气门组	完成时间：
参考资料：	
实训设备：	
分组情况	
负责人： 组 员：	

计 划

一、专用工具

气门弹簧压缩器。

二、注意事项

对拆下的气门组、摇臂组件、液压挺柱要做好正确的标记，并按气缸顺序放好。

三、任务制订

根据任务内容制订任务计划，简要说明任务实施过程及注意事项，并填入下表。

车型：		任务内容：	
序号	任务步骤	工具/辅具	注意事项
1			
2			
3			
4			
5			

四、气门的检测

（1）目测。

如果发现气门有明显的弯曲、裂纹、烧蚀、磨损等损伤，应更换气门。

（2）气门头部边缘厚度的检测。

在工作中，气门头部锥面与气门座接触时，一是起密封作用，二是通过气门座带走气门的部分热量。因此，长时间的工作必然会造成磨损。具体检测时可采用游标卡尺在气门头部边缘上间隔120°来测量气门头部边缘厚度，以测量出的最小值与标准值进行对比。也可以采用游标卡尺配合标准平板来进行测量。

（3）气门杆端面磨损测量。

使用游标卡尺测量气门长度，如果磨损量大于厂家要求的极限值，应更换气门。

（4）气门杆直径磨损测量。

使用外径千分尺在气门杆的上、中、下三个截面进行多点测量。

（5）查询维修手册并填表。

车型：			发动机型号：			
气门数量：			气门驱动形式：			
检测项目	气门头部边缘厚度		气门长度		气门杆直径磨损量	
进、排气门	进	排	进	排	进	排
标准值						
极限值						

五、检查气门导管间隙

（1）将新气门插入气门导管中，气门杆末端必须和导管紧贴，注意区分进、排气门。使用支架百分表测量气门头部摆动量。

（2）查询维修手册并填写下表。

车型：	发动机型号：	
气门数量：	气门驱动形式：	
检测项目	气门导管与气门间隙	
进、排气门	进	排
极限值		

实　施

气门拆装与检测作业单

姓名：		完成时间：15 分钟	实训教师签字：	
作业内容	对气门进行拆卸、检查、安装等相关操作			
按作业规范要求完成	（1）进行气门组拆卸； （2）进行气门组检查； （3）填写气门高度测量记录表； 测量项目 | 气门高度 标准值 | 测量值 | 结果分析 | （4）进行气门弹簧检查； （5）填写气门弹簧自由长度测量记录表； 测量项目 | 气门弹簧自由长度 标准值 | 测量值 | 结果分析 | （6）进行气门杆和导管间隙检查； （7）填写气门座同心度测量记录表； 测量项目 | 气门座同心度 结果分析 | □同心　□不同心 （8）进行气门组安装			

注：处理结果时，正常打“√”，若不正常给出维修方案（维修、更换、调整）。

气门拆装与检测评价标准

<table>
<tr><th>序号</th><th>评价项目</th><th>评价内容及得分条件</th><th>评分标准</th><th>配分</th><th>得分</th></tr>
<tr><td rowspan="5">1</td><td rowspan="5">操作规范
（作业安全）
（职业操守）</td><td>（1）能进行工位 7S 操作（总分 3 分）
□1）整理、整顿（0.5 分）
□2）清理、清洁（1 分）
□3）素养、节约（0.5 分）
□4）安全（1 分）</td><td rowspan="5">依据得分条件进行评分，按要求完成在□打√，未按要求完成在□打×并扣除对应分数，扣分不得超 15 分</td><td rowspan="5">15</td><td rowspan="5"></td></tr>
<tr><td>（2）能进行设备和工具安全检查（总分 3 分）
□1）检查作业工具设备是否完备（1 分）
□2）检查作业环境是否配备灭火器（1 分）
□3）检查举升机举升情况是否正常（1 分）</td></tr>
<tr><td>（3）能进行车辆安全防护操作（总分 3 分）
□1）正确安装车外三件套（1 分）
□2）正确安装车内四件套（1 分）
□3）正确安装车轮挡块（1 分）</td></tr>
<tr><td>（4）能进行工具清洁校准存放操作（总分 3 分）
□1）使用工具前对工具进行校准（1 分）
□2）使用工具后对工具进行清洁（1 分）
□3）作业完成后对工具进行复位（1 分）</td></tr>
<tr><td>（5）能进行三不落地操作（总分 3 分）
□1）作业过程中做到油液不落地（1 分）
□2）作业过程中做到水液不落地（1 分）
□3）作业过程中做到工具不落地（1 分）</td></tr>
<tr><td rowspan="2">2</td><td rowspan="2">专业能力
（应用技能）
（操作技能）
（保养作业）
（拆装作业）
（维修作业）</td><td>（1）气门组拆卸（总分 10 分）
□1）正确清洁气缸盖（1 分）
□2）正确放置气缸盖（1 分）
□3）正确使用气门弹簧拆装工具（先清洁工具，后组装工具）（1 分）
□4）正确使用气门弹簧拆装工具压缩气门弹簧（1 分）
□5）正确使用吸棒吸出气门锁片（1 分）
□6）正确取下气门弹簧拆装工具（1 分）
□7）正确取出气门弹簧座（1 分）
□8）正确取出气门弹簧（1 分）
□9）正确取出气门（1 分）
□10）正确使用油封钳取出气门油封（1 分）</td><td rowspan="2">依据得分条件进行评分，按要求完成在□打√，未按要求完成在□打×并扣除对应分数，扣分不得超 50 分</td><td rowspan="2">50</td><td rowspan="2"></td></tr>
<tr><td>（2）气门组检测（总分 7 分）
□1）正确清洁气门（1 分）
□2）正确使用游标卡尺（先清洁游标卡尺，后校准游标卡尺）（2 分）
□3）正确使用游标卡尺测量气门杆直径，测量值与标准值对比分析（2 分）
□4）正确使用游标卡尺测量气门杆高度，测量值与标准值对比分析（2 分）</td></tr>
</table>

续表

序号	评价项目	评价内容及得分条件	评分标准	配分	得分
2	专业能力 (应用技能) (操作技能) (保养作业) (拆装作业) (维修作业)	(3) 气门弹簧检查(总分8分) □1) 正确清洁气门弹簧(2分) □2) 目测检查气门弹簧是否变形(2分) □3) 正确使用游标卡尺(先清洁游标卡尺,后校准游标卡尺)(2分) □4) 正确使用游标卡尺测量气门弹簧自由长度,测量值与标准值对比分析(2分)	依据得分条件进行评分,按要求完成在□打√,未按要求完成在□打×并扣除对应分数,扣分不得超50分	50	
		(4) 气门杆和导管的间隙检查(总分5分) □1) 正确清洁气门杆,在气门杆上涂抹一层机油(1分) □2) 将气门正确放入气门导管中,上下拉动3~5次(3分) □3) 检查完成后,正确清洁气门杆表面机油(1分)			
		(5) 气门锥面与气门座同心度检查(总分5分) □1) 均匀涂抹一层显示剂至气门座锥面(1分) □2) 将气门压入气门座,使气门锥面轻压气门座(2分) □3) 正确取出气门,检查气门座和气门锥面的接触状况(1分) □4) 检测完成后,使用抹布正确清除气门座和气门上面的显示剂(1分)			
		(6) 气门组安装(总分15分) □1) 正确将润滑油均匀涂抹至气门油封(1分) □2) 正确使用工具将气门油封安装至气门导管(2分) □3) 正确在气门杆上涂抹适量润滑油(1分) □4) 正确从气缸盖底部将气门装入气门安装孔中(2分) □5) 用手将气门弹簧、气门弹簧座依次装入气缸盖上部(2分) □6) 正确使用工具压缩气门弹簧(2分) □7) 涂抹适量润滑脂至气门锁片内壁(1分) □8) 正确使用工具将气门锁片依次安装至气门弹簧座(2分) □9) 正确取下工具(2分)			

续表

序号	评价项目	评价内容及得分条件	评分标准	配分	得分
3	信息能力 （信息录入） （资料应用） （资讯检索）	（1）能正确使用维修手册查询资料（总分4分） □1）查询气门组拆卸步骤（1分） □2）查询气门组检测内容（2分） □3）查询气门组安装步骤（1分）	依据得分条件进行评分，按要求完成在□打√，未按要求完成在□打×并扣除对应分数，扣分不得超10分	10	
		□（2）查询发动机维护保养相关信息（2分）			
		□（3）能在规定时间内查询所需资料（2分）			
		□（4）能正确记录查询资料章节页码（2分）			
4	工具、设备和工具使用能力 （岗位所需工具设备的使用能力） （办公软件的使用能力） （查询软件的使用能力）	□（1）能正确选用维修工具、检测工具（4分）	依据得分条件进行评分，按要求完成在□打√，未按要求完成在□打×并扣除对应分数，扣分不得超10分	10	
		□（2）能正确使用塞尺进行检测（2分）			
		□（3）能正确使用游标卡尺进行检测（2分）			
		□（4）能正确使用千分尺进行检测（2分）			
5	分析能力 （诊断分析） （检测分析） （调校分析）	□（1）能判断气门外观是否损伤（2分）	依据得分条件进行评分，按要求完成在□打√，未按要求完成在□打×并扣除对应分数，扣分不得超10分	10	
		□（2）能判断气门杆直径、高度是否正常（2分）			
		□（3）能判断气门弹簧垂直度、自由长度是否正常（2分）			
		□（4）能判断气门杆和导管配合间隙是否正常（2分）			
		□（5）能判断气门锥面与气门座同心度是否正常（2分）			
6	表单填写与报告的撰写能力 （电子工单） （纸质工单） （任务记录单）	□（1）字迹清晰（1分）	依据得分条件进行评分，按要求完成在□打√，未按要求完成在□打×并扣除对应分数，扣分不得超5分	5	
		□（2）语句通顺（1分）			
		□（3）无错别字（1分）			
		□（4）无涂改（1分）			
		□（5）无抄袭（1分）			

自　测

一、判断题

（1）气门头部直接与气缸内燃烧的高温气体接触。（　　）

（2）气门采用锥形工作面可提高密封性和导热性。（　　）

（3）气门油封损伤，则可能会引起烧机油现象。（　　）

（4）配气相位的目的是保证排气彻底，进气充分。（　　）

（5）检查发现气门有损伤，为降低成本可以修复，不用更换。（ ）

二、思考题

（1）气门组哪些部件损伤可能会导致烧机油现象？

（2）拆检气门组时应注意哪些细节？

评价与反馈

一、学习目标自我检查

序号	学习目标	完成情况（在相应的选项后打√）		
		能	不能	如果不能，是什么原因
1	讲述气门组的组成、原理及特点			
2	能使用工具按照正确的操作方法对气门组进行拆装			
3	熟练使用相关量具对气门组进行测量			
4	讲述气门组的拆装及工具使用方法			
5	对自己的学习和工作效果做出自我评价			

二、日常表现评价（由小组长或者组内成员评价）

序号	日常表现项目	完成情况（在相应栏目后打√）		分数
1	工作页填写情况	填写完整		10
		缺失 0～20%		8
		缺失 20%～40%		6
		缺失 40% 以上		2
2	工作着装是否规范	着校服（工作服），未穿拖鞋、凉鞋		10
		未穿校服或穿拖鞋、凉鞋		8
		偶尔会不穿校服，穿拖鞋、凉鞋		6
		始终不穿校服，穿拖鞋、凉鞋		2

续表

序号	日常表现项目	完成情况（在相应栏目后打√）		分数
3	参与工作现场 7S 工作	积极主动参与 7S 工作		10
		在组长的要求下能参与 7S 工作		8
		在组长的要求下能参与 7S 工作，但效果差		6
		不愿意参加 7S 工作		2
4	操作作业时，有无警示其他同学	有警示		10
		无警示		0
5	考勤情况	全勤		10
		缺勤 0～20%（有请假）		8
		缺勤 0～20%（旷课）		6
		缺勤 20% 以上		2
6	总体评价该同学	非常优秀		10
		比较优秀		8
		有待改进		6
		急需改进		2
总分				

班级：　　　　学生签名：　　　　　年　月　日

三、教师总体评价

评价项目	完成情况（在相应栏目后打√）		分数
对该同学所在小组整体印象评价	组长负责，组内学习气氛好		25
	组长能组织组员按要求完成学习任务，个别组员不能达到学习目标		10
	组内有 30% 以上的学生不能达到学习目标		5
	组内大部分学生不能达到学习目标		0
总分			

教师签名：　　　　　年　月　日

任务四　气门座的结构与检修

知识介绍

气缸盖上的气门座与气门精密配合，以实现燃烧室的密封，更换气门的同时必须对气门

座进行修磨。本任务的工作内容主要是气门座的修理。

一、气门座的结构

进、排气门锥面接触的部位称为气门座，它的主要功用是配合气门形成密封的空间。气门座的锥面由三部分组成，如图 3-25 所示。其中，45°（或 30°）锥面为气门密封锥面，为使密封更可靠，同时又有一定的散热面积，密封锥面的宽度不小于 1～3 mm；15°和 75°锥面，是用来修正工作（即密封）锥面的宽度和上、下位置的。

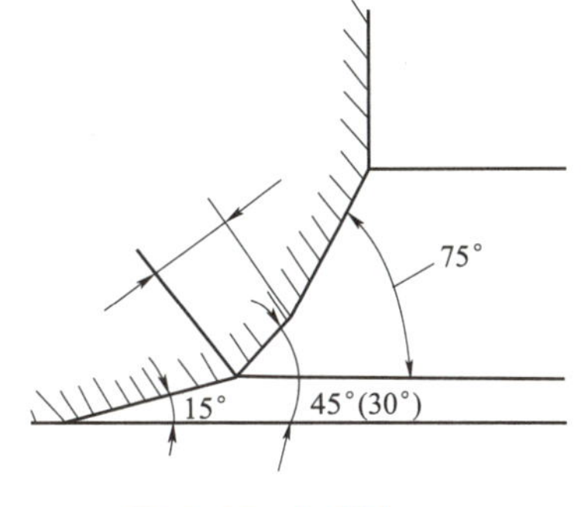

图 3-25 气门座

某些发动机的气门锥角比气门座锥角小 0.5°～1°，该角称为密封干涉角。干涉角有利于走合期的磨合。走合期结束，干涉角逐渐消失，恢复全锥面接触。

二、气门与气门座的研磨

如果气门与气门座之间的密封不理想，可对气门与气门座进行修整与研磨。对气门与气门座的修磨，可使用研磨机进行，效率较高；也可人工修磨。

人工研磨气门与气门座如图 3-26 所示，在气门与气门座之间涂上少许研磨膏，用捻子捻住气门顶面，转动手柄进行打磨，注意用力均匀。研磨一段时间后取出气门，进行清洁再做密封检测。

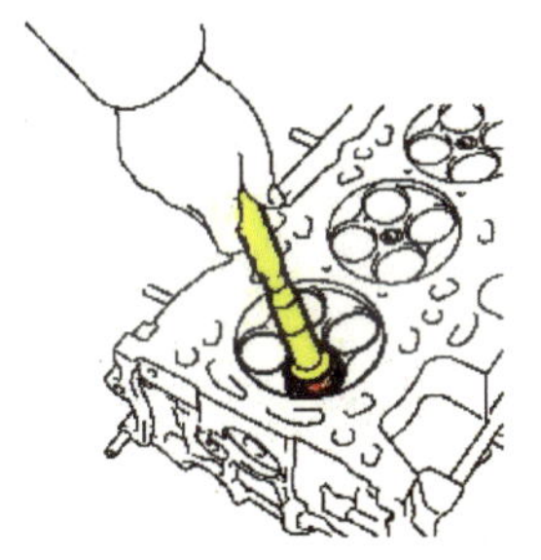

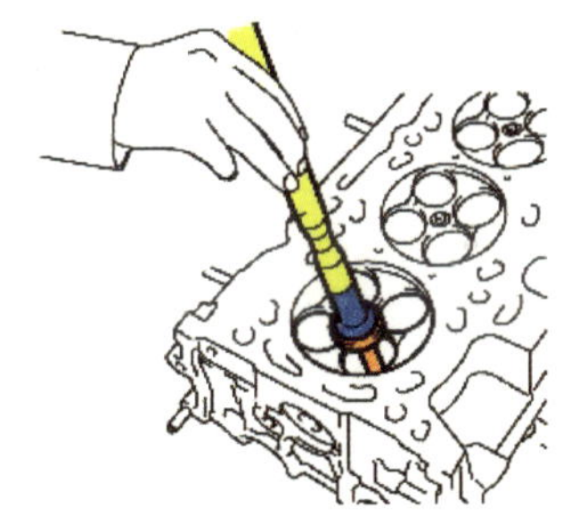

图 3-26 人工研磨气门与气门座

三、气门座的铰削

铰削气门座时，应根据气门头部直径及斜面角度选用不同规格的铰刀。气门座的铰削如图 3-27 所示。

图 3-27 气门座的铰削

四、气门座圈的更换

如果气门与气门座之间的密封不符合技术要求，又不宜进行修磨，可对气门座圈进行更换；对于整体式气门座，应更换气缸盖。

用温差法更换气门座圈，将气缸盖加热至 80～100 ℃，取出气门座圈，更换新的座圈。如需更换气门导管，可同步进行。

决　策

（1）准备好所需设备、工具、资料等。

（2）确定车辆信息。

（3）分组并选出负责人。

工作内容：检修气门座	完成时间：
参考资料：	
实训设备：	
分组情况	
负责人： 组　员：	

计　划

根据任务内容制订任务计划，简要说明任务实施过程及注意事项，并填入下表。

车型：		任务内容：	
序号	任务步骤	工具/辅具	注意事项
1			
2			
3			
4			

实　施

实施计划并填写下表。

气门与气门座的密封技术要求（接触宽度：mm）		在以下合适的选项中打√		
进气门	排气门	可继续使用	研磨修复	更换气门与气门座圈

自　测

一、判断题

（1）气门座 45°锥面为气门密封锥面。（　　）

（2）对气门与气门座进行研磨的目的是确保密封良好。（　　）

（3）更换气门后必须再与气门座进行重新研磨配合。（　　）

二、思考题

气门座密封性检查不合格，该如何处理？

评价与反馈

一、学习目标自我检查

序号	学习目标	完成情况（在相应的选项后打√）		
		能	不能	如果不能，是什么原因
1	讲述气门座的组成和结构			
2	能使用工具按照正确的操作方法更换气门座			
3	熟练使用相关量具对气门进行测量			
4	讲述气门座检修的方法			
5	对自己的学习和工作效果做出自我评价			

二、日常表现评价（由小组长或者组内成员评价）

序号	日常表现项目	完成情况（在相应栏目后打√）		分数
1	工作页填写情况	填写完整		10
		缺失 0～20%		8
		缺失 20%～40%		6
		缺失 40% 以上		2

续表

序号	日常表现项目	完成情况（在相应栏目后打√）		分数
2	工作着装是否规范	着校服（工作服），未穿拖鞋、凉鞋		10
		未穿校服或穿拖鞋、凉鞋		8
		偶尔会不穿校服，穿拖鞋、凉鞋		6
		始终不穿校服，穿拖鞋、凉鞋		2
3	参与工作现场 7S 工作	积极主动参与 7S 工作		10
		在组长的要求下能参与 7S 工作		8
		在组长的要求下能参与 7S 工作，但效果差		6
		不愿意参加 7S 工作		2
4	操作作业时，有无警示其他同学	有警示		10
		无警示		0
5	考勤情况	全勤		10
		缺勤 0～20%（有请假）		8
		缺勤 0～20%（旷课）		6
		缺勤 20% 以上		2
6	总体评价该同学	非常优秀		10
		比较优秀		8
		有待改进		6
		急需改进		2
总分				

班级：　　　　学生签名：　　　　　　年　月　日

三、教师总体评价

评价项目	完成情况（在相应栏目后打√）		分数
对该同学所在小组整体印象评价	组长负责，组内学习气氛好		25
	组长能组织组员按要求完成学习任务，个别组员不能达到学习目标		10
	组内有 30% 以上的学生不能达到学习目标		5
	组内大部分学生不能达到学习目标		0
总分			

教师签名：　　　　　　年　月　日

任务五　配气机构的总装

 知识介绍

在配气机构的维修工作中，除了要对主要零部件进行测量，还要查询相应车型的维修手册，和标准数据进行对比，从而正确判断零部件的处理方式。另外，还要注意配气机构各部件的维修工艺流程。

一、注意事项

（1）先拆除外围附件，再按照由外到内、由上到下的顺序进行拆解。

（2）要在冷态时拆装配气机构。

（3）拆解配气机构螺栓时使用的工具是扭力扳手。

（4）按照维修手册的拆装顺序和扭力拆装各螺栓。

（5）拆解正时机构和飞轮时，注意相关正时记号。

（6）拆卸凸轮轴螺栓时要按照由外到内、先两端后中央、交叉对称的顺序分次拆解，安装时按照与之相反的顺序。禁止一次拧松或拧紧下一个螺栓。

（7）拆装气门弹簧时要使用专用工具。

（8）按照维修手册的要求更换螺栓、垫片、油封等，安装时注意不要损伤新的气门油封。

（9）安装气门弹簧时，要注意内外弹簧的旋向，要与螺旋方向相反。

（10）按照正确的方法安装凸轮轴。

（11）拆下气门挺柱后，要使其工作面朝下，按顺序摆放，安装时要灌满机油。

（12）气门拆卸时要防止气门压缩器滑落而导致气门锁片脱落，否则可能对人员造成伤害。

二、总装步骤

（1）清洁、检测配气机构。

（2）安装气门挺杆油封。

（3）安装气门。

（4）安装气门挺杆和调整垫片。用手检查气门挺杆应能灵活转动。

【小提示】记得给调整垫片涂上一层薄机油！

（5）安装气缸盖。

（6）安装排气凸轮轴。

（7）安装进气凸轮轴，步骤如下：

1）放置进气凸轮轴，使定位销略高于气缸盖的顶面。在凸轮轴的止推部分涂多用途润滑脂。匹配每个齿轮上的安装标记，使进气凸轮轴齿轮与排气凸轮轴齿轮啮合。

2）在齿轮相互啮合的情况下，使进气凸轮轴落到轴承轴颈上。将轴承盖在对应的位置

上，在凸轮轴轴承盖螺栓头下面的螺纹上涂上一层薄发动机机油。

【小提示】 安装时注意安装标记方向！

3）在凸轮轴轴承盖螺栓头下面螺纹上涂上一层薄发动机机油，安装并分 3 步交替拧紧螺栓。

4）顺时针转动进气凸轮轴，在定位销朝上的情况下固定凸轮轴并检查凸轮轴的正时标记是否对准。

5）安装凸轮轴正时皮带张紧轮。

6）安装正时皮带。

7）检查配气正时标记。松开正时皮带张紧轮螺栓，顺时针方向缓慢转动曲轴 2 周。

8）检查正时皮带挠度。

9）安装气缸盖罩。

决　策

（1）准备好所需设备、工具、资料等。

（2）确定车辆信息。

（3）分组并选出负责人。

工作内容：检修配气机构	完成时间：
参考资料：	
实训设备：	
分组情况	
负责人： 组　员：	

计　划

（1）查询维修手册并填写下表。

车型：		发动机型号：
项目	标准参数	磨损极限
气门总长度		
气门与气门导管配合间隙		
气门杆直径		
气门头部歪斜量		

续表

项目	标准参数	磨损极限
气门座密封面宽度		
气门弹簧自由长度		
气门弹簧垂直度		
气门弹簧弹力		
凸轮轴最大升程		
凸轮轴轴颈圆度		
凸轮轴轴颈圆柱度		
凸轮轴轴向间隙		
液压挺柱外径		
液压挺柱轴承孔内径		
进气门间隙		
排气门间隙		
正时链条长度		
正时链轮直径		
M6 螺栓/螺母		
M8 螺栓/螺母		
M10 螺栓/螺母		
M12 螺栓/螺母		
M14 螺栓/螺母		
凸轮轴螺栓		

（2）根据任务内容制订任务计划，简要说明任务实施过程及注意事项，并填入下表。

车型：		任务内容：	
序号	任务步骤	工具/辅具	注意事项
1			
2			
3			
4			
5			
6			
7			
8			

实 施

实施计划并填写下列表格。

车型：		发动机型号：					
气门数量：							
气门长度：							
实际测量值（进、排气门各一只）							
1 缸		2 缸		3 缸		4 缸	
进	排	进	排	进	排	进	排
标准值		极限值			处理方法		

气门与气门导管配合间隙：							
实际测量值（进、排气门各一只）							
1 缸		2 缸		3 缸		4 缸	
进	排	进	排	进	排	进	排
标准值			极限值		处理方法		

气门间隙：							
实际测量值（进、排气门各一只）							
1 缸		2 缸		3 缸		4 缸	
进	排	进	排	进	排	进	排
标准值			极限值		处理方法		

自 测

一、判断题

（1）配气机构应该在冷态时进行拆卸。（　　）

（2）配气机构凸轮轴轴承盖的固定螺栓需要用力矩扳手来控制拧紧力矩。 （ ）
（3）在拆卸凸轮轴轴承盖固定螺栓时可以从左往右依次拧松。 （ ）
（4）凸轮轴轴承盖采用固态润滑脂润滑。 （ ）
（5）装配发动机配气机构时，顺时针或逆时针方向转动曲轴都可以。 （ ）

二、思考题

凸轮轴轴承盖固定螺栓为什么不能一次性拧松或拧紧?

评价与反馈

一、学习目标自我检查

序号	学习目标	完成情况（在相应的选项后打√）		
		能	不能	如果不能，是什么原因
1	总结发动机配气机构的组成和作用			
2	叙述发动机配气机构各零部件的名称、安装位置及作用			
3	叙述发动机配气机构各零部件损坏的原因			
4	借助维修手册，安全规范地对配气机构各零部件进行检测			
5	对自己的学习和工作效果做出自我评价			

二、日常表现评价（由小组长或者组内成员评价）

序号	日常表现项目	完成情况（在相应栏目后打√）		分数
1	工作页填写情况	填写完整		10
		缺失 0～20%		8
		缺失 20%～40%		6
		缺失 40% 以上		2
2	工作着装是否规范	着校服（工作服），未穿拖鞋、凉鞋		10
		未穿校服或穿拖鞋、凉鞋		8
		偶尔会不穿校服，穿拖鞋、凉鞋		6
		始终不穿校服，穿拖鞋、凉鞋		2

续表

序号	日常表现项目	完成情况（在相应栏目后打√）		分数
3	参与工作现场 7S 工作	积极主动参与 7S 工作		10
		在组长的要求下能参与 7S 工作		8
		在组长的要求下能参与 7S 工作，但效果差		6
		不愿意参加 7S 工作		2
4	操作作业时，有无警示其他同学	有警示		10
		无警示		0
5	考勤情况	全勤		10
		缺勤 0～20%（有请假）		8
		缺勤 0～20%（旷课）		6
		缺勤 20% 以上		2
6	总体评价该同学	非常优秀		10
		比较优秀		8
		有待改进		6
		急需改进		2
总分				

班级：　　　　学生签名：　　　　　年　月　日

三、教师总体评价

评价项目	完成情况（在相应栏目后打√）		分数
对该同学所在小组整体印象评价	组长负责，组内学习气氛好		25
	组长能组织组员按要求完成学习任务，个别组员不能达到学习目标		10
	组内有 30% 以上的学生不能达到学习目标		5
	组内大部分学生不能达到学习目标		0
总分			

教师签名：　　　　　年　月　日

项目四　冷却系统的结构与检修

学习目标

（1）能够根据故障现象初步对冷却系统做出故障判断并制订下一步诊断计划。
（2）能够根据冷却系统工作原理及冷却液循环途径判断水温过高的故障原因。
（3）能够正确检测节温器、水泵等相关部件。
（4）能够查阅维修手册，并根据检测结果正确制订修复计划。
（5）能够遵守操作规范、劳动纪律和环保要求。
（6）能够用资料说明、核查、评价自身工作效果。

学习内容

（1）冷却系统的结构。
（2）水泵和节温器的结构与检修。
（3）散热器及冷却风扇的结构与检修。

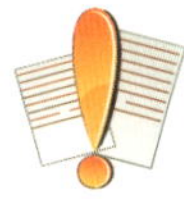

案例导入

一辆 2018 款新迈腾 330TSI DSG，第三代 EA888 发动机，行驶 15 万千米。客户反映该车水温表指示较高且报警，熄火后打开发动机盖，发现膨胀水箱内冷却液沸腾。施救车将该车拖到汽车 4S 店，客户要求维修人员检修。

故障分析：维修人员接车后立即打开点火开关，发现水温表指示已经达到最顶端且有蜂鸣报警。打开发动机盖发现膨胀水箱内确实有沸腾现象。向客户问诊得知此车以前并未出现过此现象，防冻液按时更换，一个月前在本店做过点火、进气、清洗积炭等养护工作。维修人员初步排除发动机点火过迟、积炭等原因，认为此车水温高是由冷却系统故障引起的，需要进行彻底检查。

任务一　冷却系统的功能、组成及检查

知识介绍

一、冷却系统的功能及组成

发动机冷却系统的安装位置如图 4-1 所示。冷却系统的功能是把受热零件吸收的热量及时散发出去，保证发动机在最适宜的温度状态下工作。一般发动机正常工作时冷却液的温度范围为 80～90 ℃。

微课

冷却系和膨胀水箱的认知

图 4-1　发动机冷却系统的安装位置

目前，汽车发动机普遍采用强制循环式冷却系统，即利用水泵强制地使冷却液不断地循环流动，不断地带走零件表面热量。强制循环式冷却系统由水泵、风扇、发动机进水管、节温器、水箱、水套等组成，如图 4-2 所示。

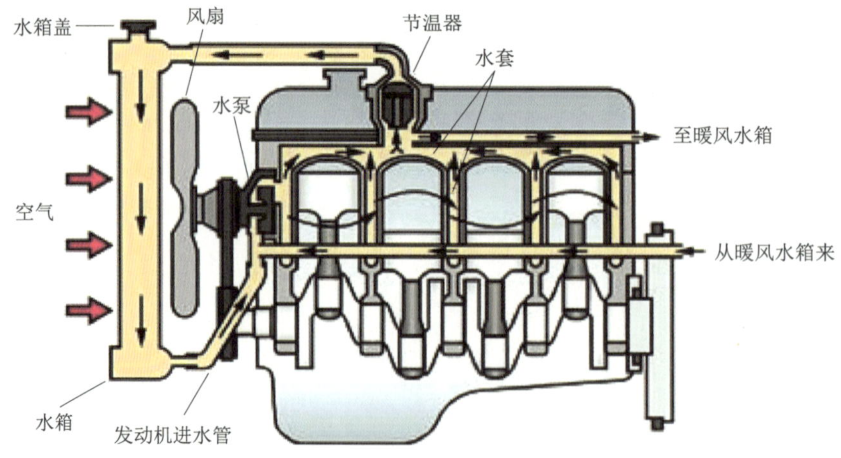

图 4-2　强制循环式冷却系统的组成

二、检查发动机冷却系统泄漏情况

（1）测试器的安装如图 4-3 所示。将散热器加满冷却液，把测试器安装在散热器盖上。

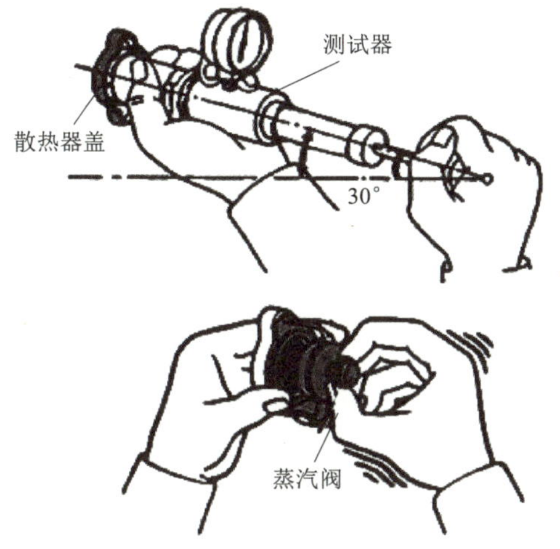

图 4-3 测试器的安装

（2）起动发动机。

（3）水泵压力至 118 kPa 时，检测压力应不下降。如果压力下降，则检查孔口、散热器、水泵和节温器安装的进水口是否有泄漏现象；如果没有发现泄漏现象，则检查加热器芯、缸体和缸盖。

三、检查副水箱中发动机冷却液量

副水箱中发动机冷却液量应在 LOW（低）和 FULL（满）之间，如图 4-4 所示。如果低于规定值，则检查是否泄漏，并添加适量冷却液至 FULL 线。

图 4-4 副水箱中发动机冷却液量

拓展学习

大众 EA888 发动机冷却系统主要零部件

决　策

（1）准备好所需设备、工具、资料等。
（2）确定车辆信息。
（3）分组并选出负责人。

工作内容：检查冷却系统	完成时间：
参考资料：	
实训设备：	
分组情况	
负责人： 组　员：	

计　划

（1）严格按照维修手册要求的流程进行操作。
（2）对特殊零部件的拆解要使用专用工具。
（3）各螺栓拧紧力矩符合要求。
（4）听从老师管理，禁止随意操作实训车辆、设备等。
（5）安全操作，防止烫伤。
（6）注意劳动保护。
（7）根据任务内容制订任务计划，简要说明任务实施过程及注意事项，并填入下表。

车型：		任务内容：	
序号	任务步骤	工具/辅具	注意事项
1			
2			
3			

实　施

实施计划并完成下表的填写。

车型：	发动机型号：
冷却液液位是否正常	是（　　）　　否（　　）
冷却系统是否泄漏	是（　　）　　否（　　）
外观是否有破损	是（　　）　　否（　　）
处理方法：	

自　测

一、判断题

（1）冷却系统把受热零件吸收的热量带走，所以发动机的温度越低越好。（　　）

（2）汽车发动机常采用自然式水冷系统。（　　）

（3）进行散热器密封性试验时，发现水泵压力稳定，则说明密封性良好。（　　）

二、思考总结

如果冷却水量过少，会出现哪些现象？

评价与反馈

一、学习目标自我检查

序号	学习目标	完成情况（在相应的选项后打√）		
		能	不能	如果不能，是什么原因
1	叙述冷却系统的组成和作用			
2	能指出冷却系统各零部件安装位置			
3	能进行冷却系统密封性试验			
4	对自己的学习和工作效果做出自我评价			

二、日常表现评价（由小组长或者组内成员评价）

序号	日常表现项目	完成情况（在相应栏目后打√）		分数
1	工作页填写情况	填写完整		10
		缺失 0～20%		8
		缺失 20%～40%		6
		缺失 40% 以上		2
2	工作着装是否规范	着校服（工作服），未穿拖鞋、凉鞋		10
		未穿校服或穿拖鞋、凉鞋		8
		偶尔会不穿校服，穿拖鞋、凉鞋		6
		始终不穿校服，穿拖鞋、凉鞋		2

续表

序号	日常表现项目	完成情况（在相应栏目后打√）		分数
3	参与工作现场 7S 工作	积极主动参与 7S 工作		10
		在组长的要求下能参与 7S 工作		8
		在组长的要求下能参与 7S 工作，但效果差		6
		不愿意参加 7S 工作		2
4	操作作业时，有无警示其他同学	有警示		10
		无警示		0
5	考勤情况	全勤		10
		缺勤 0～20%（有请假）		8
		缺勤 0～20%（旷课）		6
		缺勤 20% 以上		2
6	总体评价该同学	非常优秀		10
		比较优秀		8
		有待改进		6
		急需改进		2
总分				

班级：　　　　学生签名：　　　　　年　月　日

三、教师总体评价

评价项目	完成情况（在相应栏目后打√）		分数
对该同学所在小组整体印象评价	组长负责，组内学习气氛好		25
	组长能组织组员按要求完成学习任务，个别组员不能达到学习目标		10
	组内有 30% 以上的学生不能达到学习目标		5
	组内大部分学生不能达到学习目标		0
总分			

教师签名：　　　　　年　月　日

任务二 水泵和节温器的结构与检修

知识介绍

一、水泵

（一）水泵的作用

水泵的作用是对冷却液进行加压，加速冷却液的循环流动，保证冷却可靠。水泵的安装位置如图 4-5 所示。

图 4-5 水泵的安装位置

（二）水泵的结构

水泵是冷却液不断循环的动力源，水泵的动力是靠曲轴的旋转运动通过传动皮带驱动的。离心式水泵主要由进水管、水泵壳体、水泵轴、叶轮、出水管等组成，如图 4-6 所示。叶轮一般是径向或向后弯曲的，其数目一般为 6 片。

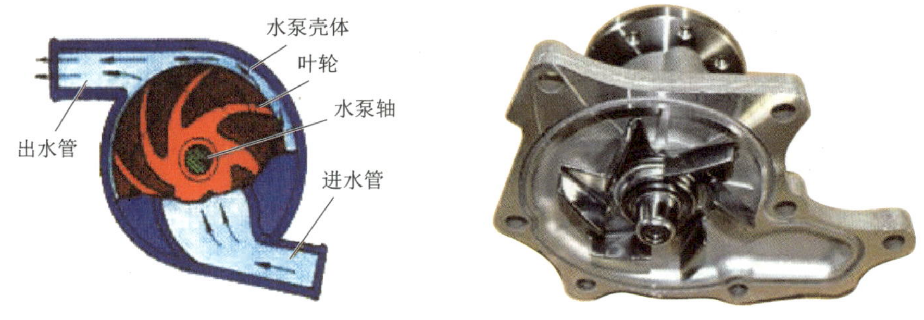

图 4-6 水泵的结构

（三）离心式水泵的工作原理

当叶轮旋转时，水泵中的水被叶轮带动一起旋转，在离心力作用下，水被甩向叶轮边缘，然后经外壳上与叶轮成切线方向的出水管压送到发动机水套内。与此同时，叶轮中心处的压力降低，散热器中的水便经进水管被吸进叶轮中心部分。如此连续地作用，使冷却水在水路中不断地循环。

二、节温器

节温器是快速预热发动机并调节发动机工作温度的部件。它位于散热器与发动机之间的通路中，能够控制冷却液的流动方向。节温器一般安装在发动机冷却出水管端，如图 4-7 所示。

图 4-7　节温器的安装位置

目前，汽车上广泛采用蜡式阀门节温器，如图 4-8 所示。蜡式阀门节温器在橡胶管和感应体之间的空间里装有石蜡，为提高导热性，石蜡中常掺有铜粉或铝粉。

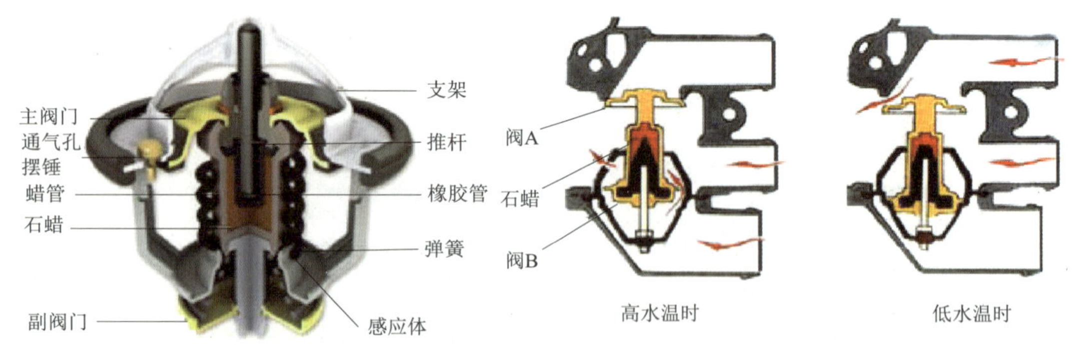

图 4-8　蜡式阀门节温器

常温时，石蜡呈固态，阀门压在阀座上。这时阀门关闭了通往散热器的水路，来自发动机气缸盖出水口的冷却液，经水泵又流回气缸体水套中，进行小循环。当发动机水温升高时，石蜡逐渐变成液态，体积随之增大，迫使橡胶管收缩，从而对推杆上端头部产生向上的推力。由于推杆上端固定，故推杆对橡胶管、感应体产生向下的推力，阀门开启，当发动机水温达到 80 ℃以上时，阀门全开，来自气缸盖出水口的冷却液流向散热器，进行大循环。

三、拆卸水泵和节温器

（1）检查水泵。起动发动机后，查看水泵溢水孔处是否有渗漏，如果有渗漏，则表明水封已经损坏。听发动机声音有无异常响声，如果有异响，则停机后用手扳动风扇叶片，查看带轮与水泵轴配合是否松旷，感觉稍有间隙为正常；如果明显松旷，则表明带轮与水泵轴或带轮与锥形套配合松旷。如果检查后发现水泵无发卡、漏水、摇摆及异响现象，可不用将其分解，只需加注润滑油即可。如有上述异常现象，则应分解检查，并进行针对性修理。

（2）排出冷却液。

1）松开散热器盖，倾斜 45°，如图 4-9 所示。

2）散热器内部的压力释放后，取下散热器盖。

3）松开散热器排放塞和发动机排放塞排放冷却液，如图 4-10 所示。

图 4-9　松开散热器盖

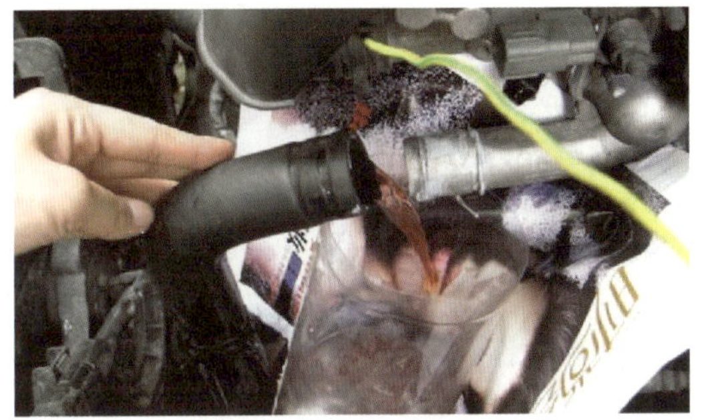

图 4-10　排放冷却液

（3）卸下交流发电机驱动皮带，如图 4-11 所示。拆下水泵皮带轮。

（4）拆卸气缸盖罩，如图 4-12 所示。拆开 4 个螺母和 4 个密封垫，以及气门室盖。

图 4-11　卸下交流发电机驱动皮带

图 4-12　拆卸气缸盖罩

（5）拆下两个正时带罩。

（6）拆卸油位量尺导管及油位量尺，卸下安装螺栓，拉出量尺导管及油位量尺。从量尺导管上取下 O 形圈。

（7）将水泵进水口与气缸盖连接的螺栓拆下，取出水泵及进水口总成。拔下水温传感器导线接头。拆卸下进水口与气缸盖连接的螺栓。从气缸体上取下 O 形圈。

（8）拆下进水口，取出节温器。

四、装配水泵和节温器

（1）水泵的检查。取出水泵后，可按顺序将其分解。分解后应将零件进行清洗，再逐一检查，看是否有裂纹、损坏及磨损等缺陷，如有严重缺陷应予更换。叶轮叶片破损应予更换。将水泵装配好后，用手转动一下，泵轴应无卡滞，叶轮与泵壳应无碰擦；检查水泵轴承转动是否灵活或有异常响声，如有，说明轴承有问题，应予更换。

（2）节温器的检查。外观检查：检查节温器的阀门、弹簧是否有变形、失效、污物等，如有，应予以清理或更换。如图 4-13 所示，在温度可调试恒温加热设备中检查节温器主阀门的开启温度、全开温度及升程，其中有一项不符合规定值，则应更换节温器。例如，丰田卡罗拉 1ZR 发动机的节温器，其主阀门的开启温度为 80～84 ℃，全开温度大于 95 ℃，全开升程大于 10 mm。节温器置于水中加热，节温器的动作温度变化应符合技术要求。

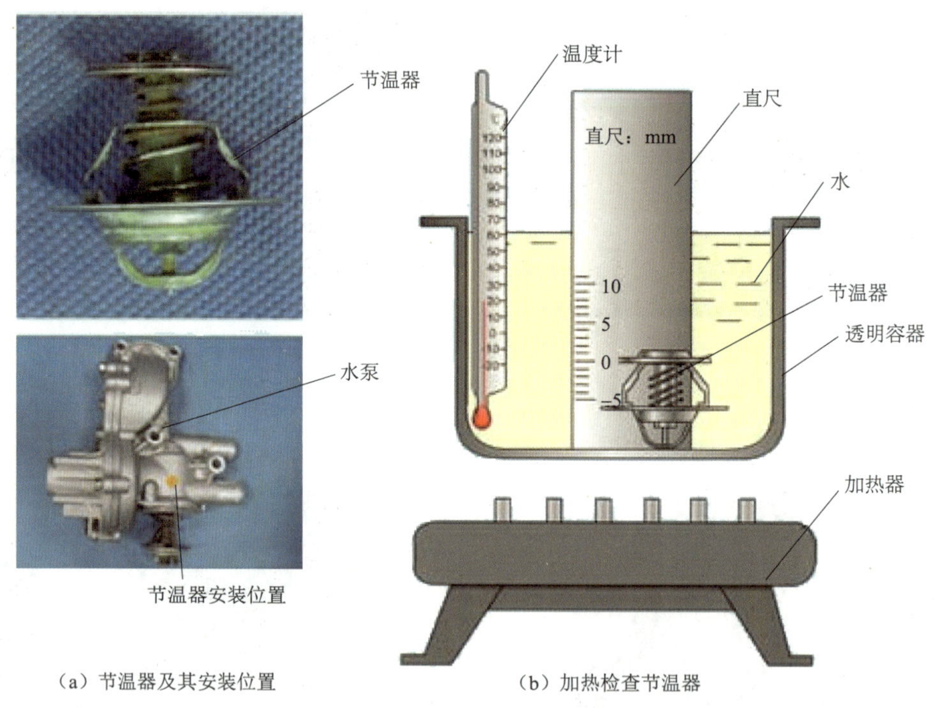

（a）节温器及其安装位置　（b）加热检查节温器

图 4-13　节温器安装位置及检查

（3）装入新的水泵总成，如图 4-14 所示。新水泵安装前进行目视检查。转动皮带轮，检查水泵轴承的转动，应平滑无声。组装水泵和进水口，安装水泵进水口。

（4）在气缸体上安装新的 O 形圈，在气缸盖上安装新的水泵垫片，并使上部标记朝上。

（5）安装水泵（如图 4-15 所示）和进水口，并按规定转矩拧紧螺栓和螺母。螺栓拧紧力矩为 14 N · m；螺母拧紧力矩为 15 N · m。

图 4-14 安装水泵总成

图 4-15 安装水泵

（6）插入量尺导管及油位量尺，安装螺栓并固定好。给量尺导管装上一个新的 O 形圈，并在 O 形圈上涂肥皂水。将量尺导管与量尺一起推入，并用螺栓（转矩为 9.3 N · m）安装。插入油尺，如图 4-16 所示。

（7）连接导线束保护罩，安装正时皮带罩，如图 4-17 所示。

图 4-16 插入油尺

图 4-17 安装正时皮带罩

（8）安装气缸盖罩后，安装水泵皮带轮和交流发电机驱动皮带，如图 4-18 所示。

通过移动发电机来转动调整螺栓，并施加张紧力。先松开发电机的安装螺栓和紧固螺栓，然后通过转动调整螺栓来调整皮带张紧度，如图 4-19 所示。检查皮带张紧度，拧紧第一个紧固螺栓，然后安装螺栓。

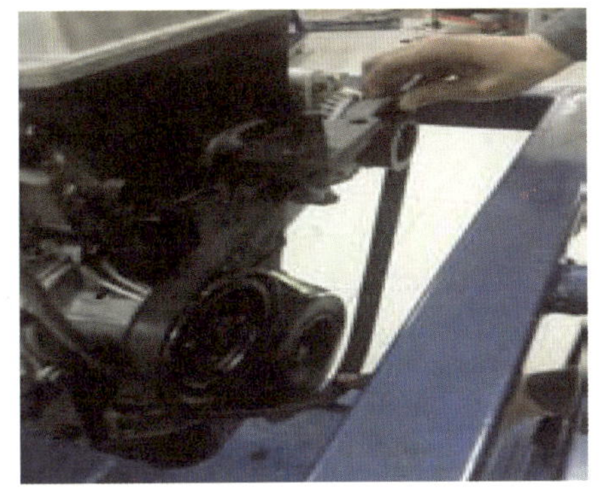

图 4-18 安装水泵皮带轮和交流发电机驱动皮带

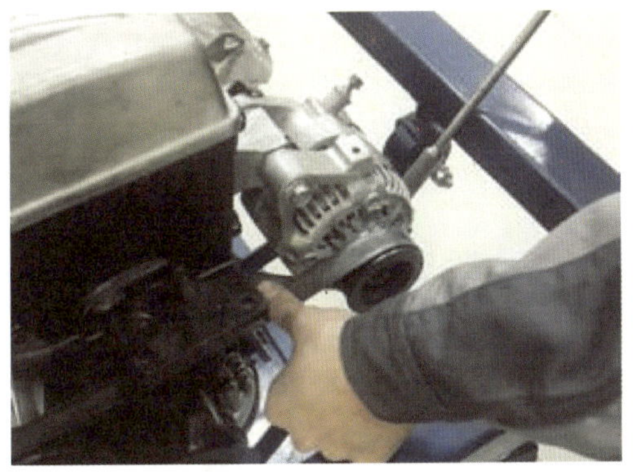

图 4-19 调整皮带张紧度

（9）节温器的装配。装入新的节温器，并在节温器上安装新垫片，如图 4-20 所示。将节温器的跳阀对准双头螺栓的上边，将节温器插进进水口壳，跳阀设定在图 4-21 所示位置左右 10°内。

图 4-20　节温器上安装新垫片

图 4-21　节温器的安装

（10）安装进水口。按规定力矩拧紧螺母，拧紧力矩为 9.3 N·m。注入发动机冷却液，起动发动机并检查冷却液有无泄漏。

决　策

（1）准备好所需设备、工具、资料等。
（2）确定车辆信息。
（3）分组并选出负责人。

工作内容：检查节温器和水泵	完成时间：
参考资料：	
实训设备：	
分组情况	
负责人： 组　员：	

计　划

根据任务内容制订任务计划，简要说明任务实施过程及注意事项，并填入下表。

车型：		发动机型号：	
序号	任务步骤	工具/辅具	注意事项
1			
2			
3			

实　施

（1）实施计划并填写下表。

车型：		发动机型号：		
步骤	零部件名称	使用工具	螺栓数量	注意事项
1				
2				
3				
4				

（2）检查节温器并填写下表。

车型：	发动机型号：
标准开始打开和结束打开时的温度	
实际开始打开和结束打开时的温度	
标准总升程	
实际总升程	
实际完全关闭时的温度	
处理办法	

（3）安装节温器并填写下表。

车型：		发动机型号：		
步骤	零部件名称	使用工具	螺栓数量	注意事项
1				
2				
3				
4				
5				

（4）检查水泵并填写下表。

车型：	发动机型号：
是否有异响	
是否有松旷	
叶轮是否正常	
处理办法：	

自　测

一、判断题

（1）水泵的作用是加速冷却液的循环流动。（　）

（2）节温器就是一个温度调节开关，夏天时可以把它取掉。（　）

（3）节温器安装在发动机冷却进水管端。（　）

二、思考题

如果节温器不能正常开启和关闭，会出现哪些故障现象?

评价与反馈

一、学习目标自我检查

序号	学习目标	完成情况（在相应的选项后打√）		
		能	不能	如果不能，是什么原因
1	叙述水泵和节温器的结构特点和工作原理			
2	知道水泵和节温器的安装位置			
3	能分析水温过高故障原因			
4	借助维修手册，安全规范地对节温器进行检修			
5	对自己的学习和工作效果做出自我评价			

二、日常表现评价（由小组长或者组内成员评价）

序号	日常表现项目	完成情况（在相应栏目后打√）		分数
1	工作页填写情况	填写完整		10
		缺失 0～20%		8
		缺失 20% ～40%		6
		缺失 40% 以上		2
2	工作着装是否规范	着校服（工作服），未穿拖鞋、凉鞋		10
		未穿校服或穿拖鞋、凉鞋		8
		偶尔会不穿校服，穿拖鞋、凉鞋		6
		始终不穿校服，穿拖鞋、凉鞋		2
3	参与工作现场 7S 工作	积极主动参与 7S 工作		10
		在组长的要求下能参与 7S 工作		8
		在组长的要求下能参与 7S 工作，但效果差		6
		不愿意参加 7S 工作		2
4	操作作业时， 有无警示其他同学	有警示		10
		无警示		0
5	考勤情况	全勤		10
		缺勤 0～20%（有请假）		8
		缺勤 0～20%（旷课）		6
		缺勤 20% 以上		2
6	总体评价该同学	非常优秀		10
		比较优秀		8
		有待改进		6
		急需改进		2
总分				

班级： 学生签名： 年 月 日

三、教师总体评价

评价项目	完成情况（在相应栏目后打√）		分数
对该同学所在小组整体印象评价	组长负责，组内学习气氛好		25
	组长能组织组员按要求完成学习任务，个别组员不能达到学习目标		10
	组内有 30% 以上的学生不能达到学习目标		5
	组内大部分学生不能达到学习目标		0
总分			

教师签名： 年 月 日

任务三　散热器和冷却风扇的结构与检修

知识介绍

一、散热器

（一）散热器的作用

散热器的作用是增大散热面积，加速冷却液的冷却。为了将散热器传出的热量尽快带走，在散热器后面装有冷却风扇与散热器配合工作。

（二）散热器的结构

散热器主要由出水口（冷却液流向发动机）、进水口（热水来自发动机）、下水箱（散热水箱）、上水箱（副水箱）、散热器芯、放水塞、水箱盖、溢流管等组成，如图 4-22 所示。

散热器芯如图 4-23 所示。散热器芯由许多冷却管和散热片组成，它应该有尽可能大的散热面积，采用散热片是为了增加散热器芯的散热面积。散热器芯的构造形式有多种，常用的有管片式散热器芯和管带式散热器芯两种。

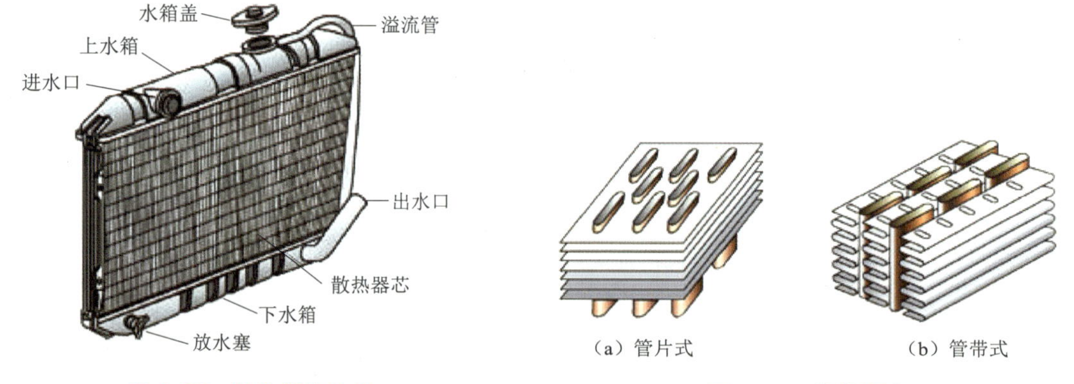

图 4-22　散热器的结构

图 4-23　散热器芯

水箱盖如图 4-24 所示。目前，汽车发动机多采用闭式水冷系统，这种冷却系统的水箱盖具有自动阀门，发动机热态工作正常时，阀门关闭，将冷却系统与大气隔开，防止水蒸气逸出，使冷却系统内的压力稍高于大气压力，从而使冷却液的沸点增高。

副水箱又称“膨胀水箱”，如图 4-25 所示。为了减少冷却液的损失，汽车发动机采用散热器和副水箱的结构。副水箱的上方用一根软管通大气，另一根软管与散热器的溢流管相连。

当散热器内蒸汽压力升高到某一值时，水箱盖上的压力阀打开，冷却液通过压力阀、溢流管进入副水箱；当温度下降时，冷却液又从副水箱通过真空阀流回散热器内部。这样可以防止冷却液的损失。

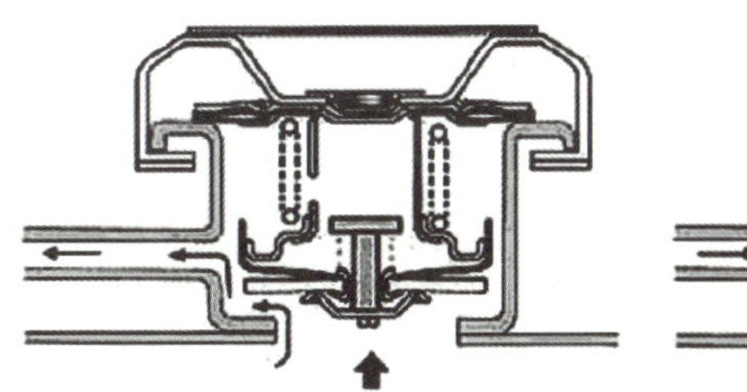
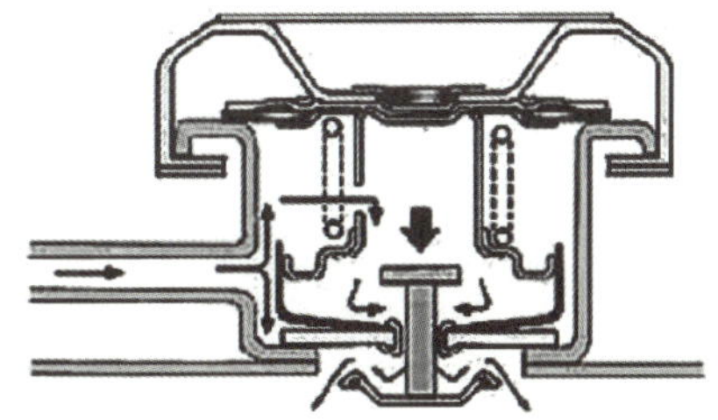

图 4-24　水箱盖

二、冷却风扇

冷却风扇的作用是提高通过散热器芯的空气流量，增强散热效果，加速水的冷却。冷却风扇安装在散热器后面，如图 4-26 所示。

图 4-25　副水箱

图 4-26　冷却风扇

决　策

拓展学习

冷却液的循环路线

（1）准备好所需设备、工具、资料等。
（2）确定车辆信息。
（3）分组并选出负责人。

工作内容：检查散热器和冷却风扇	完成时间：
参考资料：	
实训设备：	
分组情况	
负责人： 组　员：	

计　划

（1）查询维修手册并将标准数据填入下表。

车型：		发动机型号：		
风扇低速		风扇高速		温控开关拧紧力矩
转速	开启温度	转速	开启温度	

（2）根据任务内容制订任务计划，简要说明任务实施过程及注意事项，并填入下表。

车型：		任务内容：	
序号	任务步骤	工具/辅具	注意事项
1			
2			
3			

实　施

实施计划并填写下表。

车型：		发动机型号：	
保险是否正常	是	检查方法	处理方法
	否		
继电器是否正常	是	检查方法	处理方法
	否		
风扇电机是否正常	是	检查方法	处理方法
	否		
温控开关是否正常	是	检查方法	处理方法
	否		

自　测

一、填空题

（1）散热器的作用是增大散热面积，加速________的冷却。

（2）散热器芯的构造形式有多种，常用的有________散热器芯和________散热器芯两种。

（3）冷却风扇的作用是________________________________。

（4）副水箱又称__________，其作用是：________________________。

二、思考题

（1）简述散热器水箱盖的作用。

（2）冷却风扇是不是发动机起动后就转动？冷却风扇什么时候转动？

评价与反馈

一、学习目标自我检查

序号	学习目标	完成情况（在相应的选项后打√）		
		能	不能	如果不能，是什么原因
1	讲述散热器的结构和作用			
2	讲述冷却风扇的作用			
3	识别冷却系统散热器、冷却风扇等相关部件			
4	根据故障现象初步对冷却系统做出故障判断并制订下一步诊断计划			
5	对自己的学习和工作效果做出自我评价			

二、日常表现评价（由小组长或者组内成员评价）

序号	日常表现项目	完成情况（在相应栏目后打√）		分数
1	工作页填写情况	填写完整		10
		缺失 0～20%		8
		缺失 20%～40%		6
		缺失 40% 以上		2
2	工作着装是否规范	着校服（工作服），未穿拖鞋、凉鞋		10
		未穿校服或穿拖鞋、凉鞋		8
		偶尔会不穿校服，穿拖鞋、凉鞋		6
		始终不穿校服，穿拖鞋、凉鞋		2

续表

序号	日常表现项目	完成情况（在相应栏目后打√）		分数
3	参与工作现场 7S 工作	积极主动参与 7S 工作		10
		在组长的要求下能参与 7S 工作		8
		在组长的要求下能参与 7S 工作，但效果差		6
		不愿意参加 7S 工作		2
4	操作作业时，有无警示其他同学	有警示		10
		无警示		0
5	考勤情况	全勤		10
		缺勤 0～20%（有请假）		8
		缺勤 0～20%（旷课）		6
		缺勤 20% 以上		2
6	总体评价该同学	非常优秀		10
		比较优秀		8
		有待改进		6
		急需改进		2
总分				

班级： 学生签名： 年 月 日

三、教师总体评价

评价项目	完成情况（在相应栏目后打√）		分数
对该同学所在小组整体印象评价	组长负责，组内学习气氛好		25
	组长能组织组员按要求完成学习任务，个别组员不能达到学习目标		10
	组内有 30% 以上的学生不能达到学习目标		5
	组内大部分学生不能达到学习目标		0
总分			

教师签名： 年 月 日

项目五　润滑系统的结构与检修

学习目标

（1）能够根据故障现象初步对润滑系统做出故障判断并做出下一步诊断计划。
（2）能够正确使用机油压力表对润滑系统压力进行检测。
（3）能够查阅维修手册，并根据检测结果正确制订修复计划。
（4）能够使用相关器具对润滑系统相关部件进行测量。
（5）能够遵守操作规范、劳动纪律和环保的要求。
（6）能够用资料说明、核查、评价自身的工作成果。

学习内容

（1）检测机油压力的步骤。
（2）润滑系统组成及工作原理。
（3）机油泵的检测。
（4）检测、分析数据及制订计划。
（5）润滑系统主要部件拆装注意事项。

案例导入

一辆丰田卡罗拉，1ZR 发动机，行驶里程 10 万千米。客户反映该车机油报警灯突然点亮，如图 5-1 所示。客户之前听专业人员说过如遇到此灯点亮应立即熄火，不能继续行驶，所以这次比较谨慎，将车拖到 4S 店进行检查。

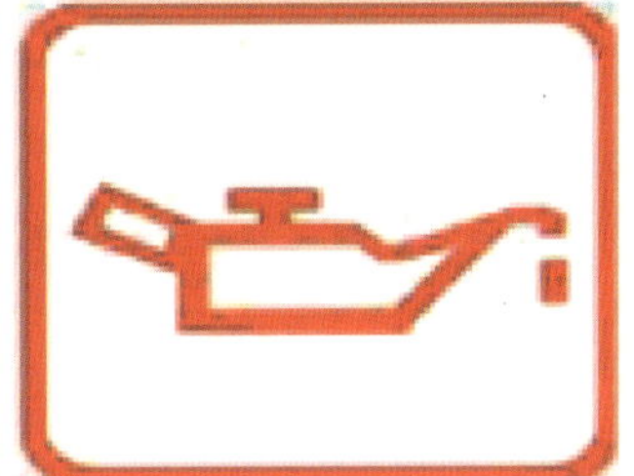

图 5-1　机油报警灯

故障分析：维修人员起动车辆后，机油压力报警灯没有熄灭。通过询问了解到此车在行驶里程 8 万千米前修理过曲柄连杆机构和配气机构等，更换过机油和机油滤清器，当时并没有处理润滑系统其他部件，于是维修人员决定对润滑系统进行全面检查，如图 5-2 所示。

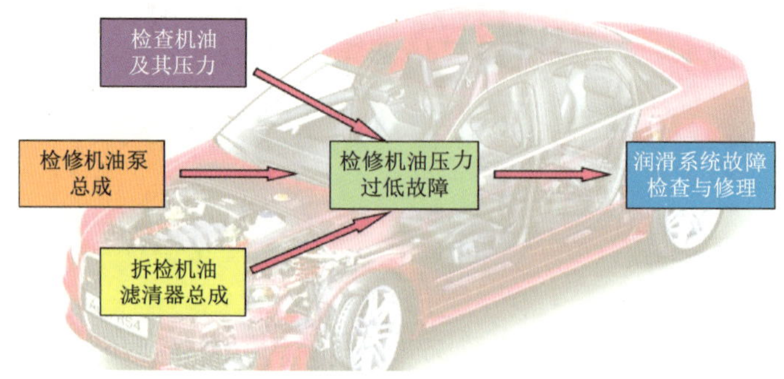

图 5-2　润滑系统的检查

知识介绍

一、润滑系统

润滑系统的组成及油路如图 5-3 所示。

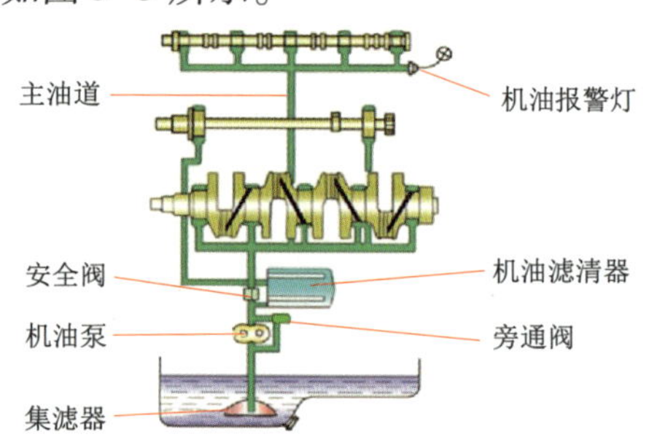

图 5-3　润滑系统的组成及油路

二、检查机油液位

在发动机热车并停机后，汽车处于水平位置，取出机油尺并用布擦拭干净后复位，再次取出机油尺检查液位。机油尺如图 5-4 所示。

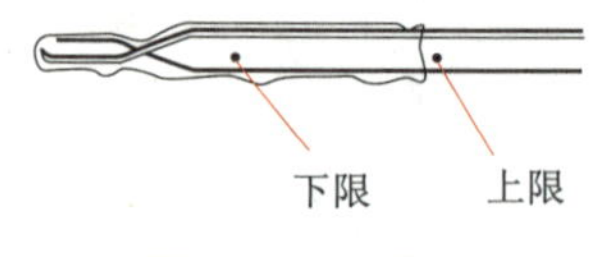

图 5-4　机油尺

三、检查机油压力

（一）机油压力传感器

机油压力传感器又称为机油感应塞，如图 5-5 所示。它能监控机油压力，油压低时控制仪表板上的机油报警灯点亮，提示驾驶员立即检修。部分车型发动机装两个机油压力传感

器，一个装在油压输送路线末端，另一个装在机油滤清器上。

（二）机油压力表

检测时，拆下气缸盖后面的机油压力低压开关，装上机油压力表，如图 5-6 所示。起动发动机，分别检测怠速时和 2 000 r/min 时的机油压力。此时，发动机冷却液温度需正常。

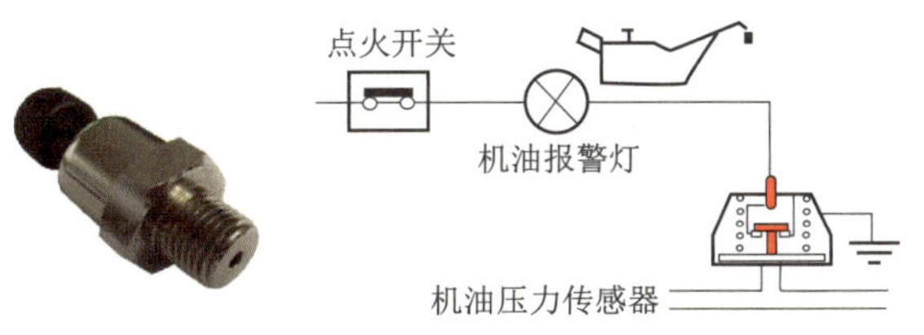

图 5-5 机油压力传感器

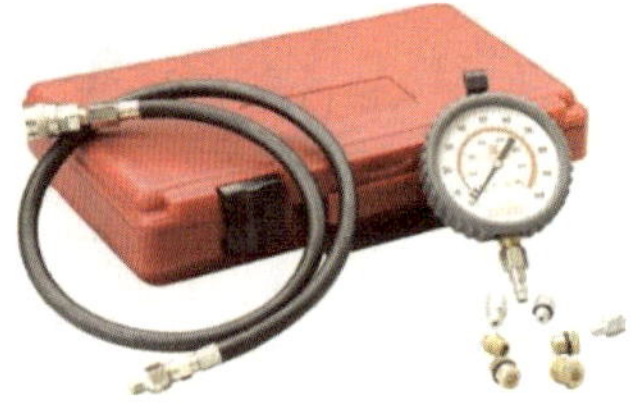

图 5-6 机油压力表

四、检查机油滤清器总成

（一）机油滤清器

机油滤清器（如图 5-7 所示）的功用是滤除机油中的金属磨屑、机械杂质和机油氧化物。如果这些杂质随同机油进入润滑系统，则会加剧发动机零部件的磨损，还可能堵塞油管或油道。

图 5-7 机油滤清器

一般轿车的过滤方式为全流式滤清，即机油滤清器与主油道串联。

（二）旁通阀

机油滤清器发生阻塞时，旁通阀（如图 5-8 所示）打开，机油不经机油滤清器直接进入主油道，保证对各部件的润滑。

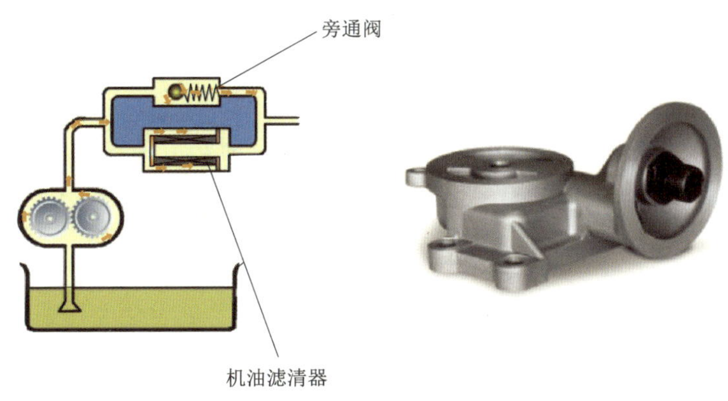

图 5-8 旁通阀

（三）机油冷却器

机油冷却器（如图 5-9 所示）在热负荷较大的高负荷、高性能发动机上是必不可少的部件，分为风冷式和水冷式两种类型，现代汽车多采用水冷式机油冷却器。水冷式机油冷却器利用冷却液来降低机油温度，在低温时也可利用冷却液来提高机油温度。

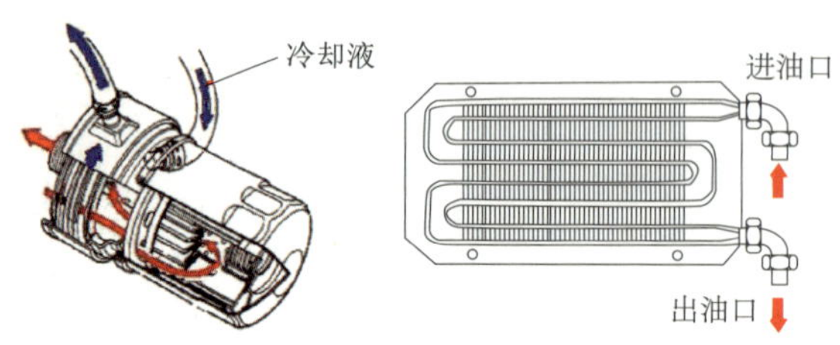

图 5-9　机油冷却器

五、检修机油泵总成

（一）机油泵

机油泵的作用是提高机油压力，保证机油在润滑系统内循环流动，并在发动机任何转速下都能以足够高的压力向润滑部位输送足够数量的润滑油。机油泵按结构形式分为齿轮式和转子式，分别如图 5-10、图 5-11 所示。

图 5-10　齿轮式机油泵

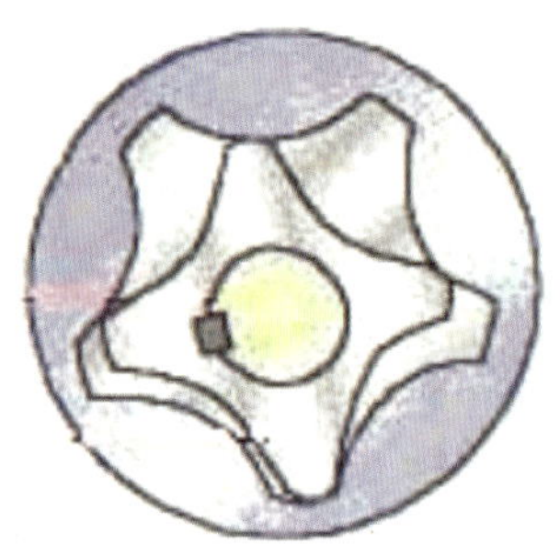

图 5-11　转子式机油泵

（二）机油泵性能试验

（1）是否有机油排出，是否感到有压力。一般将其放入洁净的机油中，转动机油泵轴，此时应有机油从油孔中排出，用手指堵住油孔，会感到有压力。

（2）是否有卡滞。用手转动机油泵齿轮，应转动自如，无卡阻现象。

（3）是否有产品合格证书。

（4）检测机油泵轮齿侧隙，如图 5-12（a）所示。彻底清洁机油泵，正常情况下机油泵轮齿侧隙为 0.1～0.25 mm。用塞尺检测机油泵轮齿侧隙，若大于允许最大值，则应更换整套机油泵组件。

（5）检测机油泵端面间隙，如图 5-12（b）所示。清洁机油泵端面，用刀口尺和塞尺配合检测机油泵齿轮壳体端面。此间隙一般不能超过 0.15 mm，超过最大值则更换机油泵总成。

（三）限压阀

限压阀（如图 5-13 所示）一般装在机油泵或机体的主油道上，限制机油压力过高，并让其稳定在一定范围之内。

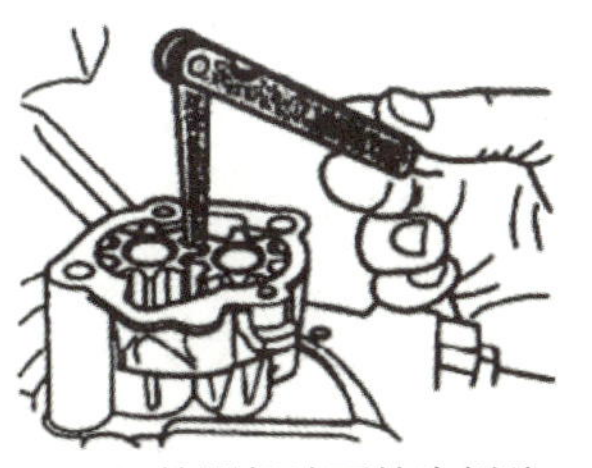

（a）检测机油泵轮齿侧隙

（b）检测机油泵端面间隙

图 5-12 检测机油泵轮齿侧隙和端面间隙

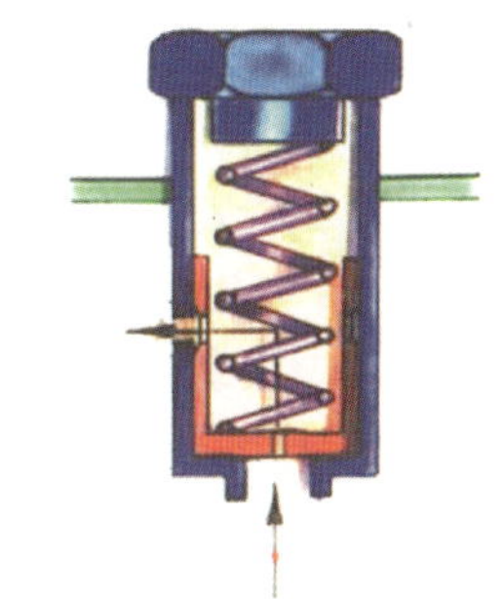

图 5-13 限压阀

若检查发现限压阀弹簧折断或弹力减弱、密封面粗糙，则应更换限压阀。若限压阀与机油泵一体则应更换总成。

（四）集滤器

集滤器（如图 5-14 所示）装在机油泵前油底壳中，一般采用金属滤网式。其作用是过滤掉机油中颗粒较大的杂质。如果集滤器脏污应彻底清洁。

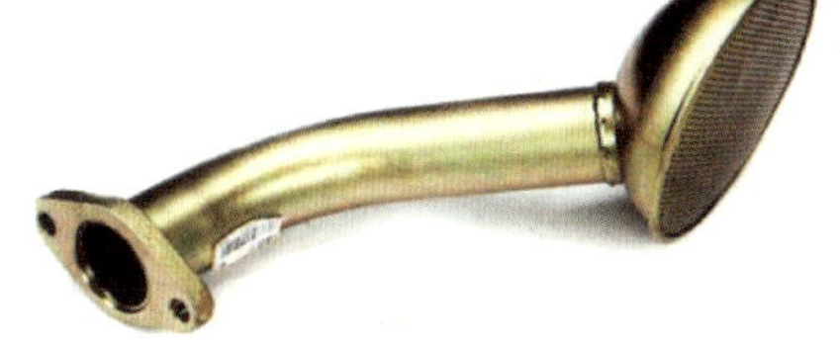

图 5-14 集滤器

（五）润滑方式

发动机润滑方式见表 5-1。

表 5-1 发动机润滑方式

润滑方式	描 述	润滑机件
压力润滑	利用机油泵，将具有一定压力的润滑油源源不断地送往摩擦表面	曲轴主轴承、连杆轴承及凸轮轴轴承等
飞溅润滑	利用发动机工作时运动零件飞溅起来的油滴或油雾润滑摩擦表面	气缸壁、活塞销、凸轮表面、挺柱等
润滑脂润滑	发动机辅助系统中有些零件只需定期加注润滑脂（黄油）进行润滑	发电机轴承、张紧轮等

知识拓展

一、机油的功能

（1）机油可使运动零件之间构成油膜接触，减少摩擦阻力和动力损失，并减少机件的磨损。

（2）循环流动的机油将摩擦脱落的金属细屑带走，使之不留在零件之间形成磨料而加剧磨损。

（3）循环流动的机油将摩擦产生的热量带走，使运动机件不致因升温过高而损坏。

（4）机油在活塞环与气缸壁之间构成的油膜，可起到一定的密封作用，减少向油底壳的漏气。

二、机油的分级

“S”开头系列代表汽油发动机用油，规格有 SA、SB、SC、SD、SE、SF、SG、SH、SJ、SL。

“C”开头系列代表柴油发动机用油，规格有 CA、CB、CC、CD、CE、CF、CF-2、CF-4、CG-4、CH-4、CI-4。

当“S”和“C”两个字母同时存在，则表示此机油为汽油/柴油通用型。

从“SA”一直到“SL”，每递增一个字母，机油的性能都会优于前一种，机油中会有更多用来保护发动机的添加剂。字母越靠后，质量等级越高。国际品牌中机油级别多是 SF 级别以上的。

三、机油的标号和黏度等级

机油的黏度多使用 SAE（Society of Automotive Engineers，美国机动车工程师学会）等级标识。例如，SAE15W-40、SAE5W-40，“W”表示 winter（冬季），其前面的数字越小说明机油的低温流动性越好，可供使用的环境温度越低，在冷起动时对发动机的保护能力越好；“W”后的数字则是机油耐高温性的指标，数值越大说明机油在高温下的保护性能越好。机油黏度等级如图 5-15 所示。

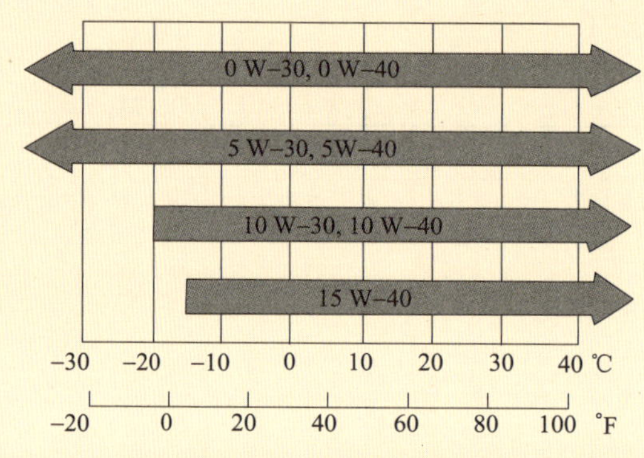

图 5-15 机油黏度等级

汽车机油的具体分类为冬季用油 6 种、夏季用油 4 种、冬夏通用油 16 种。

冬季用油牌号分别为 0W、5W、10W、15W、20W、25W。W 前的数字越小，低温黏度越小，低温流动性越好，适用的最低气温越低。

夏季用油牌号分别为 20、30、40、50。数字越大，其黏度越大，适用的最高气温越高。

冬夏通用油牌号分别为 5W-20、5W-30、5W-40、5W-50、10W-20、10W-30、10W-40、10W-50、15W-20、15W-30、15W-40、15W-50、20W-20、20W-30、20W-40、20W-50。代表冬用部分的数字越小、代表夏用部分的数字越大者黏度越高，适用的气温范围越大。

（1）高温型（如 SAE20～SAE50）：数字表示 100 ℃时的黏度，数字越大，黏度越高。

（2）低温型（如 SAE0W～SAE25W）：W 表示仅用于冬天，数字越小，黏度越低，低温流动性越好。

（3）全天候型（如 SAE15W-40、10W-40、5W-50）：表示低温时的黏度等级分别符合 SAE15W、10W、5W 的要求，高温时的黏度等级分别符合 SAE40、50 的要求，属于冬夏通用型。

决　策

（1）准备好所需设备、工具、资料等。
（2）确定车辆信息。
（3）分组并选出负责人。

<table>
<tr><td>工作内容：检修润滑系统</td><td>完成时间：</td></tr>
<tr><td colspan="2">参考资料：</td></tr>
<tr><td colspan="2">实训设备：</td></tr>
<tr><td colspan="2" align="center">分组情况</td></tr>
<tr><td colspan="2">负责人：

组　员：</td></tr>
</table>

计　划

（1）严格按照维修手册要求的流程进行操作。
（2）对特殊零部件的拆解要使用专用工具。
（3）各螺栓拧紧力矩符合要求。
（4）听从老师管理，禁止随意操作实训车辆、设备等。
（5）安全操作，禁止明火。
（6）做好 7S 管理。

实　施

（1）检查机油液位，检查机油压力，检查机油滤清器总成，检修机油泵总成。

（2）写出润滑系统的组成及油路。

（3）说明导致机油压力过低的原因。

自测

一、判断题

（1）机油滤清器处于正常使用周期，可以修复后继续使用。（　　）

（2）旁通阀打开，使多余的油直接流回油箱。（　　）

（3）集滤器对机油进行精过滤。（　　）

（4）机油在活塞环与气缸壁之间构成的油膜，有密封、润滑、冷却的作用。（　　）

（5）SAE15W-40 属于全天候型的冬夏通用机油。（　　）

二、思考题

（1）简述发动机润滑方式。

（2）为什么发动机要及时更换机油?

评价与反馈

一、学习目标自我检查

序号	学习目标	完成情况（在相应的选项后打√）		
		能	不能	如果不能，是什么原因
1	讲述发动机润滑系统的基本组成和工作原理			
2	能够正确使用机油压力表对润滑系统压力进行检测			
3	讲述发动机润滑路线			
4	识别发动机润滑系统的主要零部件			
5	能够根据故障现象初步对润滑系统做出故障判断并做出下一步诊断计划			
6	对自己的学习和工作效果做出自我评价			

二、日常表现评价（由小组长或者组内成员评价）

序号	日常表现项目	完成情况（在相应栏目后打√）		分数
1	工作页填写情况	填写完整		10
		缺失 0～20%		8
		缺失 20%～40%		6
		缺失 40% 以上		2

续表

序号	日常表现项目	完成情况（在相应栏目后打√）		分数
2	工作着装是否规范	着校服（工作服），未穿拖鞋、凉鞋		10
		未穿校服或穿拖鞋、凉鞋		8
		偶尔会不穿校服，穿拖鞋、凉鞋		6
		始终不穿校服，穿拖鞋、凉鞋		2
3	参与工作现场 7S 工作	积极主动参与 7S 工作		10
		在组长的要求下能参与 7S 工作		8
		在组长的要求下能参与 7S 工作，但效果差		6
		不愿意参加 7S 工作		2
4	操作作业时， 有无警示其他同学	有警示		10
		无警示		0
5	考勤情况	全勤		10
		缺勤 0～20%（有请假）		8
		缺勤 0～20%（旷课）		6
		缺勤 20% 以上		2
6	总体评价该同学	非常优秀		10
		比较优秀		8
		有待改进		6
		急需改进		2
总分				

班级：　　　　学生签名：　　　　年　月　日

三、教师总体评价

评价项目	完成情况（在相应栏目后打√）		分数
对该同学所在小组 整体印象评价	组长负责，组内学习气氛好		25
	组长能组织组员按要求完成学习任务，个别组员不能达到学习目标		10
	组内有 30% 以上的学生不能达到学习目标		5
	组内大部分学生不能达到学习目标		0
总分			

教师签名：　　　　年　月　日

项目六　燃油供给系统的结构与检修

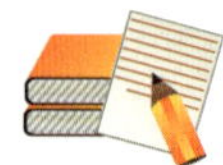

学习目标

（1）根据故障现象初步对汽油发动机燃油供给系统做出故障判断，并制订下一步诊断计划。

（2）能够使用燃油压力表对汽油发动机燃油供给系统进行检查。

（3）能够查阅维修手册，并根据检测结果正确制订修复计划。

（4）能够遵守操作规范、劳动纪律和环保要求。

（5）能够使用资料说明、检查、评价自身的工作成效。

学习内容

（1）检测汽油发动机燃油压力。

（2）检修汽油发动机燃油压力调节器。

（3）检修汽油发动机电动燃油泵。

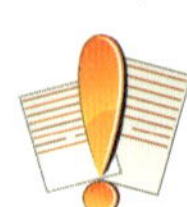

案例导入

长城哈弗 H6，发动机型号 GW4G15B，行驶里程 29 万千米，出厂时间 2018 年 3 月。客户反映该车怠速不稳，加速不良，排气管“突突”，有回火、“放炮”的现象。客户要求查明原因并处理。

故障分析：维修人员通过与客户沟通了解到，此车一直未更换过燃油滤清器，并且经常跑长途，在一些不正规的加油站加油，所以怀疑发动机燃油供给系统出现故障，需要对发动机燃油供给系统进行全面检查。

任务一　发动机燃油压力的检测

微课

燃油泵的认知

知识介绍

一、燃油供给系统的组成及作用

燃油供给系统由燃油箱、燃油泵、燃油滤清器、进油管、燃油分配管、喷油器、燃油压力调节器、真空管、回油管和进气歧管等组成，如图 6-1 所示。

供油油路：由燃油箱→燃油泵→燃油滤清器→喷油器→进气歧管→气缸。

回油油路：由燃油箱→燃油泵、燃油滤清器→燃油压力调节器→回油管路→燃油箱。

燃油供给系统的作用是供给喷油器一定压力的燃油，喷油器则根据 ECU 指令喷油。

燃油泵的作用是将燃油从燃油箱中泵出，为供油系统提供一定压力的燃油，其结构如图 6-2 所示。

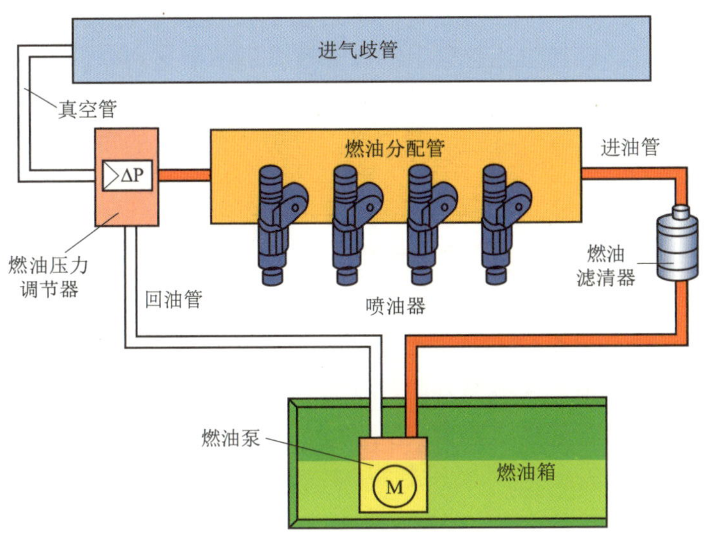

图 6-1　燃油供给系统的组成

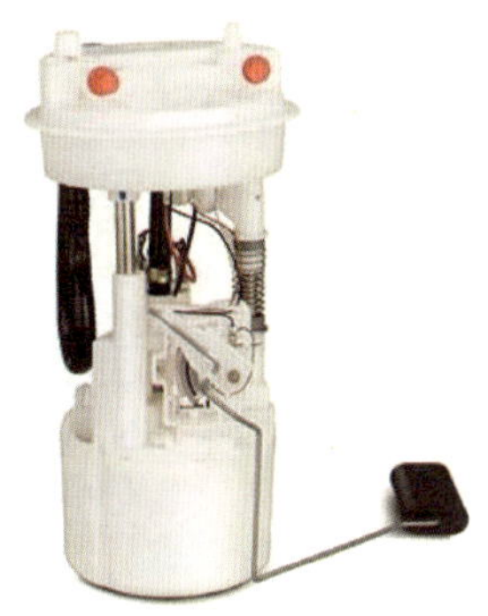

图 6-2　内置式电动燃油泵

二、电控燃油供给系统的组成及作用

电控燃油供给系统是电控燃油喷射系统中的重要组成部分，主要由燃油箱、电动燃油泵、燃油滤清器、喷油器、燃油分配管、燃油压力调节器等组成，如图 6-3 所示。

微课

传统汽油机燃油供给系统认知

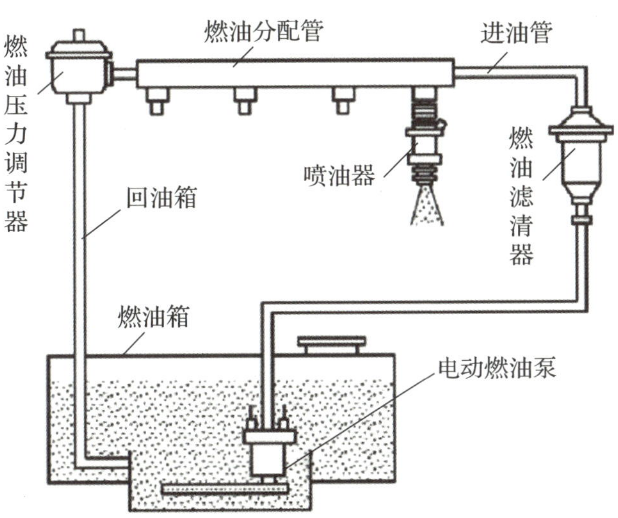

图 6-3　电控燃油供给系统的组成

电控燃油供给系统的作用是向发动机供给所需要的燃油量，燃油经过燃油滤清器过滤杂质和水分，由燃油泵加压并通过燃油压力调节器调整至合适的压力，通过燃油分配管送至各喷油器，通过精密的控制和调节，保证发动机在各种工况下都能够获得适量的燃油，实现高效、低排放的运行。

【小提示】燃油由燃油泵从燃油箱中泵出，经过燃油滤清器，除去杂质及水分后，再送至脉动阻尼器，以减少其脉动。这样具有一定压力的燃油流至供油总管，再经各供油支管送至各缸喷油器。喷油器根据 ECU 的喷油指令，开启喷油阀，将适量的燃油喷于进气门前，待进气行程时，再将燃油混合气吸入气缸。装在供油总管上的燃油压力调节器是用以调节系统油压的，目的在于保持油路内的油压高于进气管负压约 300 kPa。此外，为了改善发动机低温起动性能，有些车辆在进气支管上安装了一个冷起动喷油器，冷起动喷油器的喷油时间由热限时开关或者 ECU 控制。

拓展学习

电控汽油机燃油供给系统类型

微课

缸内直喷汽油机燃油供给系统认知

决　策

（1）准备好所需设备、工具、资料等。

（2）确定车辆信息。

（3）分组并选出负责人。

工作内容：检测燃油压力	完成时间：
参考资料：	
实训设备：	
分组情况	
负责人： 组　员：	

计　划

一、释放燃油压力

（1）检测蓄电池电压，应高于 12 V。

（2）拔下燃油泵熔丝、继电器或电源插头。

（3）起动发动机。

对于有些汽车而言，电动燃油泵与喷油器、点火模块等共用一个熔丝，用该方法无法泄压，此时应用先拔下电动燃油泵插头，再起动发动机的方法泄压。

（4）待发动机自动熄火后，再转动起动开关，起动发动机2～3次，将残存的燃油压力释放掉。

（5）关闭点火开关，装上继电器或电源插头。

二、连接燃油压力表

（1）将点火开关置于锁止位置。

（2）拆卸供油管与共轨管的连接口。

（3）将适当的容器或布放在拆卸位置的下方，妥善处理管内剩余的燃油。

（4）采用专用的燃油检测软管和接头，将三通燃油压力表串接在油路上。

三、静态油压检测

静态油压是点火开关打开后，未起动发动机时，ECU控制燃油泵运转几秒所建立起来的系统油压。静态油压等于燃油压力调节器在无真空情况下的系统油压调节值，通常为最大工作油压。若静态油压在点火开关打开几秒后，能够达到正常值，说明ECU、燃油泵继电器、燃油泵电路、燃油泵工作基本正常。

静态油压检测步骤如下：

（1）打开点火开关，但不起动发动机，此时燃油泵会工作2～3 s，建立静态油压。

（2）观察燃油压力表的压力值是否在规定范围内，一般应为0.3 MPa左右，具体数据需查看所用车型维修手册。

你测得的结果是________，标准参数是________。

（3）如果压力偏高，更换燃油压力调节器；如果压力偏低，检查油管、接头、燃油泵、燃油滤清器、燃油压力调节器、喷油器是否有泄漏。

（4）关闭点火开关。

四、动态油压检测

动态油压是发动机运转中的燃油供给系统油压，其大小随发动机进气支管真空度的变化而改变，包括怠速和加速两种情况。怠速时，因进气支管真空度最大，故此时动态油压最低；急加速时，因节气门突开，进气真空度减至最低，故此时动态油压最高。动态油压的具体数值因车而异，一般为1～4 kg/cm^2（电控式）或5～6.5 kg/cm^2（机械式和机电式）。对于不同车型可参考维修手册中的标准。动态油压正常与否对燃油供给系统能否正常工作有很大影响，往往判断动态油压是否正常是检查燃油供给系统故障的第一步，只有在确认燃油供给系统动态油压正常的情况下，才能进一步判断电路是否有故障。在实际测试中，还应测量燃油压力在高速大负荷行驶时的稳定性，以便确认汽油发动机燃油供给系统在动态工作中是否有堵塞或泄漏的故障，以及判断电动燃油泵在动态大流量时的供油能力。对于机械式和机电式燃油供给系统，若检查动态油压还不够，通常还要检查汽油发动机燃油供给系统的流量，其方法是采用流量表或量杯测量在规定时间内的流量，以便进一步判断电动燃油泵的供油能力。

怠速油压检测步骤如下：

（1）起动发动机，使发动机怠速运转。

（2）因进气支管真空度增大，经燃油压力调节器调节后的油压将随之下降。

（3）怠速情况下测量燃油压力，查看其是否符合规定值。

你测得的结果是________，标准参数是________。

（4）如果上述压力值不符合要求，检查真空管和燃油压力调节器。

加速油压检测步骤如下：

（1）慢慢踩下加速踏板，发动机转速上升。

（2）因进气支管真空度下降，经燃油压力调节器调节后的油压也随之增大。

（3）加速情况下测量燃油压力，查看其是否符合规定值。

你测得的结果是________，标准参数是________。

五、保持压力的检测

保持压力，又称为残余油压，是指发动机熄火后供油管路中的残余油压。对于电控式燃油供给系统其残余压力等于熄火时的油管压力，而机械式或机电式燃油喷射系统残余压力由于蓄压器的作用在熄火后先下降而后又升至 2.6 kg/cm^2 左右。保持压力的主要作用是有利于再次起动发动机。

正常情况下保持压力应能稳定在 20～30 min。若下降太快，说明油路有泄漏。对于有泄漏的油路，可用夹住主油路的方法来判断油路前后段的泄漏情况，还可以用夹住燃油压力调节器回油管的方法来判断回油阀有无泄漏。

保持压力检测步骤如下：

（1）将发动机熄火，5 min 后检查燃油压力值，是否保持在规定范围内，且 30 s 内不下降。

你测得的结果是________，标准参数是________。

（2）如果燃油压力下降太快，则检查燃油泵、燃油滤清器、燃油压力调节器、喷油器是否有泄漏。

六、后续整理

（1）检查完油压后，拆下负极电缆，取下压力表，注意不要让燃油飞溅出来。

（2）用新的密封垫和油管接头螺栓将进油管和共轨管重新接好。

（3）接好冷起动喷油器电源插接器。

（4）安装好蓄电池负极电缆。

（5）检查油管连接情况。

【小提示】燃油压力表安装在燃油滤清器油管接头、分配油管接头，或用三通接头安装在油管的任何位置进行检测。

七、发动机燃油供给系统标准压力可查询维修手册

根据任务内容制订任务计划，简要说明任务实施过程和注意事项。

车型：		工作内容：	
序号	工作步骤	工具	注意事项
1			
2			
3			
4			
5			

实　施

实施计划并填写下表。

车型：		发动机型号：	
参数	标准值	实际值	是否合格
静态时的燃油压力			
怠速时的燃油压力			
全负荷时的燃油压力			
熄火后保持压力			

自　测

一、判断题

（1）燃油压力调节器可以稳定油压。（　　）

（2）发动机转速是控制喷油量和喷油时刻的重要参数。（　　）

（3）燃油压力表安装在油管的任何位置都可以正常进行检测。（　　）

（4）电动燃油泵有独立的继电器。（　　）

二、思考题

（1）简述发动机的燃油油路。

（2）简述燃油压力检测步骤。

评价与反馈

一、学习目标自我检查

序号	学习目标	完成情况（在相应的选项后打√）		
		能	不能	如果不能，是什么原因
1	叙述燃油压力检测的作用			
2	掌握燃油压力检测的基本方法			
3	掌握燃油压力检测操作流程和方法			
4	正确使用燃油压力表进行检测操作			
5	对自己的学习和工作效果做出自我评价			

二、日常表现评价（由小组长或者组内成员评价）

序号	日常表现项目	完成情况（在相应栏目后打√）		分数
1	工作页填写情况	填写完整		10
		缺失 0～20%		8
		缺失 20%～40%		6
		缺失 40% 以上		2
2	工作着装是否规范	着校服（工作服），未穿拖鞋、凉鞋		10
		未穿校服或穿拖鞋、凉鞋		8
		偶尔会不穿校服，穿拖鞋、凉鞋		6
		始终不穿校服，穿拖鞋、凉鞋		2
3	参与工作现场 7S 工作	积极主动参与 7S 工作		10
		在组长的要求下能参与 7S 工作		8
		在组长的要求下能参与 7S 工作，但效果差		6
		不愿意参加 7S 工作		2
4	操作作业时， 有无警示其他同学	有警示		10
		无警示		0
5	考勤情况	全勤		10
		缺勤 0～20%（有请假）		8
		缺勤 0～20%（旷课）		6
		缺勤 20% 以上		2
6	总体评价该同学	非常优秀		10
		比较优秀		8
		有待改进		6
		急需改进		2
总分				

班级：　　　　　学生签名：　　　　　　年　　月　　日

三、教师总体评价

评估项目	完成情况（在相应栏目后打√）		分数
对该同学所在小组整体印象评价	组长负责，组内学习气氛好		20
	组长能组织组员按要求完成学习任务，个别组员不能达到学习目标		10
	组内有 30% 以上的学生不能达到学习目标		5
	组内大部分学生不能达到学习目标		0
总分			

教师签名：　　　　　　　年　月　日

任务二　发动机燃油压力调节器的检修

知识介绍

一、燃油压力调节器简介

燃油压力调节器又称回油阀，它是燃油系统内部的燃油压力调节部分，受燃油系统油压与进气支管压力（负压）的控制。

二、燃油压力调节器的组成

燃油压力调节器（简称油压调节器）主要由金属外壳、弹簧、膜片、阀门等组成，如图 6-4 所示。

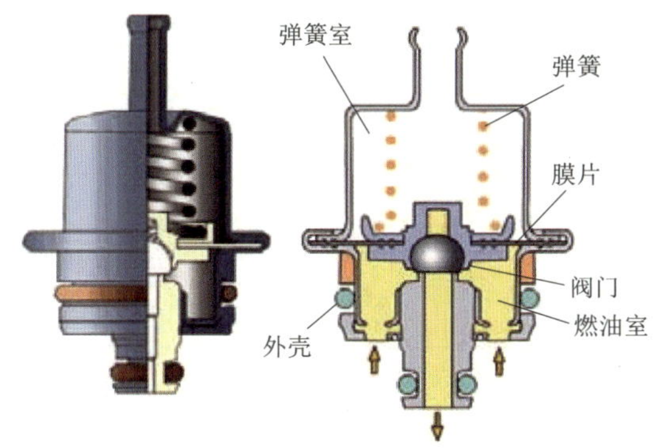

图 6-4　燃油压力调节器的组成

三、燃油压力调节器的功用

燃油压力调节器的功用是自动保持整个燃油系统的燃油压力为一定值，使供油总管内油压与进气支管压力之差为一恒值（一般为 250 kPa～300 kPa）。

四、燃油压力调节器的安装位置

燃油压力调节器一般安装在燃油总管或者燃油泵上，如图 6-5 所示。

五、燃油压力调节器的工作原理

当节气门开度增大时，进气管的压力增大，进气管压力加上弹簧的张力克服进油口的压力，使球阀关闭；当节气门开度减小时，进气管的压力加上弹簧的张力不能克服进油口的压力，使球阀打开，如图 6-6 所示。

图 6-5　燃油压力调节器的安装位置

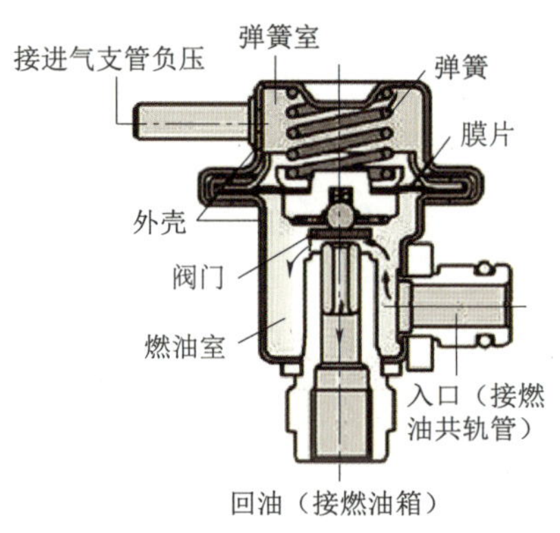

图 6-6　燃油压力调节器的工作原理

决　策

（1）准备好所需设备、工具、资料等。
（2）确定车辆信息。
（3）分组并选出负责人。

工作内容：检修燃油压力调节器	完成时间：
参考资料：	
实训设备：	
分组情况	
负责人： 组　员：	

计　划

一、燃油压力调节器工作状况的检查

（1）测量怠速时的油压，其值为________。

（2）拔下燃油压力调节器真空软管时，燃油压力应提高________。若不符合，应更换燃油压力调节器。

（3）夹住燃油压力调节器回油管时，燃油压力应上升________，否则电动燃油泵、燃油压力调节器有故障。

二、燃油压力调节器保持压力的测量

当燃油供给系统保持压力小于 147 kPa 时，应做此项检查。

（1）让电动燃油泵运转 10 min。

（2）用包上软布的钳子将燃油压力调节器的回油管夹紧，使燃油压力调节器不起作用。

（3）5 min 后观察燃油压力，该压力称为燃油压力调节器保持压力。若仍然低于燃油系统保持压力的标准值（147 kPa），说明故障不在燃油压力调节器；否则，说明燃油压力调节器有泄漏。

三、根据任务内容制订任务计划，简要说明任务实施过程及注意事项，并填表

车型：		任务内容：	
序号	任务步骤	工具/辅具	注意事项
1			
2			
3			
4			
5			

实　施

实施计划并填写下列表格。

车型：		发动机型号：	
检修项目	标准更换周期	实际使用里程	是否脏污
燃油滤清器			
处理结果			

车型：		发动机型号：	
检修项目	标准值	实际值	是否合格
燃油泵最大压力			
燃油泵保持压力			
诊断结果			

自　测

一、填空题

（1）燃油压力调节器的功用是使________油压与________压力之差为一恒值，自动保持整个油压系统的燃油压力为一定值。

（2）燃油压力调节器（简称油压调节器）主要由________、________、________、________等组成。

（3）燃油压力调节器一般安装在________或者________上。

二、思考题

检查燃油压力时应注意什么？

评价与反馈

一、学习目标自我检查

序号	学习目标	完成情况（在相应的选项后打√）		
		能	不能	如果不能，是什么原因
1	讲述燃油压力调节器的组成及功用			
2	掌握燃油压力调节器的工作原理			
3	正确进行燃油压力调节器保持压力的测量			
4	对自己的学习和工作效果做出自我评价			

二、日常表现评价（由小组长或者组内成员评价）

序号	日常表现项目	完成情况（在相应栏目后打√）		分数
1	工作页填写情况	填写完整		10
		缺失 0～20%		8
		缺失 20%～40%		6
		缺失 40% 以上		2
2	工作着装是否规范	着校服（工作服），未穿拖鞋、凉鞋		10
		未穿校服或穿拖鞋、凉鞋		8
		偶尔会不穿校服，穿拖鞋、凉鞋		6
		始终不穿校服，穿拖鞋、凉鞋		2

续表

序号	日常表现项目	完成情况（在相应栏目后打√）		分数
3	参与工作现场 7S 工作	积极主动参与 7S 工作		10
		在组长的要求下能参与 7S 工作		8
		在组长的要求下能参与 7S 工作，但效果差		6
		不愿意参加 7S 工作		2
4	操作作业时，有无警示其他同学	有警示		10
		无警示		0
5	考勤情况	全勤		10
		缺勤 0～20%（有请假）		8
		缺勤 0～20%（旷课）		6
		缺勤 20% 以上		2
6	总体评价该同学	非常优秀		10
		比较优秀		8
		有待改进		6
		急需改进		2
总分				

班级：　　　　学生签名：　　　　年　月　日

三、教师总体评价

评估项目	完成情况（在相应栏目后打√）		分数
对该同学所在小组整体印象评价	组长负责，组内学习气氛好		25
	组长能组织组员按要求完成学习任务，个别组员不能达到学习目标		10
	组内有 30% 以上的学生不能达到学习目标		5
	组内大部分学生不能达到学习目标		0
总分			

教师签名：　　　　年　月　日

任务三　发动机电动燃油泵的检修

知识介绍

一、电动燃油泵的作用

电动燃油泵是一种由小型直流电机驱动的燃油泵，其作用是将燃油从油箱中吸出，将油压提高到规定值，并通过供油系统输送到喷油器。电动燃油泵按安装位置不同分为内装式和外装式；按结构不同分为涡轮式、滚柱式等。电动燃油泵的安装位置一般在油箱内，如图 6-7 所示。电动燃油泵内置时，因浸泡在燃油里，可以防止产生气阻和燃油泄漏，且工作噪声小；同时可以用燃油进行冷却和润滑，延长其使用寿命。

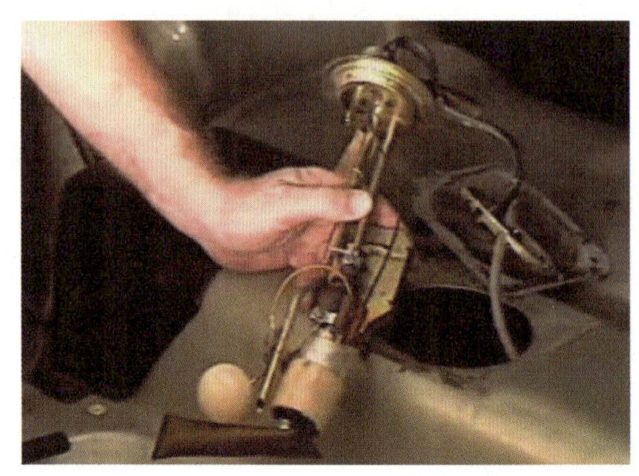

图 6-7　电动燃油泵的安装位置

二、电动燃油泵结构与工作原理

（一）内装式电动燃油泵结构与工作原理

内装式电动燃油泵的结构如图 6-8 所示。

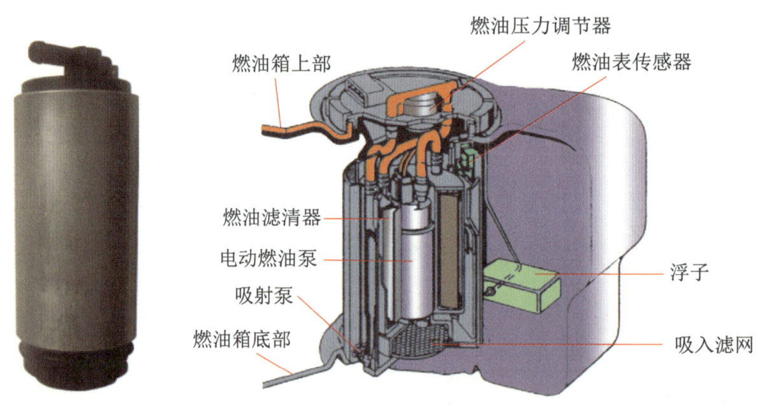

图 6-8　内装式电动燃油泵的结构

内装式电动燃油泵一般采用涡轮式结构，其工作原理如图 6-9 所示。

涡轮式电动燃油泵由涡轮及开有合适流道的前后泵壳组成。涡轮式电动燃油泵由电动机驱动，当涡轮在电动机带动下旋转时，涡轮周围槽内的燃油与涡轮一直高速旋转，在涡轮外缘每一个叶片沟槽的前后，因液体的摩擦作用存在一个压力差，由很多叶片沟槽所产生的递升压力差使燃油的压力升高，升压后燃油通过电动机内部经单向阀从电动燃油泵出口排出。

（二）外装式电动燃油泵结构与工作原理

外装式电动燃油泵由燃油滤网、电刷、电枢、磁铁、叶轮、壳体、泵体、弹簧、单向阀和燃油泵支架等组成，如图 6-10 所示。外装式电动燃油泵可以安装在燃油管路中的任何位置上，故安装的自由度较大。

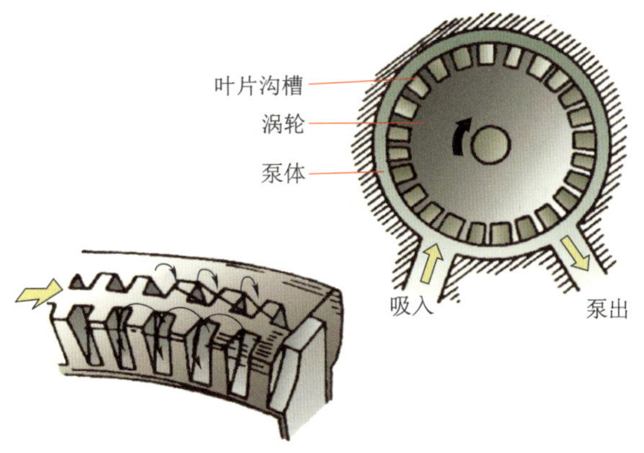

图 6-9 涡轮式电动燃油泵的工作原理

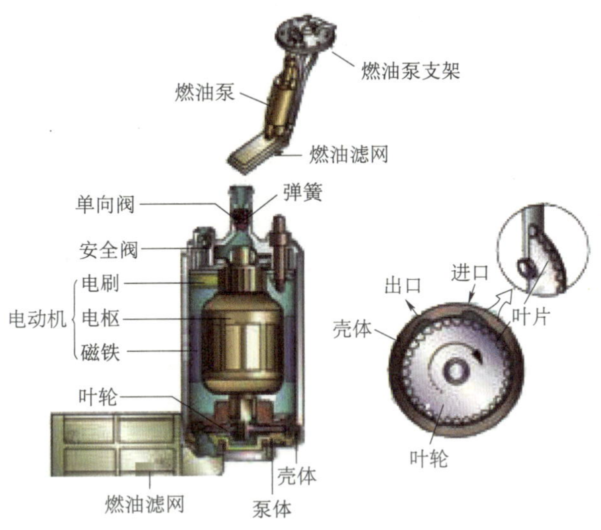

图 6-10 外装式电动燃油泵的结构

外装式电动燃油泵一般采用滚柱式结构。滚柱式电动燃油泵主要由转子、与转子偏心的定子（即泵体）、在转子和定子之间起密封作用的滚柱等组成，其工作原理如图 6-11 所示。

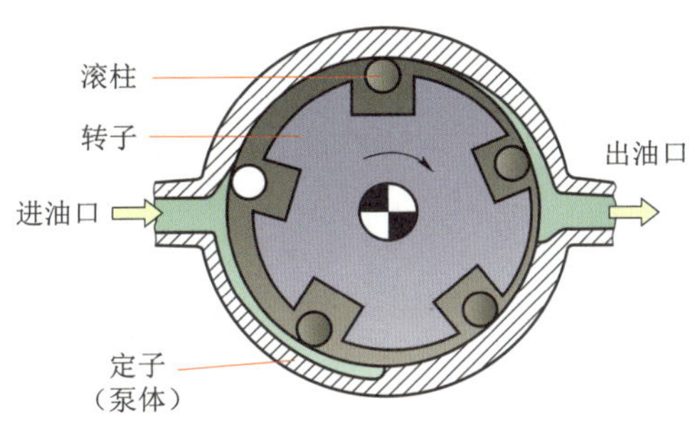

图 6-11 滚柱式电动燃油泵的工作原理

三、电动燃油泵的控制

电动燃油泵的控制分为电动燃油泵转动的控制和电动燃油泵转速的控制。

（一）电动燃油泵转动的控制

现代轿车电动燃油泵的工作是由 ECU 来控制的。电动燃油泵的工作电路如图 6-12 所示。

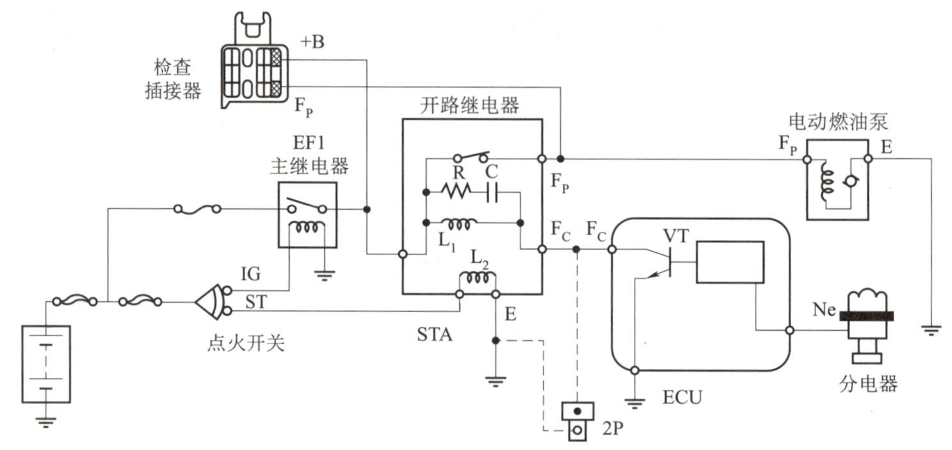

图 6-12　电动燃油泵的工作电路

电动燃油泵只有在发动机起动和运转时才工作。有些型号的车在打开点火开关时，为建立系统油压，电动燃油泵会先运行 2～6 s 后停止，以便发动机能顺利起动。而在其他情况下，即使点火开关接通，只要发动机没有转动，电动燃油泵就不工作。电动燃油泵工作的控制，通常是指对电动燃油泵电路中开路继电器的控制，即开路继电器触点闭合，电动燃油泵通电工作；开路继电器触点断开，电动燃油泵停止工作。

发动机起动时，点火开关的 ST（起动）端接通，开路继电器线圈 L_2 通电，其触点闭合，电动燃油泵通电工作。发动机运转时，发动机转速信号（Ne）输入，ECU 使晶体管 VT 导通，开路继电器线圈 L_1 通电。因此，只要发动机运转，开路继电器触点总是闭合的。ECU 通过发动机转速信号，来检测发动机运转状态。如果发动机停止转动，此时没有转速信号（Ne）输入 ECU，晶体管 VT 截止，开路继电器线圈 L_1 断电，其触点断开，电动燃油泵停止工作。

（二）电动燃油泵转速的控制

电动燃油泵在发动机低速或中小负荷下工作时，需要的供油量相对较小，此时电动燃油泵也应低速运转，这样可减少电动燃油泵的磨损，减小噪声，以及降低不必要的电能消耗；而在发动机高速或大负荷下工作时，需要的供油量相对较大，此时电动燃油泵应高速运转，以增加电动燃油泵的泵油量。一般电动燃油泵转速控制分低速和高速两级。

常见的电动燃油泵转速控制方式有两种：利用串联电阻器控制电动燃油泵的转速，利用电动燃油泵控制模块（ECU）控制电动燃油泵的转速。

决策

电控柴油机燃油供给系统的类型与组成

（1）准备好所需设备、工具、资料等。

（2）确定车辆信息。

（3）分组并选出负责人。

工作内容：检修电动燃油泵	完成时间：
参考资料：	
实训设备：	
分组情况	
负责人： 组　员：	

计划

（1）分析和确定故障的可能原因。

（2）制订工作方案（简单写出诊断思路）。

实施

请书写答案或用“√”在（是/否）中选择检测结果。

（1）检查电动燃油泵熔断丝是否熔断。

检查结论：________________。

（2）用手触摸电动燃油泵继电器，接通点火开关，检查电动燃油泵继电器是否有动作声。

检查结论：________________。

（3）如果电动燃油泵继电器有动作声，则检查电动燃油泵继电器端子至电动燃油泵插接器之间的电阻，其值为________Ω，是否正常？（是/否）

如果正常，则检查电动燃油泵，测量电动燃油泵电阻。

电动燃油泵电阻为________Ω，参考维修手册是否更换。

如果端子与电动燃油泵插接器配线不正常，则检修配线。

检测结论：________________。

（4）电动燃油泵继电器没有动作声，请检测继电器和相关的电源和搭铁。

继电器是否正常？（是/否）

继电器电源是否有 12V 电压？（是/否）

继电器搭铁是否正常？（是/否）

检测结论：____。

（5）分析上述检查结果，得出结论并提出解决方案。

自　测

一、判断题

（1）电动燃油泵不得放在油箱内，以防高温爆炸。（　）

（2）电动燃油泵的工作是由 ECU 来控制的。（　）

（3）仪表盘显示没油了，可能是电动燃油泵继电器没有通电。（　）

二、思考题

（1）检测电动燃油泵相关部件，分析存在的问题及其原因。

（2）总结电动燃油泵故障诊断与排除的过程。

评价与反馈

一、学习目标自我检查

序号	学习目标	完成情况（在相应的选项后打√）		
		能	不能	如果不能，是什么原因
1	讲述电动燃油泵的作用和类型			
2	讲述内装式和外装式电动燃油泵的结构与工作原理			
3	理解电动燃油泵的控制			
4	能正确进行电动燃油泵检修操作			
5	对自己的学习和工作效果做出自我评价			

二、日常表现评价（由小组长或者组内成员评价）

序号	日常表现项目	完成情况（在相应栏目后打√）		分数
1	工作页填写情况	填写完整		10
		缺失 0～20%		8
		缺失 20%～40%		6
		缺失 40% 以上		2
2	工作着装是否规范	着校服（工作服），未穿拖鞋、凉鞋		10
		未穿校服或穿拖鞋、凉鞋		8
		偶尔会不穿校服，穿拖鞋、凉鞋		6
		始终不穿校服，穿拖鞋、凉鞋		2
3	参与工作现场 7S 工作	积极主动参与 7S 工作		10
		在组长的要求下能参与 7S 工作		8
		在组长的要求下能参与 7S 工作，但效果差		6
		不愿意参加 7S 工作		2
4	操作作业时， 有无警示其他同学	有警示		10
		无警示		0
5	考勤情况	全勤		10
		缺勤 0～20%（有请假）		8
		缺勤 0～20%（旷课）		6
		缺勤 20% 以上		2
6	总体评价该同学	非常优秀		10
		比较优秀		8
		有待改进		6
		急需改进		2
总分				

班级：　　　　学生签名：　　　　　　年　月　日

三、教师总体评价

评价项目	完成情况（在相应栏目后打√）		分数
对该同学所在小组整体印象评价	组长负责，组内学习气氛好		25
	组长能组织组员按要求完成学习任务，个别组员不能达到学习目标		10
	组内有 30% 以上的学生不能达到学习目标		5
	组内大部分学生不能达到学习目标		0
总分			

教师签名：　　　　　　年　月　日

项目七　起动系统和点火系统的结构与检修

学习目标

（1）熟悉起动系统与点火系统各组成部件。

（2）基本掌握起动系统与点火系统电路的工作原理。

（3）基本掌握起动系统与点火系统常见故障的检查和维修方法。

（4）为汽车电气与电子技术的学习打下基础。

学习内容

（1）全面认识起动机，正确连接起动机，并对其拆装检修。

（2）认识汽车电控点火系统的组成，进行线路连接，并对其进行检测。

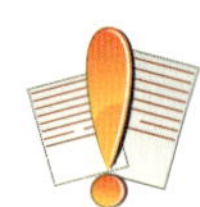

案例导入

一辆2016款丰田卡罗拉，发动机型号为1ZR-FE，行驶总里程为19万千米。车主反映该车发动机无法起动，请汽车4S技师到现场检修。技师检查后发现是起动机不转，且有油无火。

任务一　发动机起动系统的结构与检修

知识介绍

现代汽车发动机以电动机作为起动动力。起动系统由蓄电池、点火开关、起动继电器、起动机等组成。这里只介绍起动机。

一、起动机的组成

汽车发动机必须借助外力来起动。现代汽车发动机的起动方法常采用电起动。电起动简单可靠，操纵方便，可随时工作，便于远距离控制。

电起动以蓄电池为电源，以直流电动机为动力，通过传动机构和控制装置进行工作。电起动的发动机结构如图7-1所示。

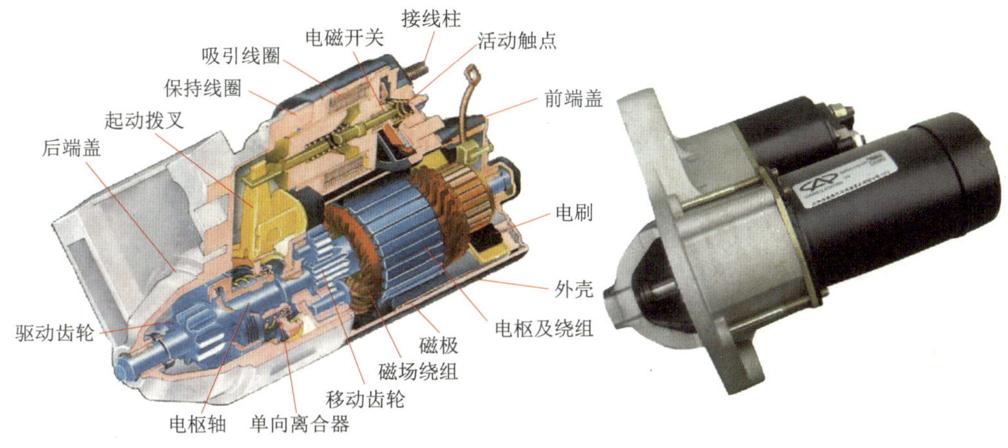

图 7-1 电起动的发动机结构

起动机一般由串励直流电动机、控制装置和传动机构三大部分组成，如图 7-2 所示。

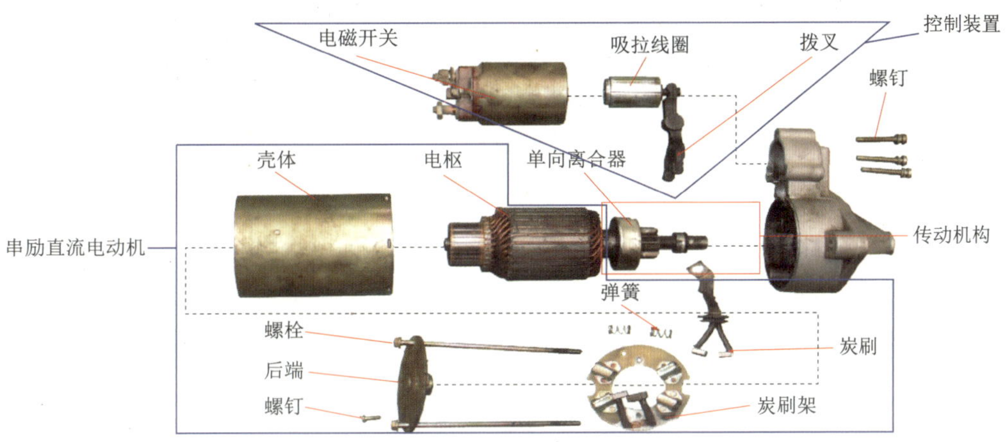

图 7-2 起动机的组成

（一）串励直流电动机

串励直流电动机主要由机壳、磁极、电枢、换向器及电刷等组成。图 7-3 所示为串励直流电动机内部结构，图 7-4 所示为励磁绕组排列方式，图 7-5 所示为串励直流电动机外部结构。

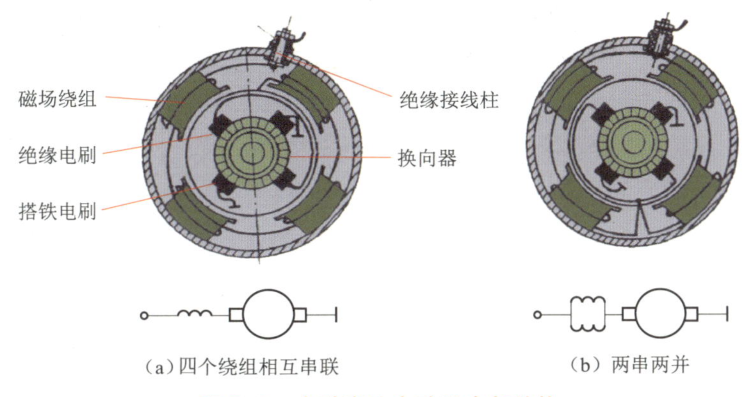

图 7-3 串励直流电动机内部结构

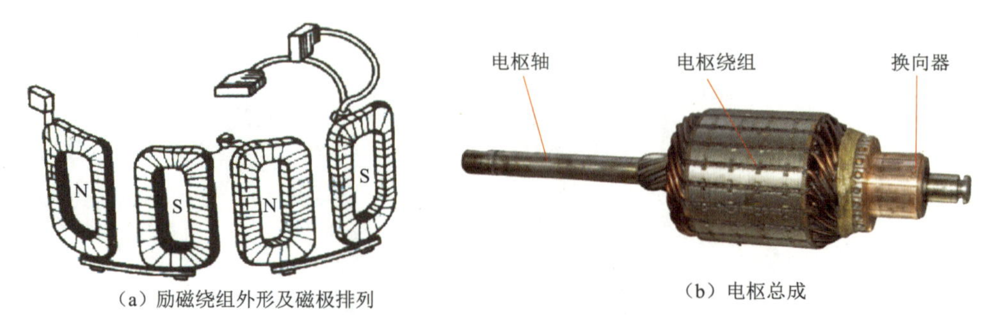

图 7-4　励磁绕组排列方式

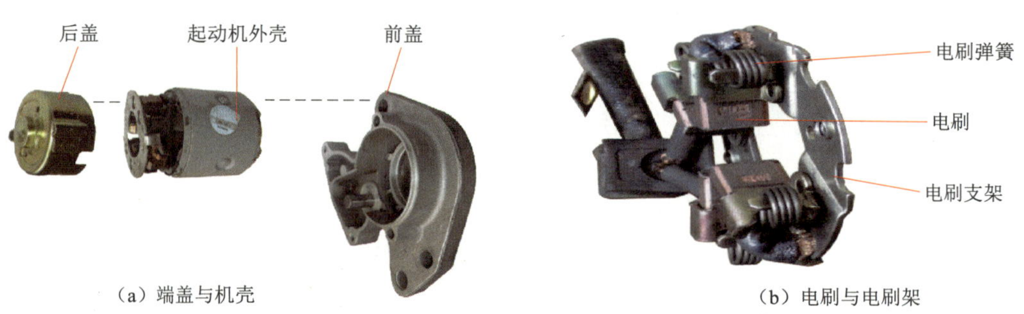

图 7-5　串励直流电动机外部结构

（二）电磁开关

电磁开关主要由推杆、活动铁心、回位弹簧、接触盘、吸引线圈和保持线圈等组成，如图 7-6 所示。其中，吸引线圈与电动机串联，保持线圈与电动机并联，直接搭铁。活动铁心一端通过接触盘控制主电路的导通；另一端通过拨叉控制驱动齿轮的啮合。在起动机电磁开关上有三个接线柱：主接线柱（接蓄电池的起动电缆线）、起动接线柱（接点火开关起动挡 ST 或起动继电器）、点火线圈附加电阻短路接线柱（接点火线圈）。

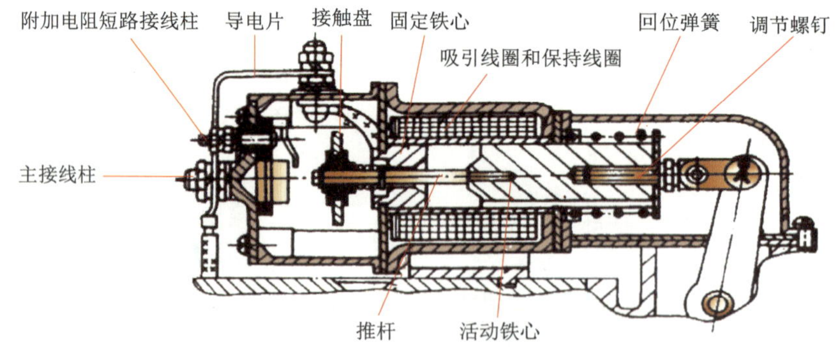

图 7-6　电磁开关结构

（三）传动机构

传动机构主要由驱动齿轮和单向离合器组成，如图 7 - 7 所示。其作用是当起动发动机时，将电动机的驱动转矩传给发动机曲轴；当发动机起动后，切断电动机与发动机之间的动

力联系。其中，单向离合器的功用是单向传递转矩，只允许起动机将转矩传给发动机曲轴进行发动机起动，不允许发动机将转矩传给起动机。

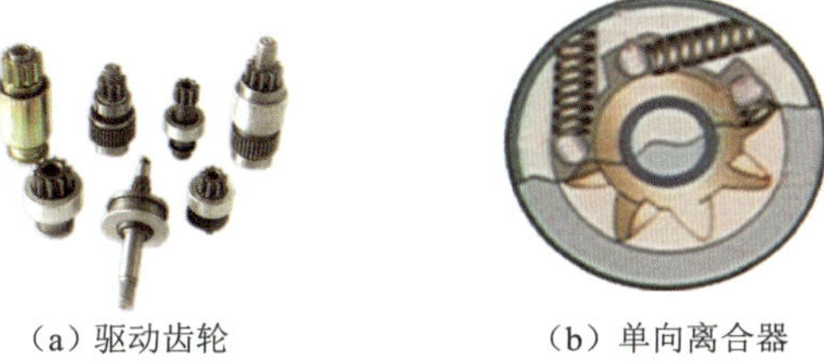

（a）驱动齿轮　　（b）单向离合器

图 7-7　传动机构

二、起动机的分类

起动机的种类很多，但电动机部分一般没有太大的差别，而传动机构和控制装置则差异较大。

（一）按传动机构齿轮啮合方式分类

1. 强制啮合式起动机

这种起动机靠人力或电磁力拉动拨叉，强制地使驱动齿轮啮入飞轮齿环。这种起动机结构简单、工作可靠、操作方便，被现代汽车广泛采用。

2. 电枢移动式起动机

这种起动机是靠电动机内部辅助磁极的电磁吸力，吸引电枢进行轴向移动，使驱动齿轮啮入飞轮齿环；起动后，回位弹簧使电枢回位，于是驱动齿轮便与飞轮齿环脱开。这种起动机结构复杂，仅用于一些大功率柴油车上。

3. 惯性啮合式起动机

这种起动机起动时，其驱动齿轮靠惯性力自动啮入飞轮齿环；起动后，驱动齿轮靠惯性力自动与飞轮齿环脱开。由于这种起动机工作可靠性差，现代汽车已很少使用。

（二）按控制装置分类

1. 直接操纵式起动机

由驾驶员利用脚踩（或手拉）直接操纵机械式起动开关接通或切断起动主电路。

2. 电磁操纵式起动机

由驾驶员借助起动按钮（或点火开关）控制起动机电磁开关（或起动继电器），再由电磁开关的电磁力控制起动主电路的接通与断开。

此外，还有齿轮移动式起动机、同轴式起动机和减速式起动机等。

三、起动机的工作原理

（一）直流串励式电动机工作原理

直流串励式电动机的工作原理如图 7-8 所示，在磁场中放置一个线圈，线圈的两点分别与两片换向片连接，两只电刷分别与两

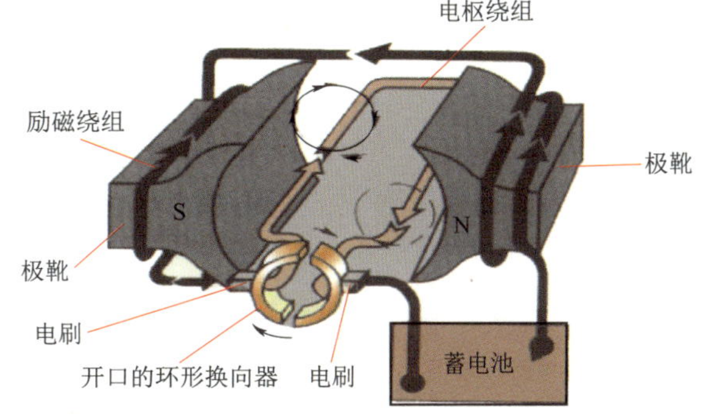

图 7-8　直流串励式电动机的工作原理

片换向片接触，并与蓄电池的正极或负极接通。电流方向为：蓄电池正极→励磁绕组→正电刷→换向片→电枢绕组→负电刷→蓄电池负极。

（二）带起动继电器的控制电路

带起动继电器的控制电路如图 7-9 所示。当点火开关打到 ST 挡时，蓄电池经点火开关给起动继电器中的磁化线圈供电（电流很小），使起动继电器中的常开触点闭合，这样蓄电池电流经主接线柱、起动继电器的触点到起动机电磁开关上的起动接线柱，起动机开始正常工作。

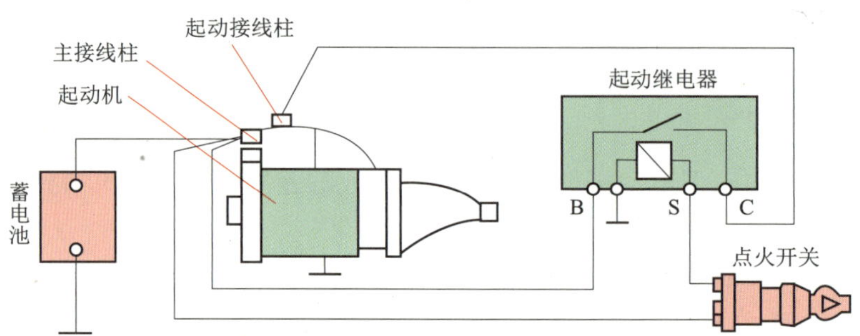

图 7-9　带起动继电器的控制电路

决　策

（1）准备好所需设备、工具、资料等。
（2）确定车辆信息。
（3）分组并选出负责人。

工作内容：检修起动机	完成时间：
参考资料：	
实训设备：	
分组情况	
负责人： 组　员：	

计　划

（1）严格按照维修手册要求的流程进行操作。
（2）对特殊零部件的拆解要使用专用工具。
（3）各螺栓拧紧力矩符合要求。
（4）听从老师管理，禁止随意操作实训车辆、设备等。

(5) 安全操作，禁止明火。
(6) 注意劳动保护。
(7) 分析和确定故障的可能原因。
(8) 制订工作方案（简单写出诊断思路）。

实　施

(1) 在确认蓄电池及电路连接良好的情况下，用螺丝刀或粗导线短接起动机电磁开关上的两个主电路接线柱（以判断起动机本身是否有故障）。

若起动机依然不转，说明________有故障，应解体修理或更换；

若起动机运转正常，说明电动机正常，故障在起动机本身以外的电路，在________或者________。

检查结论：____。

(2) 在起动机电动机本身良好的情况下，用螺丝刀或粗导线短接起动机电磁开关上的输入主接线柱和控制电路接线柱（以判断故障在电磁开关还是在控制电路）。

若起动机依然不转，说明________有故障，应解体修理或更换；

若起动机运转正常，说明________正常，故障在________。

检查结论：____。

(3) 检测起动机。拆下起动机，用万用表对起动机电枢绕组进行检查。如果检查结果与规定值不相符，则更换起动机。

检查结论：____。

(4) 检测电磁开关。拆下电磁开关，用万用表对电磁开关的保持线圈和吸引线圈进行检查。如果检查结果与规定值不相符，则更换电磁开关。

检查结论：____。

(5) 检测起动继电器。拆下起动继电器，用万用表对起动继电器进行检查。如果检查结果与规定值不相符，则更换起动继电器。

检查结论：____。

(6) 检测起动机控制电路的电路情况。

检查结论：____。

(7) 通过对上述检查结果分析，得出结论并提出解决方案。

自　测

一、判断题

(1) 起动系统主要包括起动机和控制电路两个部分。（　　）
(2) 常规起动机中，吸引线圈、励磁绕组及电枢绕组串联连接。（　　）

（3）在主电路接通后，起动机保持线圈被短路。（　　）
（4）吸引线圈与保持线圈由电磁开关控制。（　　）

二、思考题

（1）检测起动系统相关部件，分析存在的问题及其原因。

（2）总结起动机故障诊断与排除的过程。

评价与反馈

一、学习目标自我检查

序号	学习目标	完成情况（在相应的选项后打√）		
		能	不能	如果不能，是什么原因
1	讲述起动系统的工作原理			
2	能基本讲述起动系统电路的工作原理			
3	识别起动系统各组成部件的相关部件			
4	能讲述起动系统常见故障的检查和维修方法			
5	对自己的学习和工作效果做出自我评价			

二、日常表现评价（由小组长或者组内成员评价）

序号	日常表现项目	完成情况（在相应栏目后打√）		分数
1	工作页填写情况	填写完整		10
		缺失 0～20%		8
		缺失 20%～40%		6
		缺失 40% 以上		2
2	工作着装是否规范	着校服（工作服），未穿拖鞋、凉鞋		10
		未穿校服或穿拖鞋、凉鞋		8
		偶尔会不穿校服，穿拖鞋、凉鞋		6
		始终不穿校服，穿拖鞋、凉鞋		2
3	参与工作现场 7S 工作	积极主动参与 7S 工作		10
		在组长的要求下能参与 7S 工作		8
		在组长的要求下能参与 7S 工作，但效果差		6
		不愿意参加 7S 工作		2

续表

序号	日常表现项目	完成情况（在相应栏目后打√）		分数
4	操作作业时，有无警示其他同学	有警示		10
		无警示		0
5	考勤情况	全勤		10
		缺勤 0～20%（有请假）		8
		缺勤 0～20%（旷课）		6
		缺勤 20% 以上		2
6	总体评价该同学	非常优秀		10
		比较优秀		8
		有待改进		6
		急需改进		2
总分				

班级：　　　　学生签名：　　　　年　月　日

三、教师总体评价

评价项目	完成情况（在相应栏目后打√）		分数
对该同学所在小组整体印象评价	组长负责，组内学习气氛好		25
	组长能组织组员按要求完成学习任务，个别组员不能达到学习目标		10
	组内有 30% 以上的学生不能达到学习目标		5
	组内大部分学生不能达到学习目标		0
总分			

教师签名：　　　　年　月　日

任务二　发动机点火系统的结构与检修

知识介绍

点火系统的认知与检修

在汽油发动机中，气缸内的混合气是由高压电火花点燃的，而电火花的产生是依靠点火系统来实现的。点火系统的性能良好与否对发动机的功率、油耗和排气污染等影响很大。如果点火系统发生故障，则会影响发动机的动力性、经济性和排气净化等性能，甚至会导致发动机不能工作。

通常，发动机正常工作必须满足三个条件：适当浓度的可燃混合气；足够的缸压；准确和可靠地点火，如图 7-10 所示。

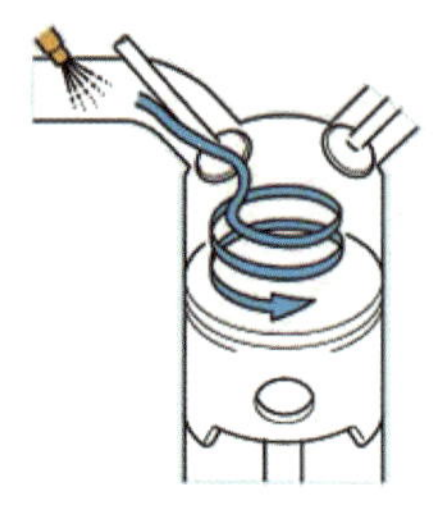

（a）适当浓度的可燃混合气　（b）足够的缸压　（c）准确和可靠地点火

图 7-10　发动机正常工作的三个条件

一、点火系统的功用

汽油发动机气缸内可燃混合气在压缩行程终了时，采用高压电火花点火。因此，汽油机设置了点火系统，保证发动机在各种工况和使用条件下，气缸内都能适时、准确、可靠地产生电火花，点燃可燃混合气，使发动机运转，对外输出动力，如图 7-11 所示。电控点火系统主要实现以下控制：点火提前角的控制、通电时间的控制、爆燃的控制。

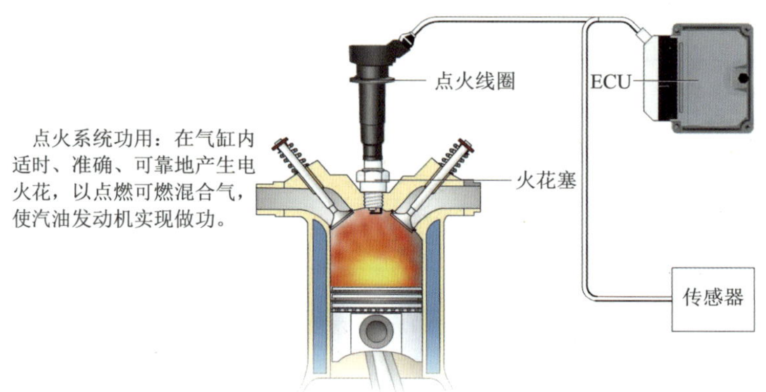

图 7-11　点火系统的功用

二、电控点火系统的组成

电控点火系统主要由传感器、ECU、执行器等组成，如图 7-12 所示。

传感器用来检测发动机运行工况，主要的传感器有：发动机转速传感器、曲轴位置传感器、凸轮轴位置传感器、空气流量传感器（空气流量计）、爆燃传感器。ECU 的主要功能是根据各种传感器发送的信号，实施点火控制，主要包括点火提前角控制、通电时间控制和爆燃控制。执行器包括点火模块、点火线圈、火花塞等。点火模块驱动点火线圈工作，实现点火。

三、电控点火系统的分类及工作原理

根据点火方式不同，电控点火系统可分为单独点火方式点火系统和双缸同时点火方式点火系统。

单独点火方式点火系统中，点火线圈直接与火花塞相连，一个点火线圈连接一个缸的火花塞，无高压线，由 ECU 控制点火顺序，如图 7-13 所示。

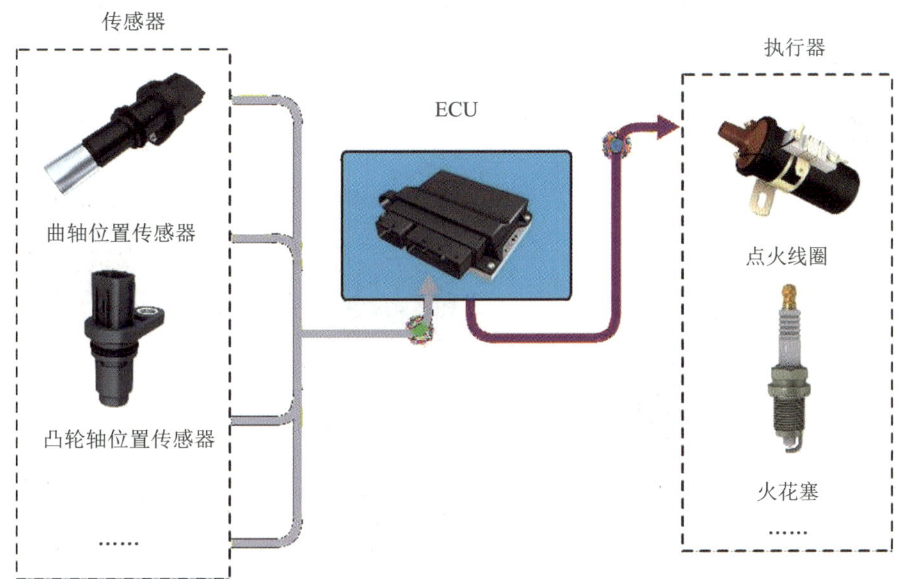

图 7-12　电控点火系统的组成

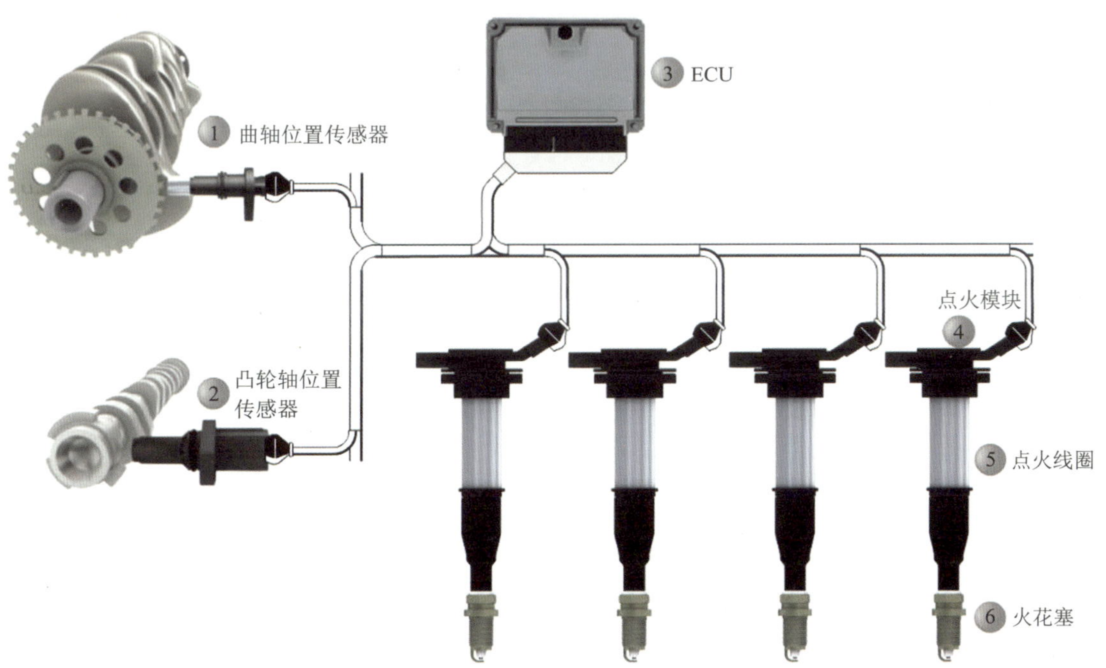

图 7-13　单缸点火方式点火系统

双缸同时点火方式点火系统中，点火线圈的高压线直接与火花塞相连，一个点火线圈连接两个缸的火花塞，两缸工作相位相差 360°，如图 7-14 所示。当一缸接近压缩行程上止点时，另一缸接近排气行程上止点，点火时，两缸的火花塞同时“跳火”，其中，工作于接近排气行程上止点的气缸点火是无效点火，工作于接近压缩行程上止点的气缸点火是有效点火。

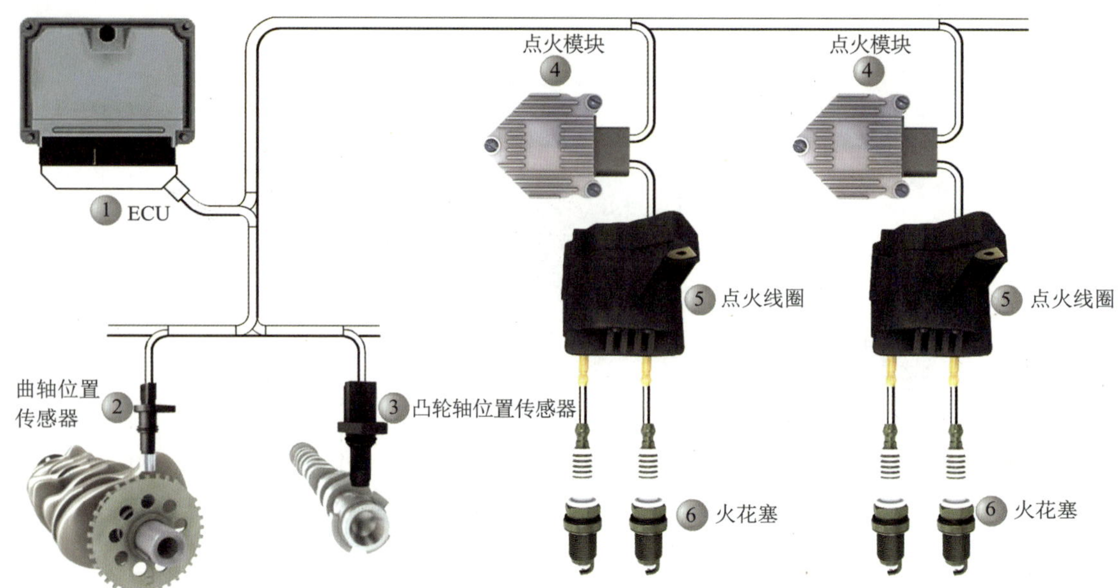

图 7-14　双缸同时点火方式点火系统

决　策

（1）准备好所需设备、工具、资料等。
（2）确定车辆信息。
（3）分组并选出负责人。

工作内容：点火系统的认识	完成时间：
参考资料：	
实训设备：	
分组情况	
负责人： 组　员：	

计　划

（1）严格按照维修手册要求的流程进行操作。
（2）对点火系统的拆装要使用专用工具。
（3）各螺栓拧紧力矩符合要求。
（4）听从老师管理，禁止随意操作实训车辆、设备等。
（5）安全操作，禁止明火。
（6）做好 7S 管理。

实　施

一、元件确认

（1）火花塞的安装位置：________。

（2）点火线圈的安装位置：________。

（3）点火系统控制模块（ICM）：________。

（4）点火开关安装位置：________。

（5）曲轴位置传感器安装位置：________。

（6）凸轮轴位置传感器安装位置：________。

二、元件作用

序号	作业项目	作业内容	相关图示
1	步骤一	名称： 作用：	
2	步骤二	名称： 作用：	
3	步骤三	名称： 作用：	
4	步骤四	名称： 作用：	

自　测

一、填空题

（1）发动机正常工作必须满足三个条件：____________、____________、____________。

（2）实际点火提前角由三个部分组成：____________点火提前角、________点火提前角和________点火提前角。通电时间控制的目的是在不影响电火花放电的前提下，保证点火线圈有足够的时间蓄积能量，而又不会造成过热损失和破坏。爆燃控制的目的是根据爆燃传感器的信号调整点火时刻，使汽油发动机工作在临界爆燃状态。

（3）电控点火系统主要实现以下控制：____________、____________、____________。

二、判断题

（1）点火系统的功用是在气缸内适时、准确地产生电火花，从而点燃可燃混合气。（　　）

（2）点火系统由曲轴位置传感器、凸轮轴位置传感器、ECU 和执行器组成。（　　）

（3）根据点火方式不同，电控点火系统可分为单独点火方式点火系统和双缸同时点火方式点火系统两种。（　　）

（4）点火模块和点火线圈形成一个点火组件，每个气缸独立使用一个点火组件。（　　）

（5）点火线圈由初级线圈、次级线圈、点火模块等组成。（　　）

三、单选题

（1）点火执行器包括点火模块、点火线圈和（　　）。

A. 火花塞　　B. 点火正时　　C. 点火组件　　D. 初级线圈

（2）单独点火方式中，点火线圈直接与火花塞相连，一个点火线圈连接（　　）缸的火花塞，由 ECU 控制点火顺序。

A. 1 个　　B. 2 个　　C. 3 个　　D. 4 个

评价与反馈

一、学习目标自我检查

序号	学习目标	完成情况（在相应的选项后打√）		
		能	不能	如果不能，是什么原因
1	讲述点火系统的工作原理			
2	能基本讲述点火系统电路的工作原理			

续表

序号	学习目标	完成情况（在相应的选项后打√）		
		能	不能	如果不能，是什么原因
3	识别点火系统各组成部件			
4	能讲述点火系统常见故障的检查和维修方法			
5	对自己的学习和工作效果做出自我评价			

二、日常表现评价（由小组长或者组内成员评价）

序号	日常表现项目	完成情况（在相应栏目后打√）		分数
1	工作页填写情况	填写完整		10
		缺失 0～20%		8
		缺失 20%～40%		6
		缺失 40% 以上		2
2	工作着装是否规范	着校服（工作服），未穿拖鞋、凉鞋		10
		未穿校服或穿拖鞋、凉鞋		8
		偶尔会不穿校服，穿拖鞋、凉鞋		6
		始终不穿校服，穿拖鞋、凉鞋		2
3	参与工作现场 7S 工作	积极主动参与 7S 工作		10
		在组长的要求下能参与 7S 工作		8
		在组长的要求下能参与 7S 工作，但效果差		6
		不愿意参加 7S 工作		2
4	操作作业时，有无警示其他同学	有警示		10
		无警示		0
5	考勤情况	全勤		10
		缺勤 0～20%（有请假）		8
		缺勤 0～20%（旷课）		6
		缺勤 20% 以上		2
6	总体评价该同学	非常优秀		10
		比较优秀		8
		有待改进		6
		急需改进		2
总分				

班级：　　　　学生签名：　　　　　年　月　日

三、教师总体评价

评价项目	完成情况（在相应栏目后打√）		分数
对该同学所在小组整体印象评价	组长负责，组内学习气氛好		25
	组长能组织组员按要求完成学习任务，个别组员不能达到学习目标		10
	组内有 30% 以上的学生不能达到学习目标		5
	组内大部分学生不能达到学习目标		0
总分			

教师签名：　　　　　年　月　日

任务三　火花塞拆装与检测

知识介绍

一、点火线圈的结构

点火装置的核心部件是点火线圈和开关装置。单独点火方式用点火线圈及其剖面图分别如图 7-15 和图 7-16 所示。

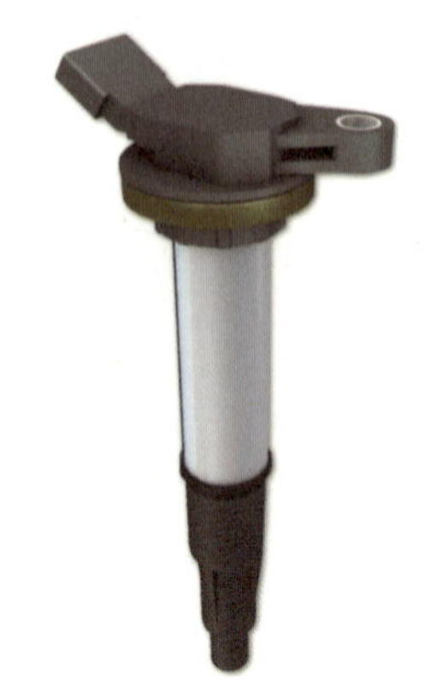

图 7-15　单独点火方式用点火线圈

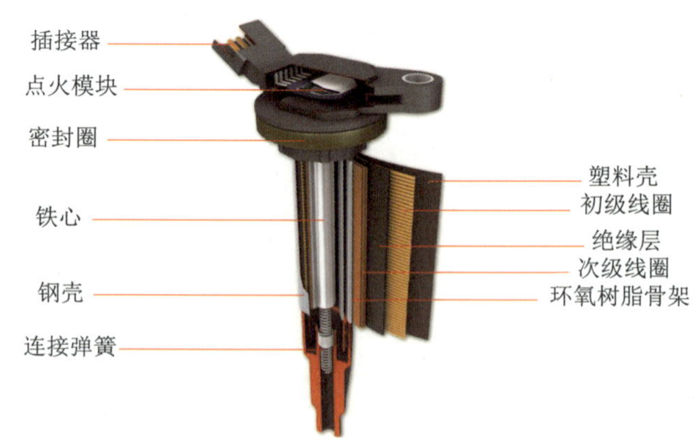

图 7-16　单独点火方式用点火线圈剖面图

二、火花塞的结构

火花塞的功用是将点火线圈产生的脉冲高电压引入燃烧室，并在其两电极之间产生电火花，以点燃可燃混合气。

火花塞（见图 7-17）连接在点火线圈次级绕组末端，它主要由陶瓷绝缘体、接线螺杆、接线螺母、中心电极、侧电极等组成，如图 7-18 所示。钢质的火花塞壳体内部固定有陶瓷绝缘体，绝缘体中心孔上部有金属接线螺杆，接线螺杆上端有接线螺母，用来接高压导线；绝缘体下部有中心电极。

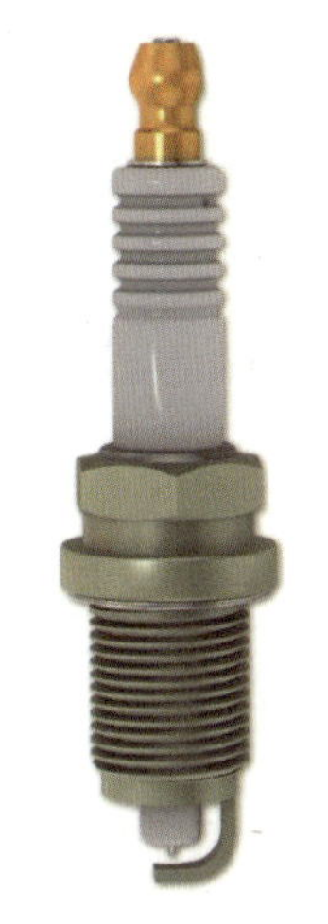

图 7-17　火花塞

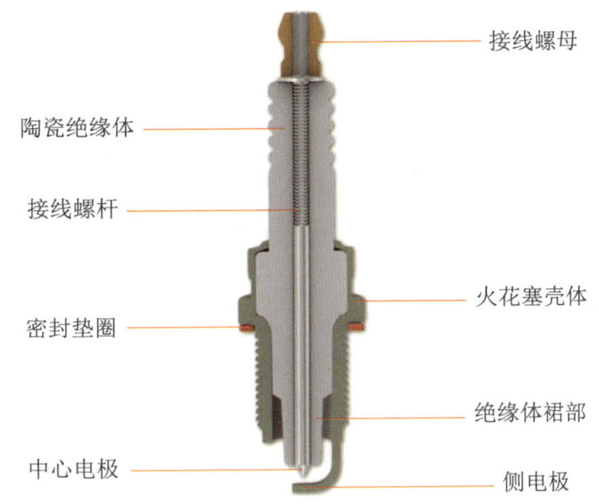

图 7-18　火花塞剖面图

三、火花塞常见故障

发动机运转过程中，火花塞除了承受较大的电负荷，还与高温、高压燃气直接接触，且受到燃烧产物的强烈腐蚀。正常情况下，火花塞绝缘体端部呈浅褐（灰）色，表面没有燃油或机油沉积物，说明热值正确且点火正常。火花塞属于汽车易损件，为消耗用品，且受燃油品质、自身工艺质量、工作环境等影响，使用中故障率较高，其常见的几种故障如下：

（一）积炭

现象：火花塞上有松软、乌黑的沉积物，表明有积炭，如图 7-19 所示。

图 7-19　火花塞积炭

原因：（1）可燃混合气比例不正确、空气滤清器堵塞等造成的混合气过浓。

（2）发动机温度过低，燃烧不完全。

（3）燃油质量太低或变质，燃烧不正常。

（4）火花塞太冷、热值太低。

后果：积炭是可以导电的，可能造成火花塞失火。

（二）机油油污

现象：火花塞电极和内部出现油性沉积物，表明机油进入燃烧室内，如图 7-20 所示。

图 7-20　火花塞上有油性沉积物

原因：个别火花塞上有油性沉积物，可能是由气门杆油封损坏造成的；各个缸体的火花塞都黏有这种沉积物，则说明气缸蹿油。空气滤清器和通风装置堵塞气缸极易出现蹿油。

后果：油性沉积物覆盖火花塞会使火花塞无法通过间隙跳火，而是通过机油从更短的路径跳火到侧电极。

图 7-21　火花塞积灰

（三）积灰

现象：火花塞中心电极及侧电极表面覆盖有浅褐色沉积物，如图 7-21 所示。

原因：积灰是由于过多的机油添加剂引起的。积灰若出现在火花塞半边，说明发动机上部磨损严重。积灰包围电极，说明发动机下部磨损严重。

后果：积灰可引起自点火，造成功率损失或损坏发动机。

图 7-22　火花塞爆燃

（四）爆燃

现象：绝缘体顶端破裂，如图 7-22 所示。

原因：爆燃是绝缘体破裂的主要原因。点火时刻过早，汽油辛烷值低、燃烧室内温度过高都可能导致发动机爆燃。

后果：相同的振动也会损坏其他发动机零部件，如活塞和气门。

图 7-23　火花塞瓷件大头爬电

（五）瓷件大头爬电

现象：绝缘体上出现垂直于铁壳方向的黑色燃烧痕迹，如图 7-23 所示。

原因：由于安装不好或火花塞连接线套老化，导致点火高压沿着瓷体外部闪络接地。

后果：导致发动机失火。

因此，检修火花塞对于判断发动机运转情况显得尤为必要，其检修内容主要包括：检查电火花、检查火花塞电极、检查火花塞电极间隙（中心电极和侧电极的空气间隙）。

决　策

（1）准备好所需设备、工具、资料等。

（2）确定车辆信息。

（3）分组并选出负责人。

<table>
<tr><td>工作内容：火花塞拆装与检测</td><td>完成时间：</td></tr>
<tr><td colspan="2">参考资料：</td></tr>
<tr><td colspan="2">实训设备：</td></tr>
<tr><td colspan="2" align="center">分组情况</td></tr>
<tr><td colspan="2">负责人：

组　员：</td></tr>
</table>

计　划

（1）严格按照维修手册要求的流程进行操作。

（2）对火花塞的拆装要使用专用工具。

（3）各螺栓拧紧力矩符合要求。

（4）听从老师管理，禁止随意操作实训车辆、设备等。

（5）安全操作，禁止明火。

（6）做好 7S 管理。

实　施

一、火花塞拆装与检测操作规范

（一）火花测试

（1）断开点火线圈线束插接器，从气缸盖上拆下点火线圈，如图 7-24 所示。

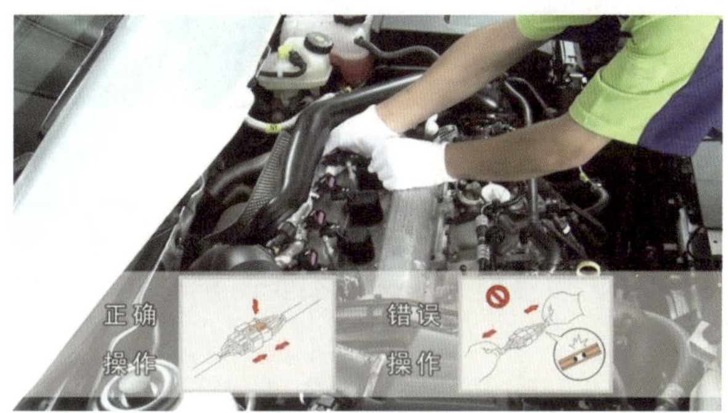

图 7-24　拆下点火线圈

（2）使用火花塞套筒扳手拆下火花塞，如图 7-25 所示。

图 7-25　拆下火花塞

注意事项：

拆卸火花塞之前，要检查火花塞套筒橡胶是否损坏；火花塞套筒必须与火花塞中心对正。

（3）断开 4 个喷油器插接器。

（4）用火花塞钳子夹持火花塞，放置在气缸盖上。

（5）起动发动机但持续时间不超过 2 s，并检查火花。正常状态下，电极间隙间跳火。

注意事项：

不要使发动机起动超过 2 s。

（6）使用塞尺测量火花塞电极间隙，如图 7-26 所示，记录检测数据并与标准数据进行比对。

检测内容	标准值
火花塞电极间隙	1.0～1.1 mm

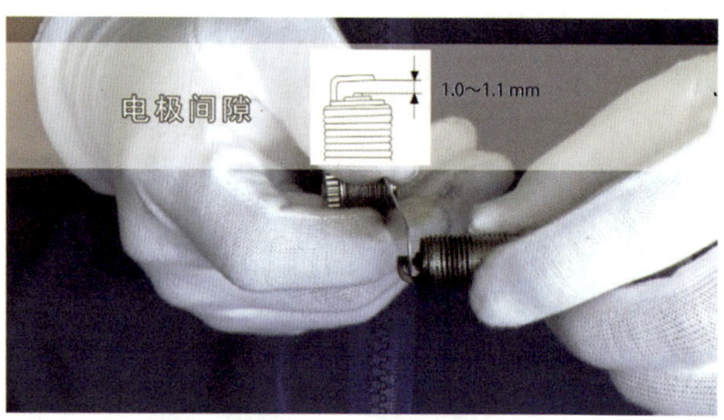

图 7-26　检测火花塞电极间隙

注意事项：

如果电极间隙大于标准值，应更换火花塞，不要调整电极间隙。

（二）检测火花塞外观

（1）目视检查点火线圈与火花塞套接处是否生锈、烧蚀或损坏，如图 7-27 所示。

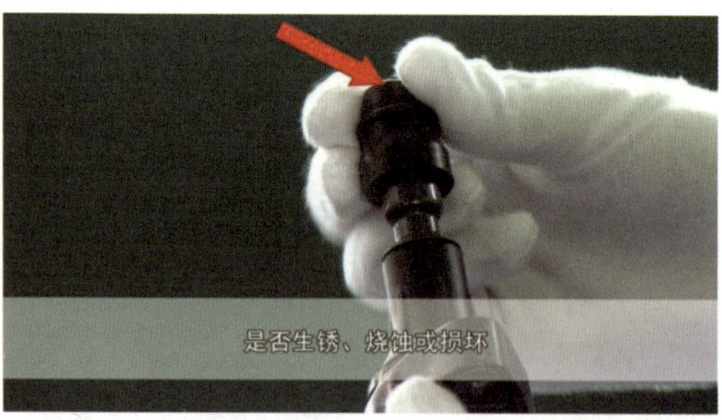

图 7-27　目视检查点火线圈与火花塞套接处

（2）目视检查点火线圈插接器是否变形、损坏或锈蚀，如图 7-28 所示。

（3）目视检查火花塞螺纹是否完好，如图 7-29 所示；检查陶瓷是否有裂纹。

（4）目视检查火花塞与点火线圈套接部位是否锈蚀或烧蚀，如图 7-30 所示。

（5）目视检查火花塞电极状况是否正常，如图 7-31 所示。

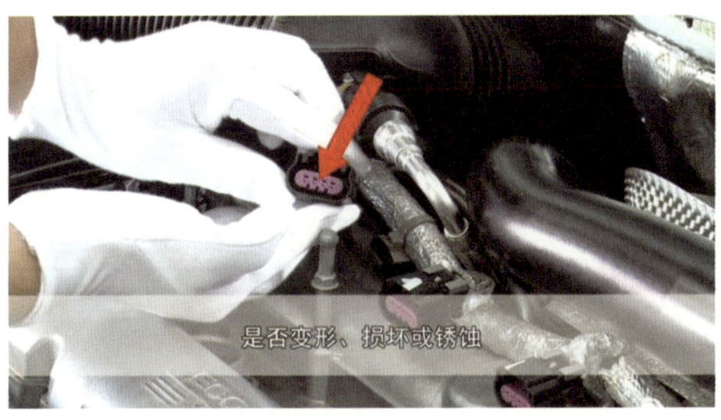

图 7-28　目视检查点火线圈插接器

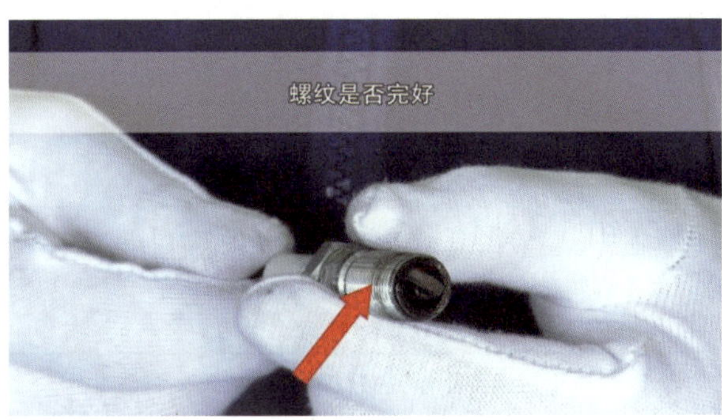

图 7-29　目视检查火花塞螺纹

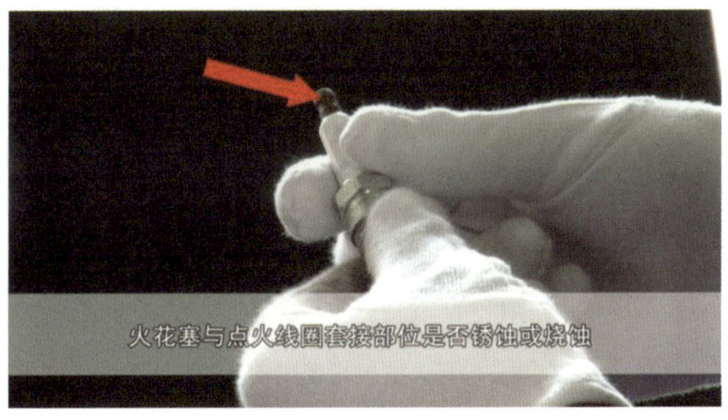

图 7-30　目视检查火花塞与点火线圈套接部位

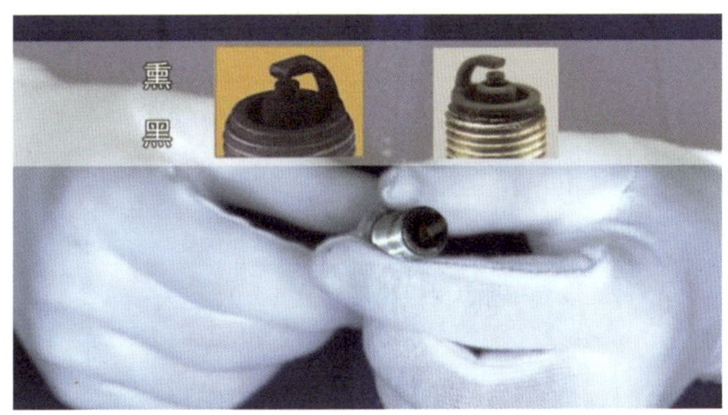

图 7-31　目视检查火花塞电极

若火花塞电极部分的颜色不正常，则根据规定进行清洁或更换。若火花塞烧蚀严重，则必须更换。

二、火花塞拆装与检测作业单及评价标准

火花塞拆装与检测作业单

<table>
<tr><td>姓名：</td><td></td><td>完成时间：15 分钟</td><td>实训教师签字：</td><td></td></tr>
<tr><td>作业内容</td><td colspan="4">对火花塞进行拆卸、检查、安装等相关操作</td></tr>
<tr><td>按作业规范要求完成</td><td colspan="4">（1）进行火花塞拆卸；
（2）进行电火花测试；
（3）进行火花塞电极间隙检查；
（4）填写记录表；
<table><tr><td>测量项目</td><td>火花塞电极间隙</td></tr><tr><td>标准值</td><td>1.0～1.1 mm</td></tr><tr><td>测量值</td><td></td></tr><tr><td>结果分析</td><td></td></tr></table>（5）进行火花塞外观检查；
（6）进行火花塞安装</td></tr>
</table>

注：处理结果时，正常打“√”，若不正常给出维修方案（维修、更换、调整）。

火花塞拆装与检测评价标准

<table>
<tr><th>序号</th><th>评价项目</th><th>评价内容及得分条件</th><th>评分标准</th><th>配分</th><th>得分</th></tr>
<tr><td rowspan="5">1</td><td rowspan="5">操作规范
（作业安全）
（职业操守）</td><td>（1）能进行工位 7S 操作（总分 3 分）
□1）整理、整顿（0.5 分）
□2）清理、清洁（1 分）
□3）素养、节约（0.5 分）
□4）安全（1 分）</td><td rowspan="5">依据得分条件进行评分，按要求完成在□打√，未按要求完成在□打×并扣除对应分数，扣分不得超 15 分</td><td rowspan="5">15</td><td rowspan="5"></td></tr>
<tr><td>（2）能进行设备和工具安全检查（总分 3 分）
□1）检查作业工具设备是否完备（1 分）
□2）检查作业环境是否配备灭火器（1 分）
□3）检查举升机举升情况是否正常（1 分）</td></tr>
<tr><td>（3）能进行车辆安全防护操作（总分 3 分）
□1）正确安装车外三件套（1 分）
□2）正确安装车内四件套（1 分）
□3）正确安装车轮挡块（1 分）</td></tr>
<tr><td>（4）能进行工具清洁校准存放操作（总分 3 分）
□1）使用工具前对工具进行校准（1 分）
□2）使用工具后对工具进行清洁（1 分）
□3）作业完成后对工具进行复位（1 分）</td></tr>
<tr><td>（5）能进行三不落地操作（总分 3 分）
□1）作业过程中做到油液不落地（1 分）
□2）作业过程中做到水液不落地（1 分）
□3）作业过程中做到工具不落地（1 分）</td></tr>
</table>

续表

序号	评价项目	评价内容及得分条件	评分标准	配分	得分
2	专业能力 （应用技能） （操作技能） （保养作业） （拆装作业） （维修作业）	（1）火花塞拆卸（总分 12 分） □1）正确拆卸发动机罩盖（3 分） □2）正确拔下点火线圈线束插接器（4 分） □3）正确使用点火线圈拉拔器拉出点火线圈（3 分） □4）正确使用扭力扳手预松火花塞（1 分） □5）正确使用棘轮扳手拆卸火花塞（1 分）	依据得分条件进行评分，按要求完成在□打√，未按要求完成在□打×并扣除对应分数，扣分不得超 50 分	50	
		（2）火花测试（总分 10 分） □1）正确拔下喷油器线束插接器（2 分） □2）正确连接点火线圈线束插接器（2 分） □3）正确安装火花塞至点火线圈（2 分） □4）将点火线圈及火花塞放置在气缸盖上（2 分） □5）起动发动机，并观察火花塞“跳火”情况（2 分）			
		（3）检测火花塞电极间隙（总分 3 分） □1）正确清洁火花塞及塞尺（1.5 分） □2）正确使用塞尺测量火花塞电极间隙（1.5 分）			
		（4）检测火花塞外观（总分 10 分） □1）检查点火线圈与火花塞套接处是否生锈、烧蚀或损坏（2 分） □2）检查点火线圈插接器是否变形、损坏或锈蚀（2 分） □3）检查火花塞螺纹是否完好，陶瓷是否有裂纹（3 分） □4）检查火花塞电极状况是否正常（3 分）			
		（5）安装火花塞（总分 15 分） □1）正确使用棘轮扳手预紧火花塞（3 分） □2）正确使用扭力扳手紧固火花塞（按照维修手册中规定的扭矩紧固螺栓）（3 分） □3）安装点火线圈（3 分） □4）安装点火线圈线束插接器（3 分） □5）安装发动机罩盖（3 分）			
3	信息能力 （信息录入） （资料应用） （资讯检索）	（1）能正确使用维修手册查询资料（总分 4 分） □1）查询火花塞拆卸步骤（1 分） □2）查询火花塞检测内容（2 分） □3）查询火花塞安装步骤（1 分）	依据得分条件进行评分，按要求完成在□打√，未按要求完成在□打×并扣除对应分数，扣分不得超 10 分	10	
		□（2）能查询火花塞相关信息（更换周期）（2 分）			
		□（3）能在规定时间内查询所需资料（2 分）			
		□（4）能正确记录查询资料章节页码（2 分）			

续表

序号	评价项目	评价内容及得分条件	评分标准	配分	得分
4	工具、设备和软件使用能力 （岗位所需工具设备的使用能力） （办公软件的使用能力） （查询软件的使用能力）	□（1）能正确选用维修工具、检测工具（3 分） □（2）能正确使用点火线圈拉拔器（3 分） □（3）能正确使用塞尺进行检测（4 分）	依据得分条件进行评分，按要求完成在□打√，未按要求完成在□打×并扣除对应分数，扣分不得超 10 分	10	
5	分析能力 （诊断分析） （检测分析） （调校分析）	□（1）能判断火花塞类型（3 分） □（2）能判断火花塞间隙是否正常（3 分） □（3）能判断火花塞外观是否正常（4 分）	依据得分条件进行评分，按要求完成在□打√，未按要求完成在□打×并扣除对应分数，扣分不得超 10 分	10	
6	表单填写与报告撰写能力 （电子工单） （纸质工单） （任务记录单）	□（1）字迹清晰（1 分） □（2）语句通顺（1 分） □（3）无错别字（1 分） □（4）无涂改（1 分） □（5）无抄袭（1 分）	依据得分条件进行评分，按要求完成在□打√，未按要求完成在□打×并扣除对应分数，扣分不得超 5 分	5	

自　测

一、判断题

（1）火花塞连接在点火线圈次级绕组末端。（　　）

（2）火花塞电极间隙通常为 0.9～1.1 mm。（　　）

（3）火花塞连接在点火线圈次级绕组末端。（　　）

二、单选题

（1）点火模块接收（　　）的点火控制信号，当点火模块接收到点火指令时，点火控制器三极管导通，初级电流流过初级绕组产生磁场。

A. ECU　　B. 初级线圈

C. 火花塞　　D. 次级线圈

（2）火花塞主要由陶瓷绝缘体、接线螺杆、接线螺母、中心电极和（　　）等组成。

A. 密封圈　　B. 连接器

C. 塑料壳　　D. 侧电极

评价与反馈

一、学习目标自我检查

序号	学习目标	完成情况（在相应的选项后打√）		
		能	不能	如果不能，是什么原因
1	讲述点火线圈的结构			
2	能基本讲述火花塞的功用和结构			
3	能讲述火花塞常见故障的检查和维修方法			
4	对自己的学习和工作效果做出自我评价			

二、日常表现评价（由小组长或者组内成员评价）

序号	日常表现项目	完成情况（在相应栏目后打√）		分数
1	工作页填写情况	填写完整		10
		缺失 0～20%		8
		缺失 20% ～40%		6
		缺失 40% 以上		2
2	工作着装是否规范	着校服（工作服），未穿拖鞋、凉鞋		10
		未穿校服或穿拖鞋、凉鞋		8
		偶尔会不穿校服，穿拖鞋、凉鞋		6
		始终不穿校服，穿拖鞋、凉鞋		2
3	参与工作现场 7S 工作	积极主动参与 7S 工作		10
		在组长的要求下能参与 7S 工作		8
		在组长的要求下能参与 7S 工作，但效果差		6
		不愿意参加 7S 工作		2
4	操作作业时， 有无警示其他同学	有警示		10
		无警示		0
5	考勤情况	全勤		10
		缺勤 0～20%（有请假）		8
		缺勤 0～20%（旷课）		6
		缺勤 20% 以上		2
6	总体评价该同学	非常优秀		10
		比较优秀		8
		有待改进		6
		急需改进		2
总分				

班级： 学生签名： 年 月 日

三、教师总体评价

评价项目	完成情况（在相应栏目后打√）		分数
对该同学所在小组整体印象评价	组长负责，组内学习气氛好		25
	组长能组织组员按要求完成学习任务，个别组员不能达到学习目标		10
	组内有 30% 以上的学生不能达到学习目标		5
	组内大部分学生不能达到学习目标		0
总分			

教师签名：　　　　　　年　月　日

任务四　曲轴位置传感器检修

知识介绍

曲轴位置传感器又称为发动机转速与曲轴转角传感器，安装在曲轴的前部、中部或飞轮上，是控制点火时刻、确认曲轴位置不可或缺的信号源，如图 7-32 所示。

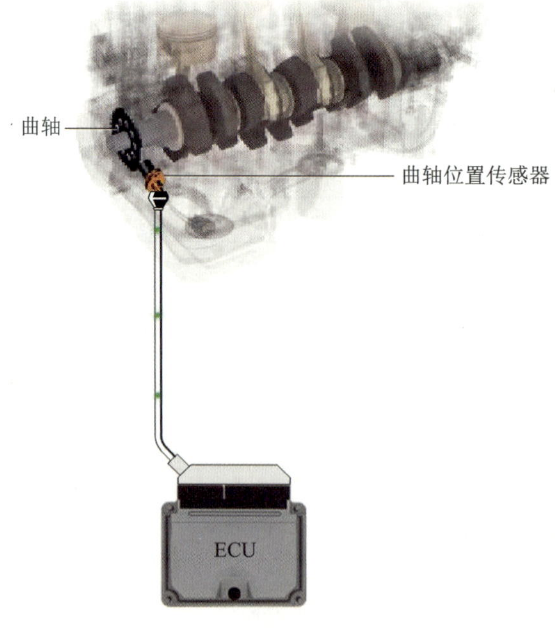

图 7-32　曲轴位置传感器

一、曲轴位置传感器的功用

曲轴位置传感器的功用是采集曲轴转动角度信号、曲轴位置信号和发动机转速信号，并将这些信号输入 ECU，ECU 接收到这些信号后控制燃油喷射量、喷油正时、点火时刻（点火提前角）、点火线圈通电时间、怠速转速及电动燃油泵的运行等。

曲轴位置传感器采集发动机转速信号，用来决定基本喷油量和基本点火提前角；曲轴位置传感器采集曲轴位置信号，用以计算曲轴转角，判定曲轴（或活塞）位置。曲轴位置传感器输出波形如图 7-33 所示。

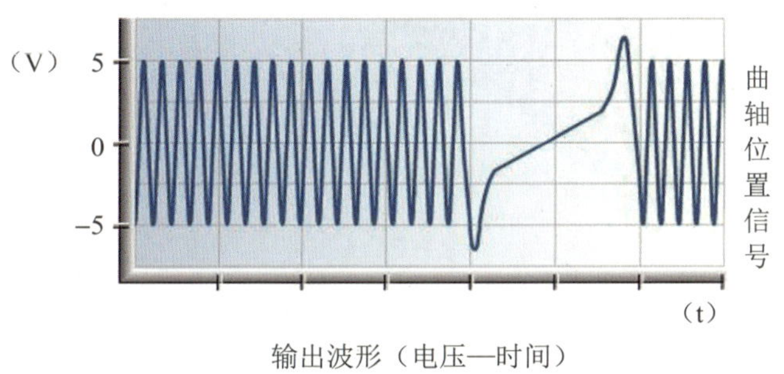

图 7-33　曲轴位置传感器输出波形

二、曲轴位置传感器的结构

曲轴位置传感器是发动机电子控制系统中最重要的传感器之一，可分为磁感应式、霍尔式和光电式三种，如图 7-34 所示。其中最常用的是磁感应式曲轴位置传感器和霍尔式曲轴位置传感器。

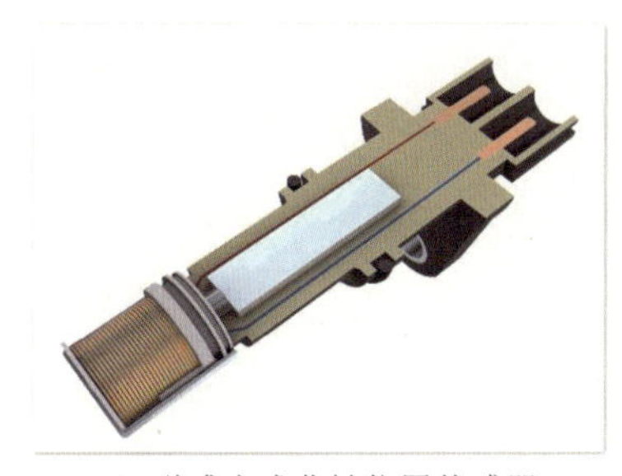

（a）磁感应式曲轴位置传感器

（b）霍尔式曲轴位置传感器

（c）光电式曲轴位置传感器

图 7-34　曲轴位置传感器的分类

磁感应式曲轴位置传感器主要由铁心、永久磁铁、插接器针脚、线圈、壳体、密封圈等组成，如图 7-35 所示。其中永久磁铁上带有一个传感器磁头，传感器磁头与导磁板连接构成导磁回路。

霍尔式曲轴位置传感器主要由永久磁铁、插接器、霍尔元件、导磁软铁、连接支架等组成，如图 7-36 所示。

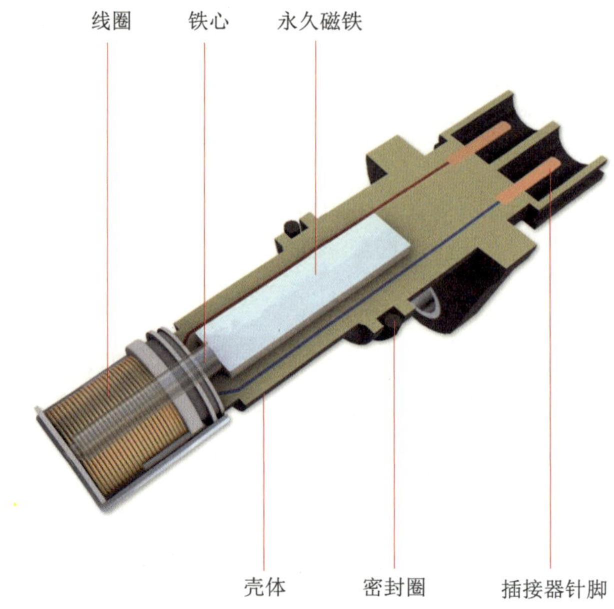

图 7-35　磁感应式曲轴位置传感器结构

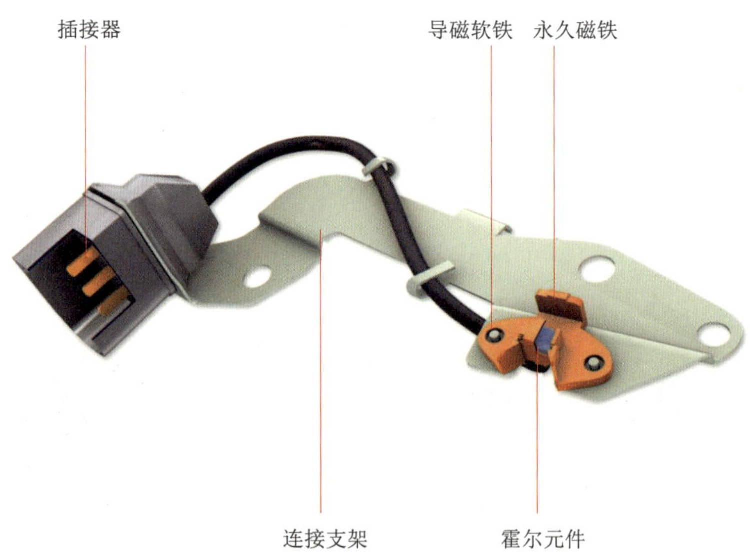

图 7-36　霍尔式曲轴位置传感器结构

决　策

（1）准备好所需设备、工具、资料等。

（2）确定车辆信息。

（3）分组并选出负责人。

工作内容：曲轴位置传感器检测	完成时间：
参考资料：	
实训设备：	
分组情况	
负责人： 组　员：	

计　划

（1）严格按照维修手册要求的流程进行操作。

（2）对曲轴位置传感器的拆装要使用专用工具。

（3）各螺栓拧紧力矩符合要求。

（4）听从老师管理，禁止随意操作实训车辆、设备等。

（5）安全操作，禁止明火。

（6）做好 7S 管理。

实　施

一、曲轴位置传感器检测操作规范

（一）读取故障码

（1）打开故障诊断接口盖，将汽车故障诊断仪连接到诊断接口 DLC3 上，如图 7-37 所示，点火开关置于 ON 位置，打开故障诊断仪。

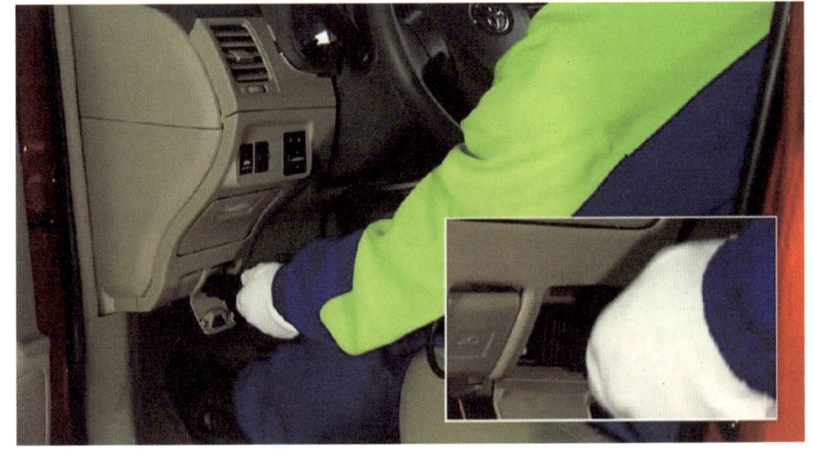

图 7-37　连接故障诊断仪

（2）选择菜单项 Powertrain/Engine and ECT/DTC。

（3）读取故障诊断仪上的故障码。

P0335：曲轴位置传感器“A”电路；

P0339：曲轴位置传感器“A”电路间歇性故障。

若输出除故障码 P0335、P0339 以外的故障码，则排除是曲轴位置传感器异常导致的故障。

（二）读取数据流

（1）选择菜单项 Powertrain/Engine and ECT/Data List/Engine Speed。

（2）起动发动机，发动机运转时读取故障诊断仪上的检测值，记录检测值。若检测值为 0，则说明曲轴位置传感器电路可能存在断路或短路。

（三）检测曲轴位置传感器脉冲波形

（1）起动发动机，使发动机暖机。

（2）发动机处于怠速运转状态时，打开示波器电源开关，调整示波器量程为 5 V/格、20 ms/格，检测以下两端子间的脉冲波形：B31-122（NE+）与 B31-121（NE-）。

（3）比对正常波形，分析检测波形，如图 7-38 所示。

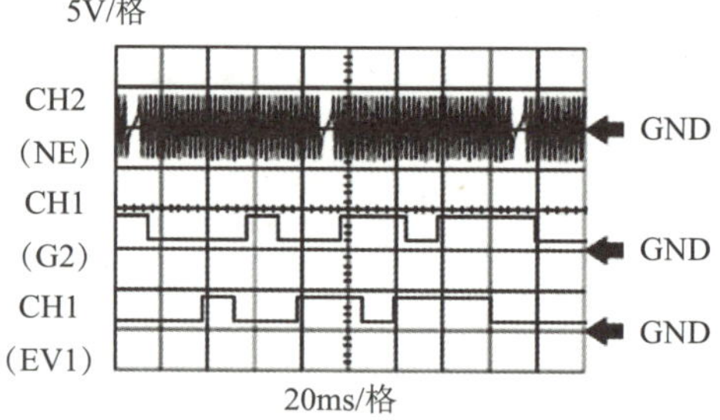

图 7-38　曲轴位置传感器脉冲波形

（四）检测曲轴位置传感器电阻

（1）断开曲轴位置传感器插接器。

（2）将万用表旋转至电阻（Ω）挡，检测曲轴转速传感器电阻，如图 7-39 所示。

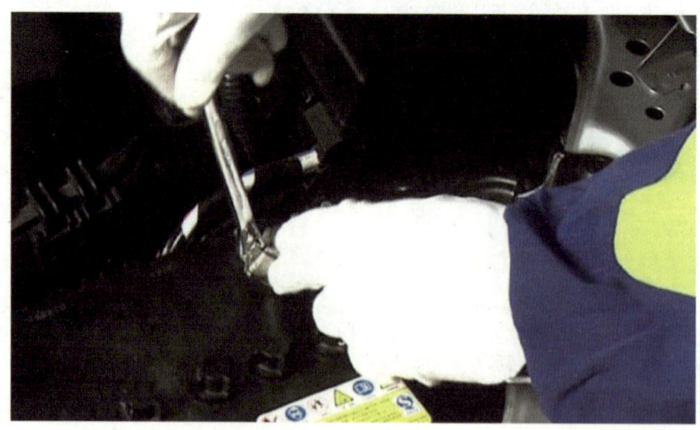

图 7-39　检测曲轴位置传感器电阻

记录检测数据并与下表中数据进行比对，若检测数据不在规定范围内，则需更换曲轴位置传感器。

检测端子	检测条件	标准值
1 与 2	20 ℃	1 850～2 450 Ω

（五）检查曲轴位置传感器电路

（1）断开蓄电池负极电缆。

（2）分离 ECM（B31）线束插接器，如图 7-40 所示。

图 7-40 分离 ECM（B31）线束插接器

（3）举升车辆，按照举升机操作规范，举升车辆至合适高度，分离曲轴位置传感器插接器，如图 7-41 所示。

图 7-41 分离曲轴位置传感器插接器

（4）选用数字万用表，将数字万用表旋转开关置于电阻（Ω）挡，连接数字万用表，如图 7-42 所示，测量电阻值，如图 7-43 所示。

图 7-42　连接数字万用表

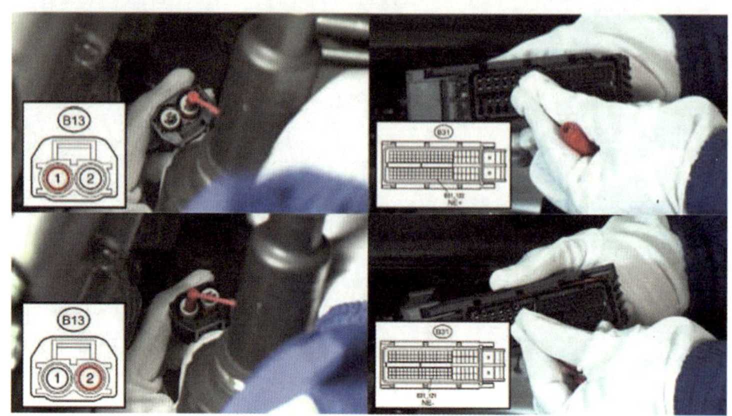

图 7-43　测量电阻值

检测端子	检测条件	标准值
B13-1 与 B31-122（NE+）	始终	小于 1Ω
B13-2 与 B31-121（NE-）	始终	小于 1Ω

检测导线与车身两端子间的电阻，记录检测数据，如图 7-44 所示。

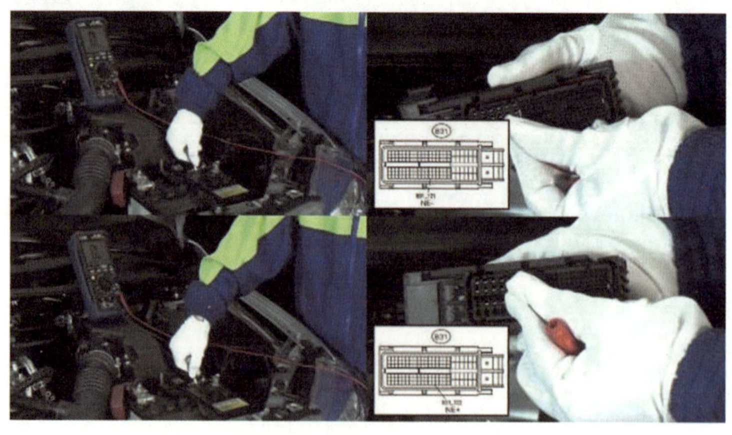
图 7-44　检测导线与车身两端子间的电阻

将检测数据与下表中数据进行比对，若检测数据不在规定范围内，则说明曲轴位置传感器与 ECU 之间电路存在断路故障。

检测端子	检测条件	标准值
B13-1 与车身搭铁	始终	10 kΩ 或更大
B13-2 与车身搭铁	始终	10 kΩ 或更大

（5）重新连接曲轴位置传感器线束插接器，如图 7-45 所示。

图 7-45 重新连接曲轴位置传感器线束插接器

（6）降下车辆，重新连接 ECU 插接器。

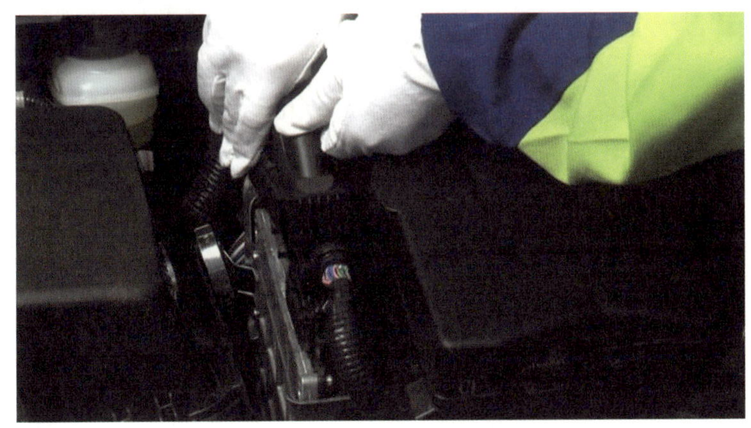

图 7-46 连接 ECU 插接器

（六）检查曲轴位置传感器安装情况

检查曲轴位置传感器安装是否牢固。

（七）检查曲轴位置传感器信号盘

检查曲轴位置传感器信号盘齿有无裂纹或变形。若曲轴位置传感器信号盘出现裂纹或变形，则需要更换曲轴位置传感器信号盘。

二、曲轴位置传感器检测作业单及评价标准

曲轴位置传感器检测作业单

<table>
<tr><td>姓名：</td><td></td><td>考核时间：15 分钟</td><td>实训教师签字：</td><td></td></tr>
<tr><td colspan="2">作业内容</td><td colspan="3">对曲轴位置传感器进行检测</td></tr>
<tr><td colspan="2">按作业规范要求完成</td><td colspan="3">（1）读取故障码；
（2）读取数据流；
（3）检测曲轴位置传感器输出波形；
（4）检测曲轴位置传感器电阻；
（5）填写记录表；
<table>
<tr><td>测量项目</td><td>曲轴位置传感器电阻</td></tr>
<tr><td>标准值</td><td>1 850～2 450Ω</td></tr>
<tr><td>测量值</td><td></td></tr>
<tr><td>结果分析</td><td></td></tr>
</table>
（6）检查曲轴位置传感器电路；
（7）填写记录表；
<table>
<tr><td>测量项目</td><td>曲轴位置传感器插接器端子电阻</td></tr>
<tr><td>标准值</td><td><1Ω</td></tr>
<tr><td>测量值</td><td></td></tr>
<tr><td>结果分析</td><td></td></tr>
</table>
<table>
<tr><td>测量项目</td><td>导线与车身电阻</td></tr>
<tr><td>标准值</td><td>⩾10 kΩ</td></tr>
<tr><td>测量值</td><td></td></tr>
<tr><td>结果分析</td><td></td></tr>
</table>
（8）检查曲轴位置传感器安装情况；
（9）检查曲轴位置传感器信号盘</td></tr>
</table>

注：处理结果时，正常打“√”，若不正常给出维修方案（维修、更换、调整）。

曲轴位置传感器检测评价标准

<table>
<tr><th>序号</th><th>评价项目</th><th>评价内容及得分条件</th><th>评分标准</th><th>配分</th><th>得分</th></tr>
<tr><td rowspan="5">1</td><td rowspan="5">操作规范
（作业安全）
（职业操守）</td><td>（1）能进行工位 7S 操作（总分 3 分）
□1）整理、整顿（0.5 分）
□2）清理、清洁（1 分）
□3）素养、节约（0.5 分）
□4）安全（1 分）</td><td rowspan="5">依据得分条件进行评分，按要求完成在□打√，未按要求完成在□打×并扣除对应分数，扣分不得超 15 分</td><td rowspan="5">15</td><td rowspan="5"></td></tr>
<tr><td>（2）能进行设备和工具安全检查（总分 3 分）
□1）检查作业工具设备是否完备（1 分）
□2）检查作业环境是否配备灭火器（1 分）
□3）检查举升机举升情况是否正常（1 分）</td></tr>
<tr><td>（3）能进行车辆安全防护操作（总分 3 分）
□1）正确安装车外三件套（1 分）
□2）正确安装车内四件套（1 分）
□3）正确安装车轮挡块（1 分）</td></tr>
<tr><td>（4）能进行工具清洁校准存放操作（总分 3 分）
□1）使用工具前对工具进行校准（1 分）
□2）使用工具后对工具进行清洁（1 分）
□3）作业完成后对工具进行复位（1 分）</td></tr>
<tr><td>（5）能进行三不落地操作（总分 3 分）
□1）作业过程中做到油液不落地（1 分）
□2）作业过程中做到水液不落地（1 分）
□3）作业过程中做到工具不落地（1 分）</td></tr>
<tr><td rowspan="3">2</td><td rowspan="3">专业能力
（应用技能）
（操作技能）
（保养作业）
（拆装作业）
（维修作业）</td><td>（1）读取故障码（总分 9 分）
□1）关闭点火开关（1 分）
□2）连接故障诊断仪至诊断接口（2 分）
□3）打开点火开关（1 分）
□4）打开故障诊断仪（1 分）
□5）选择对应品牌、型号、系统（2 分）
□6）读取故障码（2 分）</td><td rowspan="3">依据得分条件进行评分，按要求完成在□打√，未按要求完成在□打×并扣除对应分数，扣分不得超 50 分</td><td rowspan="3">50</td><td rowspan="3"></td></tr>
<tr><td>（2）读取数据流（总分 5 分）
□1）读取数据流（2 分）
□2）起动发动机，读取检测值，记录检测值，检测值与标准值对比分析（3 分）</td></tr>
<tr><td>（3）检测曲轴位置传感器输出波形（总分 8 分）
□1）发动机怠速运转时，打开示波器开关（2 分）
□2）调整示波器量程为 5 V/格、20 ms/格（2 分）
□3）连接示波器探头至曲轴位置传感器两端（1 分）
□4）对比正常波形，分析检测波形（3 分）</td></tr>
</table>

续表

序号	评价项目	评价内容及得分条件	评分标准	配分	得分
2	专业能力 （应用技能） （操作技能） （保养作业） （拆装作业） （维修作业）	（4）检测曲轴位置传感器电阻（总分 7 分） □1）关闭点火开关，断开蓄电池电缆（1 分） □2）断开曲轴位置传感器线束插接器（1 分） □3）正确使用万用表（先校准万用表，后调至电阻挡）（1 分） □4）正确将万用表正、负表笔分别接曲轴位置传感器相邻端子，检测曲轴位置传感器电阻（2 分） □5）记录检测值，对比标准值，分析检测值（2 分）	依据得分条件进行评分，按要求完成在□打√，未按要求完成在□打×并扣除对应分数，扣分不得超 50 分	50	
		（5）检查曲轴位置传感器电路（总分 17 分） □1）断开 ECU 线束插接器（1 分） □2）正确使用万用表（先校准万用表，后调至电阻挡）（2 分） □3）正确将万用表正、负表笔分别接曲轴位置传感器线束插头一端和 ECU 线束插头一端（2 分） □4）检测线束两端电阻，记录检测值（2 分） □5）对比标准值，分析检测值（2 分） □6）正确将万用表正、负表笔分别接曲轴位置传感器线束插头一端和车身搭铁（2 分） □7）检测线束一端与车身搭铁电阻，记录检测值（2 分） □8）连接曲轴位置传感器线束插接器（2 分） □9）连接 ECU 线束插接器（2 分）			
		□（6）检查曲轴位置传感器安装是否牢固（2 分）			
		□（7）检查曲轴位置传感器信号盘齿有无裂纹或变形（2 分）			
3	信息能力 （信息录入） （资料应用） （资讯检索）	（1）能正确使用维修手册查询资料（总分 4 分） □1）查询曲轴位置传感器标准数据（0.5 分） □2）查询曲轴位置传感器正常波形（0.5 分） □3）查询曲轴位置传感器标准电阻（1 分） □4）查询曲轴位置传感器线束插接器两端标准电阻（1 分） □5）查询曲轴位置传感器线束插接器与车身标准电阻（1 分）	依据得分条件进行评分，按要求完成在□打√，未按要求完成在□打×并扣除对应分数，扣分不得超 10 分	10	
		□（2）查询故障诊断仪使用方法（2 分）			
		□（3）能在规定时间内查询所需资料（2 分）			
		□（4）能正确记录查询资料章节页码（2 分）			

续表

序号	评价项目	评价内容及得分条件	评分标准	配分	得分
4	工具、设备和软件使用能力 （岗位所需工具设备的使用能力） （办公软件的使用能力） （查询软件的使用能力）	□（1）能正确选用维修工具、检测工具（4分）	依据得分条件进行评分，按要求完成在□打√，未按要求完成在□打×并扣除对应分数，扣分不得超10分	10	
		□（2）能正确使用维修工具进行拆装（3分）			
		□（3）能正确使用检测工具进行检测（3分）			
5	分析能力 （诊断分析） （检测分析） （调校分析）	□（1）能判断曲轴位置传感器故障码是否正常（2分）	依据得分条件进行评分，按要求完成在□打√，未按要求完成在□打×并扣除对应分数，扣分不得超10分	10	
		□（2）能判断曲轴位置传感器数据流是否正常（2分）			
		□（3）能判断曲轴位置传感器输出波形是否正常（3分）			
		□（4）能判断曲轴位置传感器安装是否牢固（3分）			
6	表单填写与报告撰写能力 （电子工单） （纸质工单） （任务记录单）	□（1）字迹清晰（1分）	依据得分条件进行评分，按要求完成在□打√，未按要求完成在□打×并扣除对应分数，扣分不得超5分	5	
		□（2）语句通顺（1分）			
		□（3）无错别字（1分）			
		□（4）无涂改（1分）			
		□（5）无抄袭（1分）			

自　测

一、判断题

（1）曲轴位置传感器又称为发动机转速与曲轴转角传感器，只能安装在曲轴的前部。（　　）

（2）曲轴位置传感器采集发动机转速信号，用来决定基本喷油量和基本点火提前角。（　　）

（3）磁感应式曲轴位置传感器和霍尔式曲轴位置传感器的结构中都有永久磁铁。（　　）

二、单选题

（1）曲轴位置传感器产生曲轴位置信号，用以（　　）。

A. 确定基本喷油量　　B. 计算曲轴转角，判定曲轴（或活塞）位置

C. 决定基本点火提前角　　D. 控制点火时刻

（2）磁感应式曲轴位置传感器利用（　　）产生脉冲信号。

A. 叶片　　B. ECU　　C. 示波器　　D. 信号转子

评价与反馈

一、学习目标自我检查

序号	学习目标	完成情况（在相应的选项后打√）		
		能	不能	如果不能，是什么原因
1	讲述曲轴位置传感器的功用			
2	识别曲轴位置传感器各组成部件			
3	能讲述曲轴位置传感器常见故障的检查和维修方法			
4	对自己的学习和工作效果做出自我评价			

二、日常表现评价（由小组长或者组内成员评价）

序号	日常表现项目	完成情况（在相应栏目后打√）		分数
1	工作页填写情况	填写完整		10
		缺失 0～20%		8
		缺失 20% ～40%		6
		缺失 40% 以上		2
2	工作着装是否规范	着校服（工作服），未穿拖鞋、凉鞋		10
		未穿校服或穿拖鞋、凉鞋		8
		偶尔会不穿校服，穿拖鞋、凉鞋		6
		始终不穿校服，穿拖鞋、凉鞋		2
3	参与工作现场 7S 工作	积极主动参与 7S 工作		10
		在组长的要求下能参与 7S 工作		8
		在组长的要求下能参与 7S 工作，但效果差		6
		不愿意参加 7S 工作		2
4	操作作业时，有无警示其他同学	有警示		10
		无警示		0
5	考勤情况	全勤		10
		缺勤 0～20%（有请假）		8
		缺勤 0～20%（旷课）		6
		缺勤 20% 以上		2
6	总体评价该同学	非常优秀		10
		比较优秀		8
		有待改进		6
		急需改进		2
总分				

班级：　　　　学生签名：　　　　　年　月　日

三、教师总体评价

评价项目	完成情况（在相应栏目后打√）		分数
对该同学所在小组整体印象评价	组长负责，组内学习气氛好		25
	组长能组织组员按要求完成学习任务，个别组员不能达到学习目标		10
	组内有 30% 以上的学生不能达到学习目标		5
	组内大部分学生不能达到学习目标		0
总分			

教师签名：　　　　　　年　月　日

任务五　凸轮轴位置传感器检修

知识介绍

一、凸轮轴位置传感器的功用

凸轮轴位置传感器是用来检测凸轮轴位置的一个信号装置，一般安装在凸轮轴罩盖前端对着进、排气凸轮轴前端的位置，如图 7-47 所示。

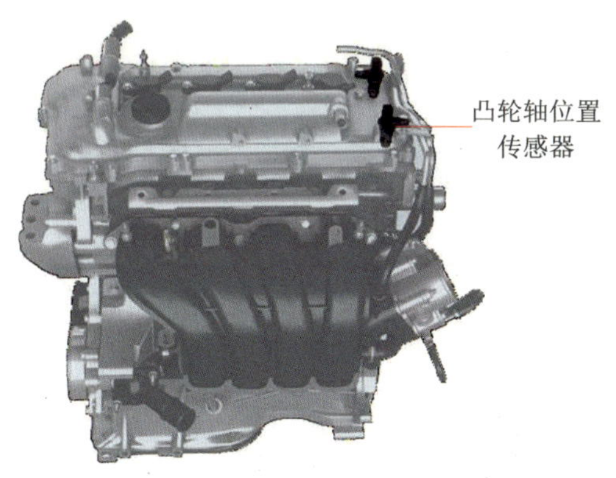

图 7-47　凸轮轴位置传感器的安装位置

凸轮轴位置传感器的功用是采集凸轮轴位置信号，并将信号输入 ECU。采集到的信号是发动机 ECU 的判缸信号，用来确定哪个气缸处于压缩状态。凸轮轴位置传感器与曲轴位置传感器配合工作，使发动机 ECU 能准确判定活塞上止点位置，从而精确地进行喷油控制、点火正时控制及配气正时控制等，如图 7-48 所示。

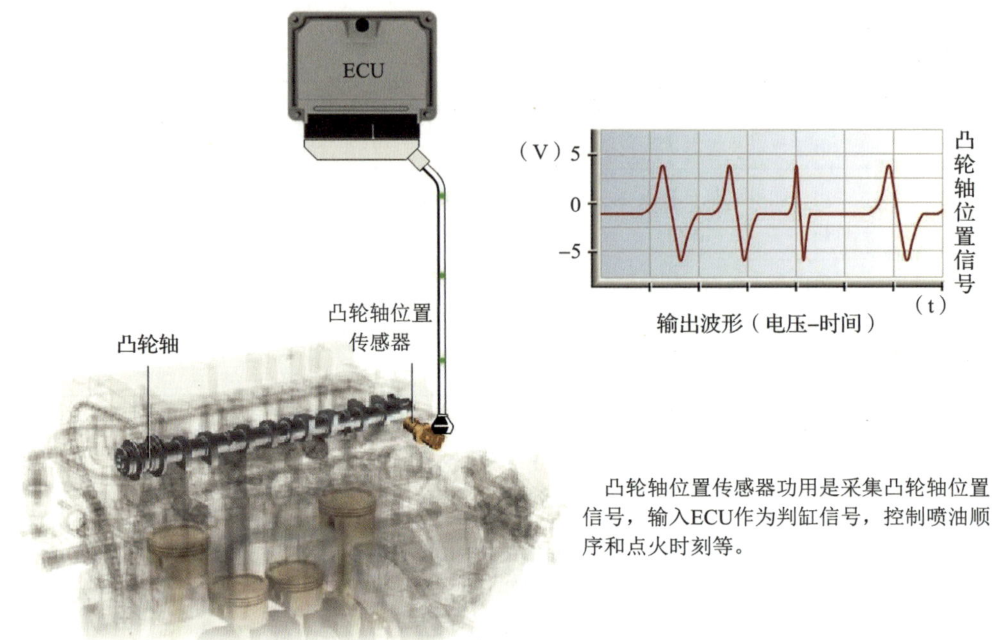

凸轮轴位置传感器功用是采集凸轮轴位置信号，输入ECU作为判缸信号，控制喷油顺序和点火时刻等。

图 7-48　凸轮轴位置传感器的功用

二、凸轮轴位置传感器的结构

与曲轴位置传感器类似，凸轮轴位置传感器也分为三种：霍尔式凸轮轴位置传感器、光电式凸轮轴位置传感器和磁感应式凸轮轴位置传感器，如图 7-49 所示。其中常用的是霍尔式凸轮轴位置传感器。

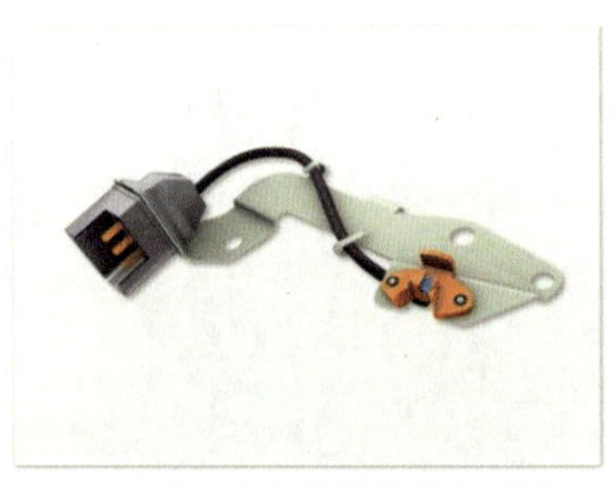

（a）霍尔式凸轮轴位置传感器

（b）光电式凸轮轴位置传感器

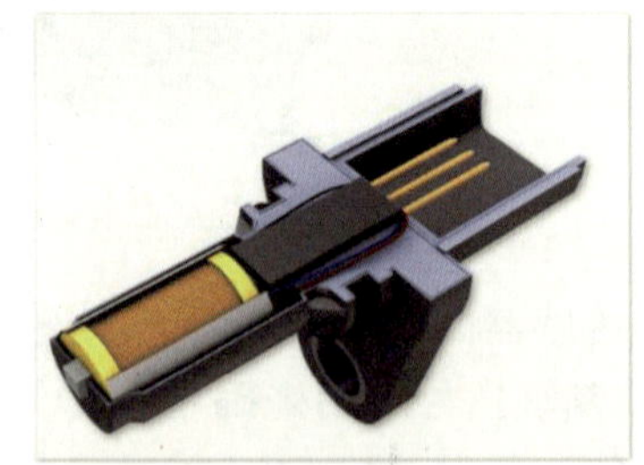

（c）磁感应式凸轮轴位置传感器

图 7-49　凸轮轴位置传感器的分类

霍尔式凸轮轴位置传感器主要由霍尔 IC、插接器针脚、壳体、密封圈等组成，如图 7-50 所示。

图 7-50　霍尔式凸轮轴位置传感器结构

决　策

（1）准备好所需设备、工具、资料等。

（2）确定车辆信息。

（3）分组并选出负责人。

工作内容：凸轮轴位置传感器检测	完成时间：
参考资料：	
实训设备：	
分组情况	
负责人： 组　员：	

计　划

（1）严格按照维修手册要求的流程进行操作。

（2）对凸轮轴位置传感器的拆装要使用专用工具。

（3）各螺栓拧紧力矩符合要求。

（4）听从老师管理，禁止随意操作实训车辆、设备等。

（5）安全操作，禁止明火。

（6）做好7S管理。

实　施

一、读取故障码

（1）打开故障诊断接口盖，将汽车故障诊断仪连接到诊断接口DLC3上，点火开关置于ON位置，打开故障诊断仪。

（2）选择菜单项Powertrain/Engine and ECT/DTC。

（3）读取故障诊断仪上的故障码。

P0340：凸轮轴位置传感器电路故障；

P0342：凸轮轴位置传感器“A”电路低输入；

P0343：凸轮轴位置传感器“A”电路高输入。

若输出除故障码P0340、P0342、P0343以外的故障码，则可排除凸轮轴位置传感器故障。

二、检测凸轮轴位置传感器脉冲波形

（1）起动发动机，使发动机暖机。

（2）发动机处于怠速运转状态时，打开示波器电源开关，调整示波器量程为5 V/格、10 ms/格，检测以下两端子间的脉冲波形：B21-1-B21-2与B20-1-B20-2，如图7-51所示。

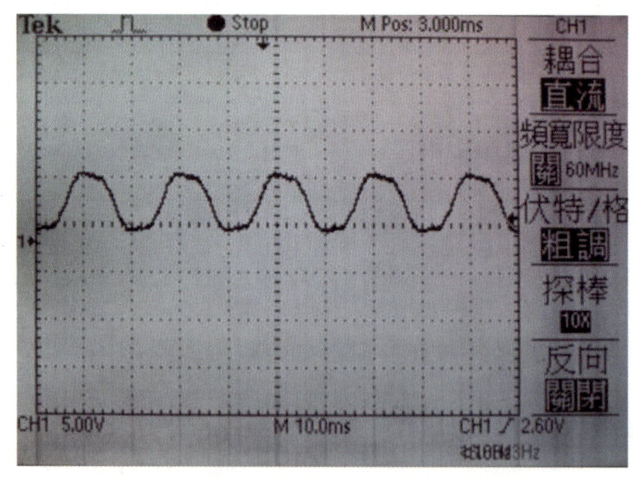

图7-51　检测凸轮轴位置传感器脉冲波形

（3）比对正常波形，分析检测波形。

三、检查凸轮轴位置传感器信号电压

（1）按下凸轮轴位置传感器锁舌，分离凸轮轴位置传感器线束插接器，如图7-52所示。

图 7-52　分离凸轮轴位置传感器线束插接器

（2）将点火开关置于 ON 位置，选用数字万用表，将数字万用表旋转开关置于电压（V）挡，如图 7-53 所示。

图 7-53　将数字万用表旋转开关置于电压（V）挡

检测两端子之间电压，记录检测数据并与下表中数据进行比对。若检测数据不在规定范围内，则需检查凸轮轴位置传感器电源电路。

检查内容	检测端子	检测条件	标准值
进气凸轮轴位置传感器	B21-3 与车身搭铁	点火开关置于 ON 位置	4.5～5.0 V
排气凸轮轴位置传感器	B20-3 与车身搭铁		

四、检查凸轮轴位置传感器线束插接器

（1）断开蓄电池负极电缆。

（2）分离 ECU 线束插接器，如图 7-54 所示，拉出 ECU 线束插接器。

（3）选用数字万用表，将数字万用表旋转开关置于电阻（Ω）挡。

检测端子之间电阻，记录检测数据并与下表中数据进行比对。若检测数据不在规定范围内，则说明凸轮轴位置传感器与 ECU 之间电路存在断路故障。

图 7-54　分离 ECU 线束插接器

<table>
<tr><th>检查内容</th><th>检测端子</th><th>检测条件</th><th>标准值</th></tr>
<tr><td rowspan="3">进气凸轮轴位置传感器</td><td>B21-1 与 B31-99</td><td rowspan="5">断开蓄电池负极电缆</td><td rowspan="5">小于 1Ω</td></tr>
<tr><td>B21-2 与 B31-98</td></tr>
<tr><td>B21-3 与 B31-70</td></tr>
<tr><td rowspan="2">排气凸轮轴位置传感器</td><td>B20-1 与 B31-76</td></tr>
<tr><td>B20-2 与 B31-75</td></tr>
</table>

检测端子之间电阻，记录检测数据并与下表中数据进行比对。若检测数据不在规定范围内，则说明凸轮轴位置传感器与 ECU 之间电路存在短路故障。

<table>
<tr><th>检查内容</th><th>检测端子</th><th>检测条件</th><th>标准值</th></tr>
<tr><td rowspan="3">进气凸轮轴位置传感器</td><td>B21-1 与车身搭铁</td><td rowspan="5">断开蓄电池负极电缆</td><td rowspan="5">10 kΩ 或更大</td></tr>
<tr><td>B21-2 与车身搭铁</td></tr>
<tr><td>B21-3 与车身搭铁</td></tr>
<tr><td rowspan="2">排气凸轮轴位置传感器</td><td>B20-1 与车身搭铁</td></tr>
<tr><td>B20-2 与车身搭铁</td></tr>
</table>

（4）重新连接 ECU 线束插接器。

（5）重新连接蓄电池负极电缆。

（6）重新连接凸轮轴位置传感器线束插接器。

五、检查凸轮轴位置安装情况

检查凸轮轴位置传感器与装配表面之间是否有间隙，若有，则重新牢固安装凸轮轴位置传感器。

六、任务检查

（1）使用故障诊断仪检查车辆，读取故障码，检查故障码是否还存在。

（2）起动车辆，检查汽车故障是否消失。

自 测

一、判断题

（1）凸轮轴位置传感器是检测凸轮轴位置的一个信号装置。 （　　）

（2）凸轮轴位置传感器采集到的信号是发动机 ECU 的判缸信号，用来确定哪个气缸处于非压缩状态。 （　　）

（3）凸轮轴位置传感器与曲轴位置传感器分开工作，没有任何联系。 （　　）

二、单选题

（1）凸轮轴位置传感器的功用是采集凸轮轴位置信号，并将信号输入（　　）。

A. 凸轮轴　　B. 凸轮轴位置传感器　　C. ECU　　D. 电流表

（2）霍尔式凸轮轴位置传感器利用（　　）来改变通过霍尔 IC 的磁场强度。

A. 叶片　　B. 磁铁　　C. 软铁　　D. 霍尔 IC

评价与反馈

一、学习目标自我检查

序号	学习目标	完成情况（在相应的选项后打√）		
		能	不能	如果不能，是什么原因
1	讲述凸轮轴位置传感器的功用			
2	识别凸轮轴位置传感器各组成部件			
3	能讲述凸轮轴位置传感器常见故障的检查和维修方法			
4	对自己的学习和工作效果做出自我评价			

二、日常表现评价（由小组长或者组内成员评价）

序号	日常表现项目	完成情况（在相应栏目后打√）		分数
1	工作页填写情况	填写完整		10
		缺失 0～20%		8
		缺失 20%～40%		6
		缺失 40% 以上		2
2	工作着装是否规范	着校服（工作服），未穿拖鞋、凉鞋		10
		未穿校服或穿拖鞋、凉鞋		8
		偶尔会不穿校服，穿拖鞋、凉鞋		6
		始终不穿校服，穿拖鞋、凉鞋		2

续表

序号	日常表现项目	完成情况（在相应栏目后打√）		分数
3	参与工作现场 7S 工作	积极主动参与 7S 工作		10
		在组长的要求下能参与 7S 工作		8
		在组长的要求下能参与 7S 工作，但效果差		6
		不愿意参加 7S 工作		2
4	操作作业时， 有无警示其他同学	有警示		10
		无警示		0
5	考勤情况	全勤		10
		缺勤 0～20%（有请假）		8
		缺勤 0～20%（旷课）		6
		缺勤 20% 以上		2
6	总体评价该同学	非常优秀		10
		比较优秀		8
		有待改进		6
		急需改进		2
总分				

班级：　　　　学生签名：　　　　　年　月　日

三、教师总体评价

评价项目	完成情况（在相应栏目后打√）		分数
对该同学所在 小组整体印象评价	组长负责，组内学习气氛好		25
	组长能组织组员按要求完成学习任务，个别组员不能达到学习目标		10
	组内有 30% 以上的学生不能达到学习目标		5
	组内大部分学生不能达到学习目标		0
总分			

教师签名：　　　　　年　月　日

项目八　进、排气系统的结构与检修

学习目标

（1）能够根据故障现象初步对进、排气系统做出故障判断并做出下一步诊断计划。

（2）能够查阅维修手册，按照正确流程对进、排气系统进行拆装和检查。

（3）能够遵守操作规范、劳动纪律和环保的要求。

（4）能够用资料说明、核查、评价自身的工作成果。

学习内容

（1）进、排气系统工作原理。

（2）进、排气系统相关部件的拆装方法。

（3）进、排气系统故障诊断。

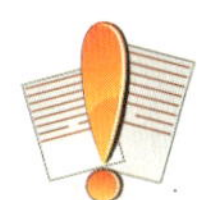

案例导入

一辆 2018 款迈腾 330TSI DSG，EA888 发动机，DCT 双离合变速器，涡轮增压，行驶里程 16 万千米。

故障现象：发动机起动后抖动严重，排气管有节奏地“放炮”，急加速时噪声极大。客户要求尽快检修。

知识介绍

一、进气系统

进气系统的功用是在发动机工作循环时，不断地将空气或混合气送入燃烧室，又将燃烧后的废气排到大气中，保证内燃机连续运转。进气系统的组成如图 8-1 所示。

空气滤清器的功用是滤去空气中的尘埃和杂质，将清洁的空气（或空气与燃油的可燃混合气）送入燃烧室，以减少活塞与气缸套之间、活塞组之间和气门组之间的磨损。此外还能抑制内燃机的进气噪声。在一些汽油机上，为了减少有害气体的排放，还在空气滤清器上加装了一些附加装置。空气滤清器的组成如图 8-2 所示。

节气门按驱动方式分为机械式节气门和电子节气门，其功能是控制发动机进气量。节气门的结构如图 8-3 所示。

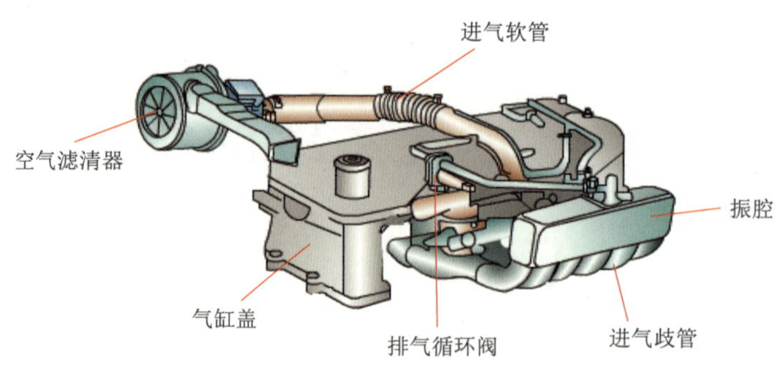

图 8-1　进气系统的组成

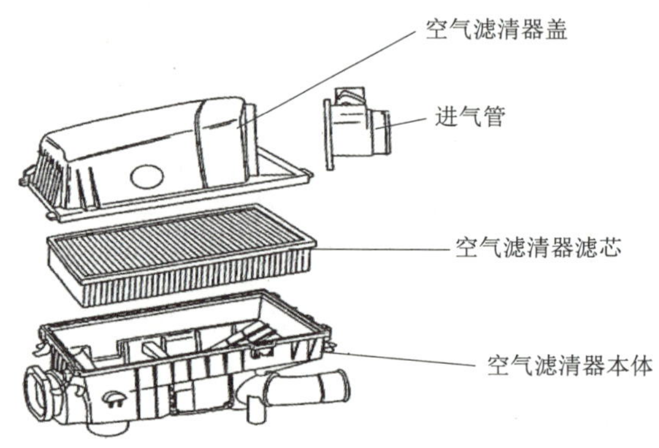

图 8-2　空气滤清器的组成

进气歧管尽可能均匀地将空气、燃油混合气分配到各个气缸，为此进气歧管内气体流道的长度应尽可能相等。为了减小气体流动阻力，提高进气能力，进气歧管的内壁应该光滑。利用一定长度和直径的进气歧管与一定容积的谐振室组成谐振进气系统，在特定的转速下，就会在进气门关闭之前，在进气歧管内产生大幅度的压力波，使进气歧管的压力增高，从而增加进气量。进气歧管垫的功用主要是密封和降低噪声。进气歧管的结构如图 8-4 所示。

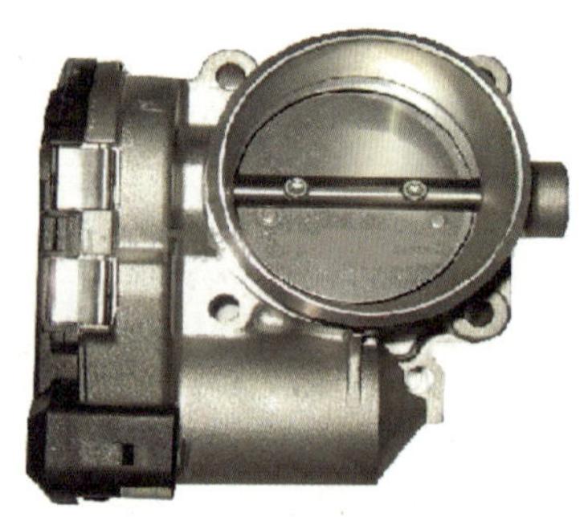
图 8-3　节气门的结构

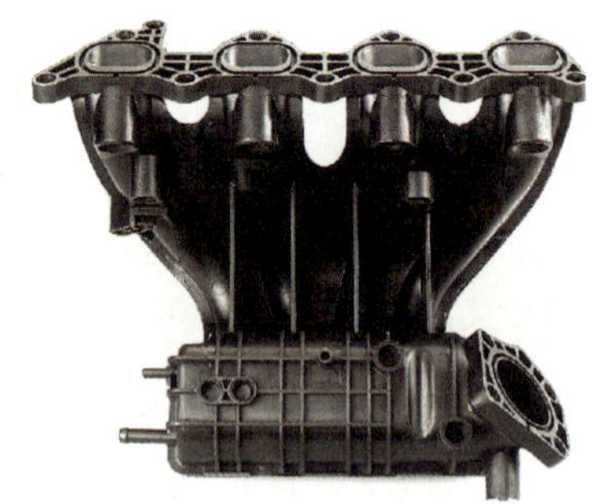
图 8-4　进气歧管的结构

二、排气系统

排气系统由排气歧管、消声器、三元催化转换器和氧化催化转换器等组成。排气系统的结构如图 8-5 所示。

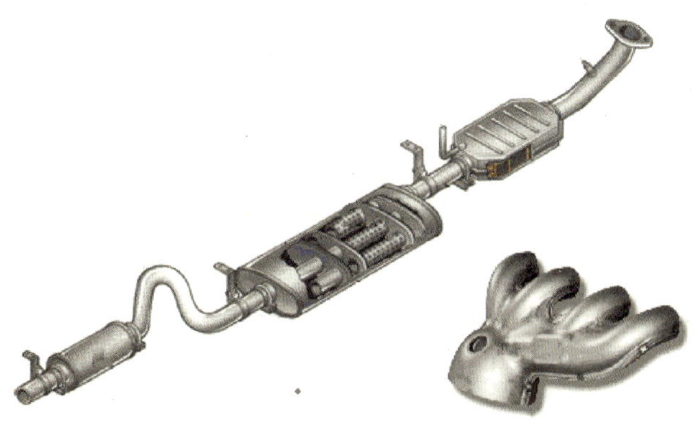

图 8-5 排气系统的结构

（一）排气歧管

排气歧管一般由铸铁或球墨铸铁制造，目前越来越多的现代汽车采用了不锈钢排气歧管，因为其具有质量轻、耐久性好、内壁光滑、排气阻力小等特点。排气歧管的形状也十分重要，为了不使各缸排气相互干扰和不出现排气倒流现象，并且尽可能地利用惯性排气，应将排气歧管做得尽可能长，而且各缸歧管相互独立，长度相等。排气歧管垫和接口垫主要起防止排气漏气和消音的作用。排气歧管的结构如图 8-6 所示。

图 8-6 排气歧管的结构

（二）消声器

消声器通过逐渐降低排气压力和衰减排气压力的脉动，使排气能量耗散殆尽（降低噪声）。消声器的结构如图 8-7 所示。

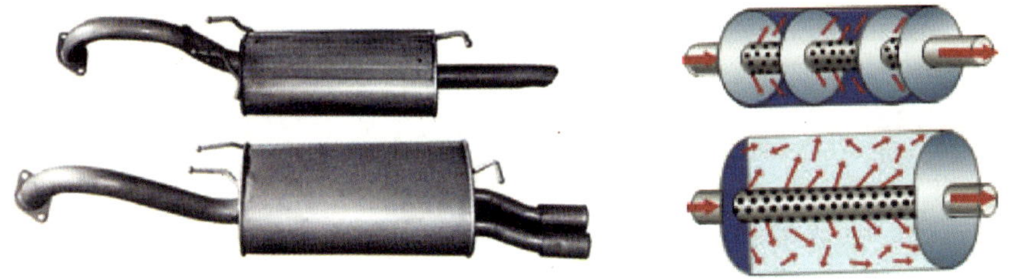

图 8-7 消声器的结构

（三）三元催化转换器和氧化催化转换器

三元催化转换器可同时减少 HC、CO 和 NO_x 的排放，它以排气中的 CO 和 HC 作为还原剂，把 NO_x 还原为氮（N_2）和氧（O_2），而 CO 和 HC 在还原反应中被氧化为 CO_2 和 H_2O。

氧化催化转换器只将排气中的 CO 和 HC 氧化为 CO_2 和 H_2O。必须向氧化催化转换器供给二次空气作为氧化剂，才能使其有效地工作。

当同时采用两种转换器时，通常把二者放在同一个转换器外壳内，而且三元催化转换器置于氧化催化转换器前面。排气经过三元催化转换器之后，部分未被氧化的 CO 和 HC 继续在氧化催化转换器中与供入的二次空气进行氧化反应。

拓展学习

大众 EA888
发动机进气系统

决　策

（1）准备好所需设备、工具、资料等。
（2）确定车辆信息。
（3）分组并选出负责人。

<table>
<tr><td>工作内容：检修进、排气系统</td><td>完成时间：</td></tr>
<tr><td colspan="2">参考资料：</td></tr>
<tr><td colspan="2">实训设备：</td></tr>
<tr><td colspan="2">分组情况</td></tr>
<tr><td colspan="2">负责人：

组　员：</td></tr>
</table>

计　划

（1）严格按照维修手册要求的流程进行操作。
（2）对特殊零部件的拆解要使用专用工具。
（3）各螺栓拧紧力矩符合要求。
（4）听从老师管理，禁止随意操作实训车辆、设备等。
（5）安全操作，禁止明火。
（6）做好 7S 管理。

实　施

（1）对进、排气系统相关部件进行拆装。
（2）写出进气系统的组成。

（3）写出排气系统的组成。

自　测

一、判断题

（1）空气滤清器可以滤去空气中的尘埃和杂质。（　　）

（2）电子节气门的功能是控制发动机进气量。（　　）

（3）三元催化转换器可同时减少 HC、CO 和 NO_x 的排放。（　　）

（4）三元催化转换器和氧化催化转换器不能共用，因相互会产生干涉，影响催化效果。（　　）

（5）排气歧管应做得尽可能长。（　　）

二、思考题

进、排气系统泄漏，分别会导致什么故障？

评价与反馈

一、学习目标自我检查

序号	学习目标	完成情况（在相应的选项后打√）		
		能	不能	如果不能，是什么原因
1	叙述发动机进、排气系统的基本组成、作用和工作原理			
2	叙述发动机进、排气系统安装位置			
3	识别发动机进、排气系统的主要零部件			
4	识别发动机基本术语及参数			
5	对自己的学习和工作效果做出自我评价			

二、日常表现评价（由小组长或者组内成员评价）

序号	日常表现项目	完成情况（在相应栏目后打√）		分数
1	工作页填写情况	填写完整		10
		缺失 0～20%		8
		缺失 20% ～40%		6
		缺失 40% 以上		2

续表

序号	日常表现项目	完成情况（在相应栏目后打√）		分数
2	工作着装是否规范	着校服（工作服），未穿拖鞋、凉鞋		10
		未穿校服或穿拖鞋、凉鞋		8
		偶尔会不穿校服，穿拖鞋、凉鞋		6
		始终不穿校服，穿拖鞋、凉鞋		2
3	参与工作现场 7S 工作	积极主动参与 7S 工作		10
		在组长的要求下能参与 7S 工作		8
		在组长的要求下能参与 7S 工作，但效果差		6
		不愿意参加 7S 工作		2
4	操作作业时，有无警示其他同学	有警示		10
		无警示		0
5	考勤情况	全勤		10
		缺勤 0～20%（有请假）		8
		缺勤 0～20%（旷课）		6
		缺勤 20% 以上		2
6	总体评价该同学	非常优秀		10
		比较优秀		8
		有待改进		6
		急需改进		2
总分				

班级：　　　　学生签名：　　　　年　月　日

三、教师总体评价

评价项目	完成情况（在相应栏目后打√）		分数
对该同学所在小组整体印象评价	组长负责，组内学习气氛好		25
	组长能组织组员按要求完成学习任务，个别组员不能达到学习目标		10
	组内有 30% 以上的学生不能达到学习目标		5
	组内大部分学生不能达到学习目标		0
总分			

教师签名：　　　　年　月　日

项目九　电控系统的结构与检修

学习目标

（1）了解发动机电控系统的发展、分类及应用。
（2）了解发动机电控系统的组成和工作原理。
（3）基本掌握空气供给系统的组成和工作原理。

学习内容

（1）全面认识发动机电控系统，能够找出、识别发动机电控系统的主要传感器、执行器、ECU 等部件。

（2）能识别空气供给系统主要传感器、执行器等部件，并对主要零部件进行拆装。

案例导入

一辆 2017 款捷达，EA211 发动机，行驶 15 万千米。客户反映该车辆发动机起动正常，但发动机性能下降，慢加速时发动机工作正常，而急加速时回火，同时发现发动机故障报警灯闪烁，供油异常。

任务一　汽油发动机电控系统概述

知识介绍

一、发动机电控系统的发展

汽车发动机电控系统的发展始于 20 世纪 60 年代，分为以下三个阶段。

第一阶段：从 20 世纪 60 年代中期到 20 世纪 70 年代中期，主要是为了改善汽车部分性能而进行的技术改造，如在车上装了晶体管收音机。

第二阶段：从 20 世纪 70 年代末期到 20 世纪 90 年代中期，为解决安全、污染和节能三大问题，研制出电控汽油喷射系统、电子控制防滑制动装置和电控点火系统。

第三阶段：20 世纪 90 年代中期以后，电子技术广泛地应用在底盘、车身和车用柴油发动机等多个领域，各种电控系统日趋完善，汽车电子化已经达到相当高的程度。目前，应用在电控发动机上的电子控制系统主要有电控燃油喷射（EFI）系统、电控点火（ESA）系统、怠速控制（ISC）系统、排放控制系统、进气控制系统、增压控制系统、巡航控制系统、警告提示、自诊断与报警系统、失效保护系统、应急备用系统和其他控制系统。

二、发动机电控系统对发动机性能的影响

发动机电控系统以蓄电池为电源，以直流电动机为动力，通过传动机构和控制装置进行工作。

自从 1953 年美国本迪克斯公司开始对电控燃油喷射系统进行研究以来，到目前为止，电控燃油喷射技术已经相当完善。发动机电控系统在汽车上的零部件分配如图 9-1 所示。

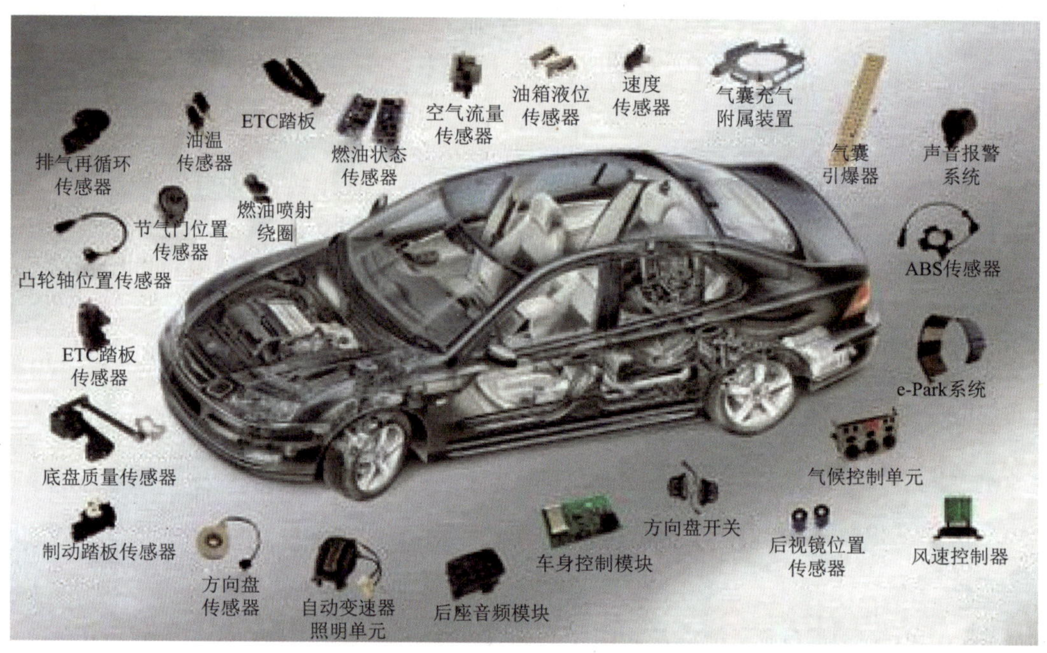

图 9-1 发动机电控系统在汽车上的零部件分配

发动机电控系统在汽车上的广泛应用，使得汽车在动力性、经济性、排放性、舒适性等方面都得到了整体的优化。

电控系统对发动机性能的影响及主要优点如下：

（1）提高发动机的动力性。

（2）提高发动机的燃油经济性。

（3）降低排放污染。

（4）改善发动机的加速和减速性能。

（5）改善发动机的起动性能。

因此，采用电控系统的电控发动机已经成为现代汽车发动机的主流，目前已经全部取代化油器发动机。

三、发动机电控系统的分类

（一）按控制方式不同分类

1. 开环控制系统

如果系统的输出端与输入端之间不存在反馈回路，输出量对系统的控制作用没有影响，该系统就称为开环控制系统，如图 9-2 所示。

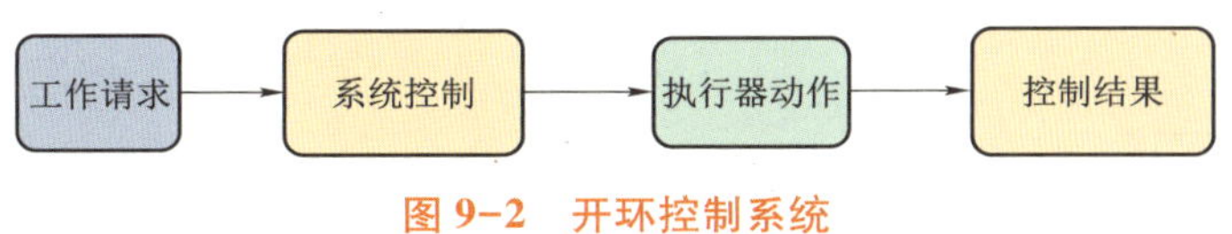

图 9-2　开环控制系统

2. 闭环控制系统

凡是系统的输出端与输入端之间存在反馈回路，即输出量对控制作用有直接影响的系统，就称为闭环控制系统，如图 9-3 所示。

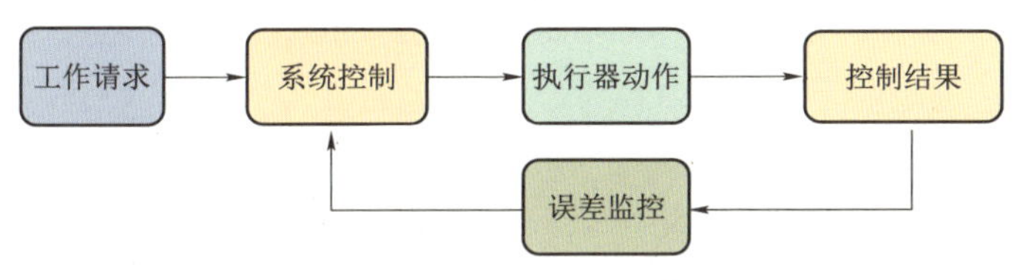

图 9-3　闭环控制系统

3. 自适应控制系统

自适应控制系统就是当环境条件或结构参数产生不可预计的变化时，系统能够自行调整或修改系统的参数值，使系统在任何环境条件下，都保持满意性能的控制系统。

（二）按燃油喷射类型不同分类

按燃油喷射类型不同，发动机电控系统可分为机械控制式、机电混合控制式、电子控制式。电子控制式又有几种典型的控制系统，如 D 型电子控制式、LH 型电子控制式、L 型电子控制式、M 型电子控制式等。

燃油喷射系统可以根据喷油器安装位置不同分为单点和多点燃油喷射系统，如图 9-4 所示，多点燃油喷射系统又可以分为缸内直接喷射和缸外进气管喷射系统，如图 9-5 所示；根据喷油器喷射方式不同分为同时喷射、分组喷射、顺序喷射系统，如图 9-6 所示；根据进气量检测方式不同可分为 D 型和 L 型燃油喷射系统，如图 9-7 所示。

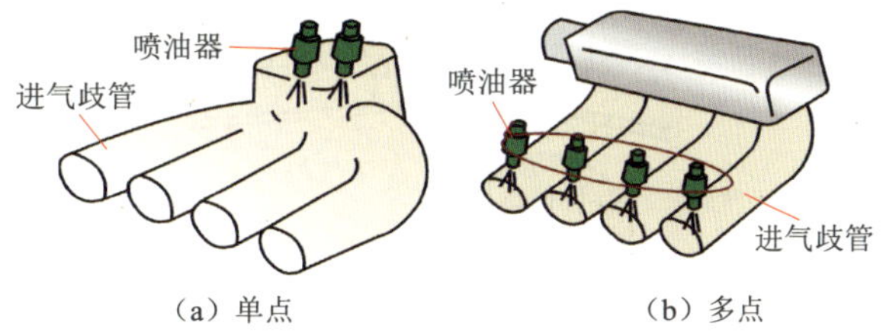

图 9-4　根据喷油器安装位置不同分类

四、发动机电控系统的组成及原理

（一）发动机电控系统的组成

发动机电控系统包括传感器、发动机电子控制单元（ECU）和执行器，如图 9-8 所示。发动机在运行时，ECU 接收各传感器输送来的发动机工况信号，并根据 ECU 内部预先编制

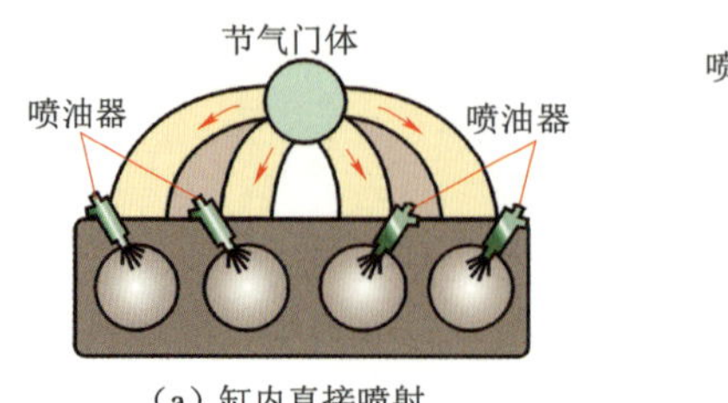

（a）缸内直接喷射

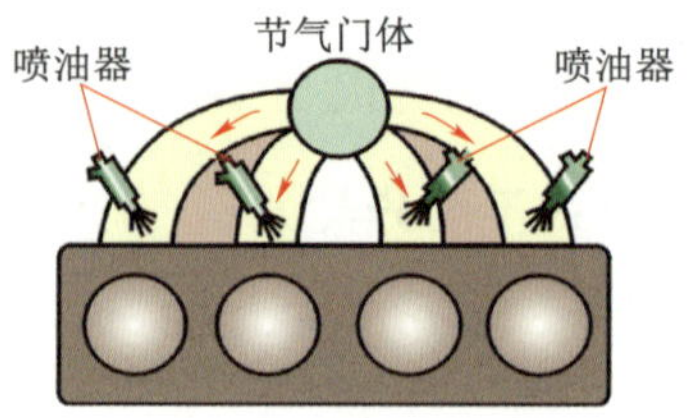

（b）缸外进气管喷射

图 9-5　多点燃油喷射系统的分类

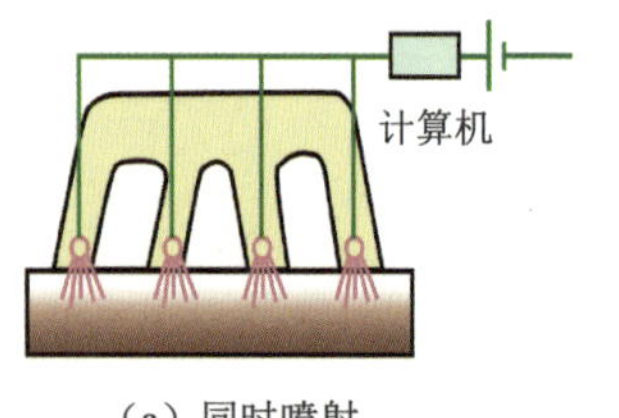

（a）同时喷射

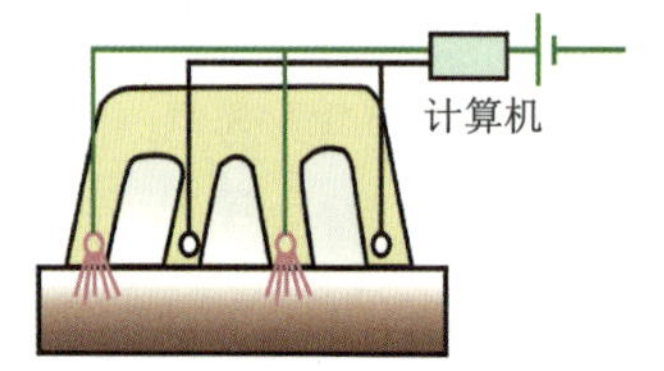

（b）分组喷射

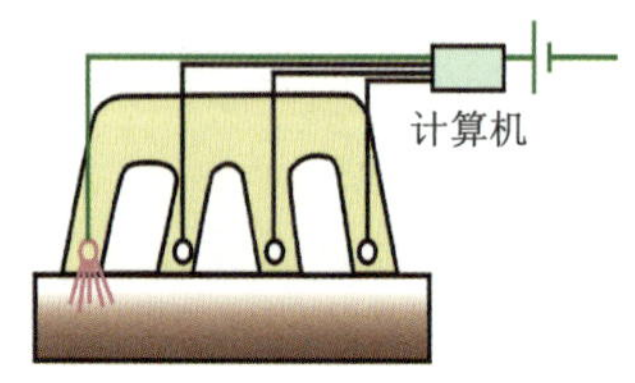

（c）顺序喷射

图 9-6　根据喷油器喷射方式不同分类

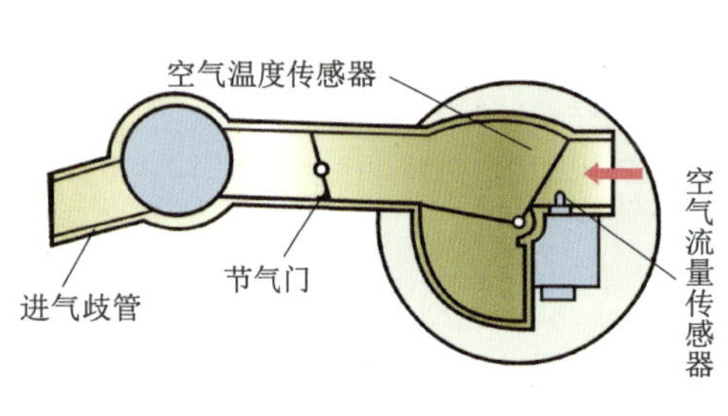

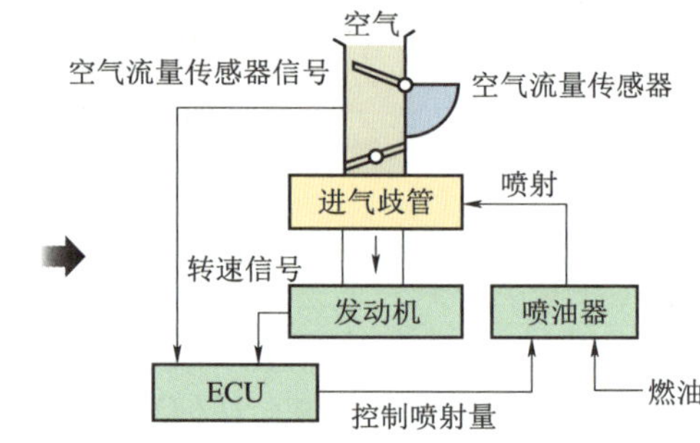

（a）D型（检测进气绝对压力）

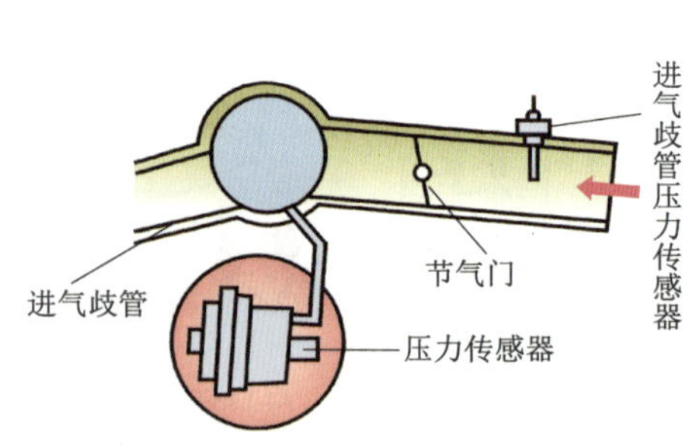

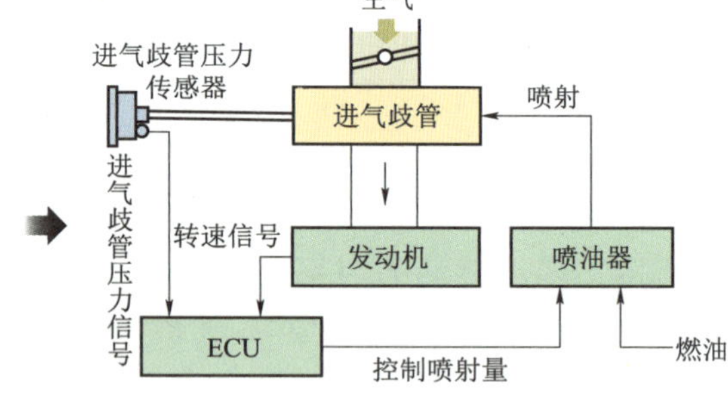

（b）L型（检测进气量）

图 9-7　根据进气量检测方式不同分类

的控制程序和存储的数据，通过计算、处理、判断，确定适应发动机工况的喷油量（喷油时间）、点火提前角等参数，并将这些数据转变为电信号，向各个执行器发出指令，从而使发动机保持最佳运行状态，如图 9-9 所示。

发动机电控系统（见图 9-10）主要包括燃油喷射系统（见图 9-11）、点火系统（见图 9-12）、怠速控制系统、进气控制系统（见图 9-13）、排放控制系统（见图 9-14）、巡航控制系统、警告提示系统、自诊断与报警系统、失效保护系统、应急备用系统等。

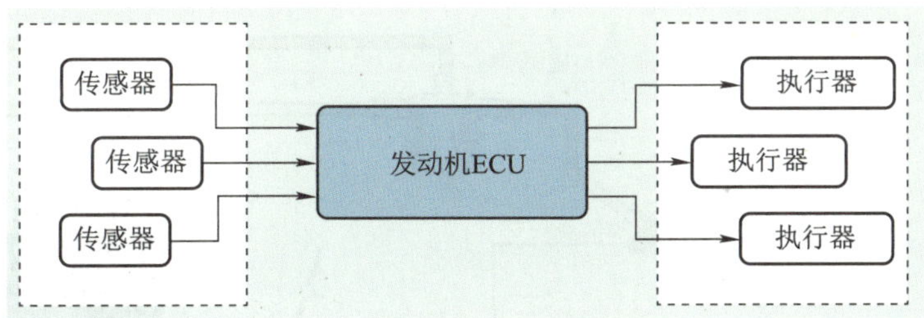

图 9-8 发动机电控系统组成

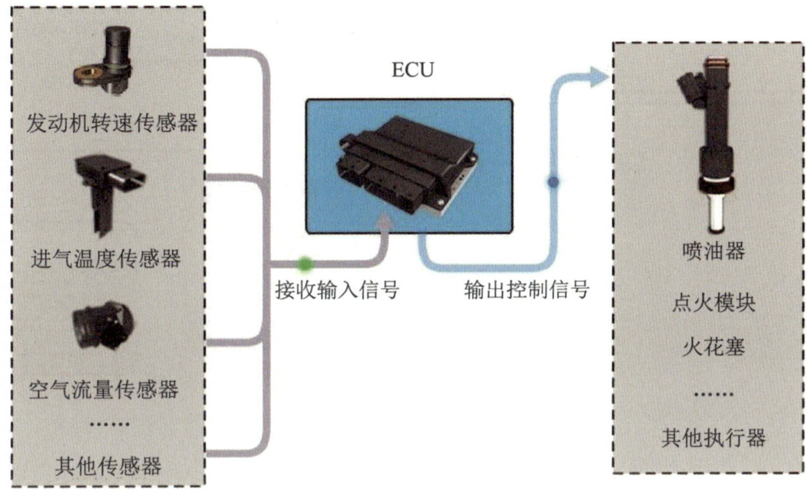

图 9-9 发动机电控系统功能

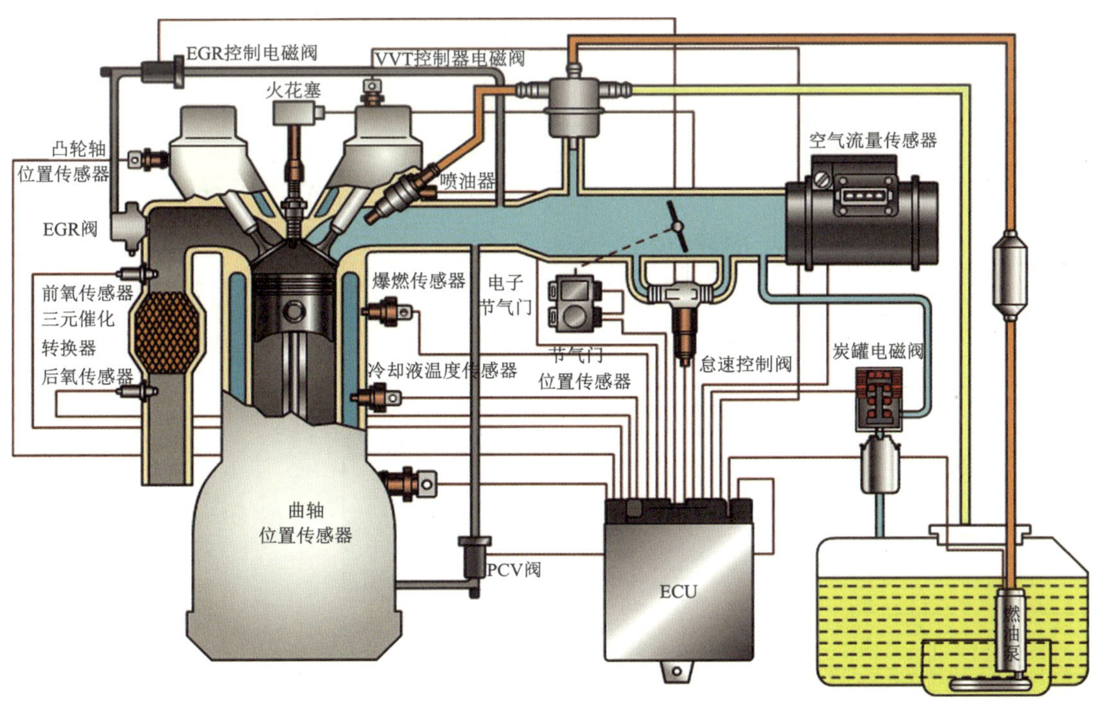

图 9-10 发动机电控系统组成

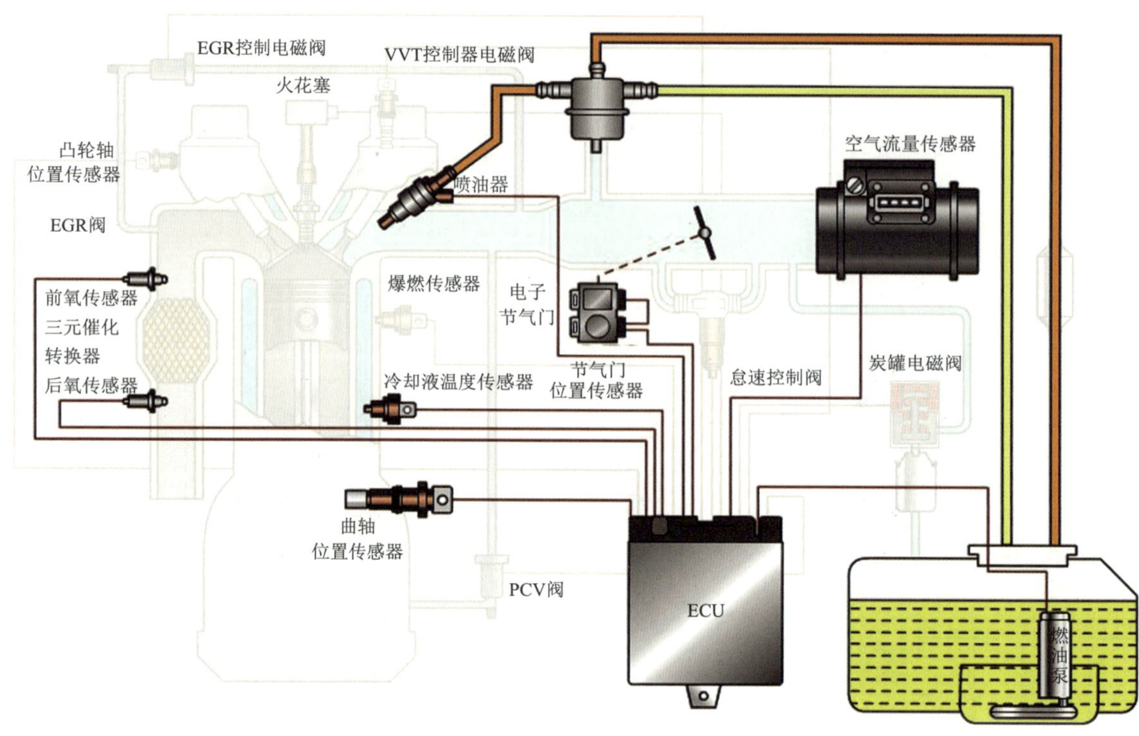

图 9-11　燃油喷射系统组成

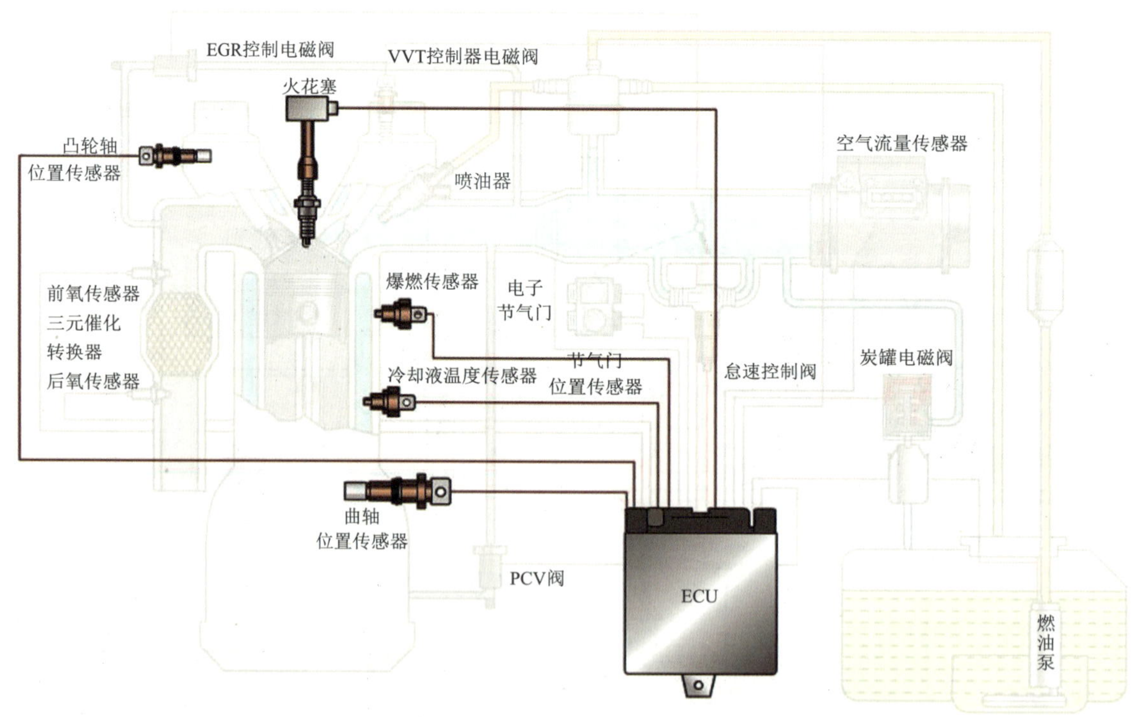

图 9-12　点火系统组成

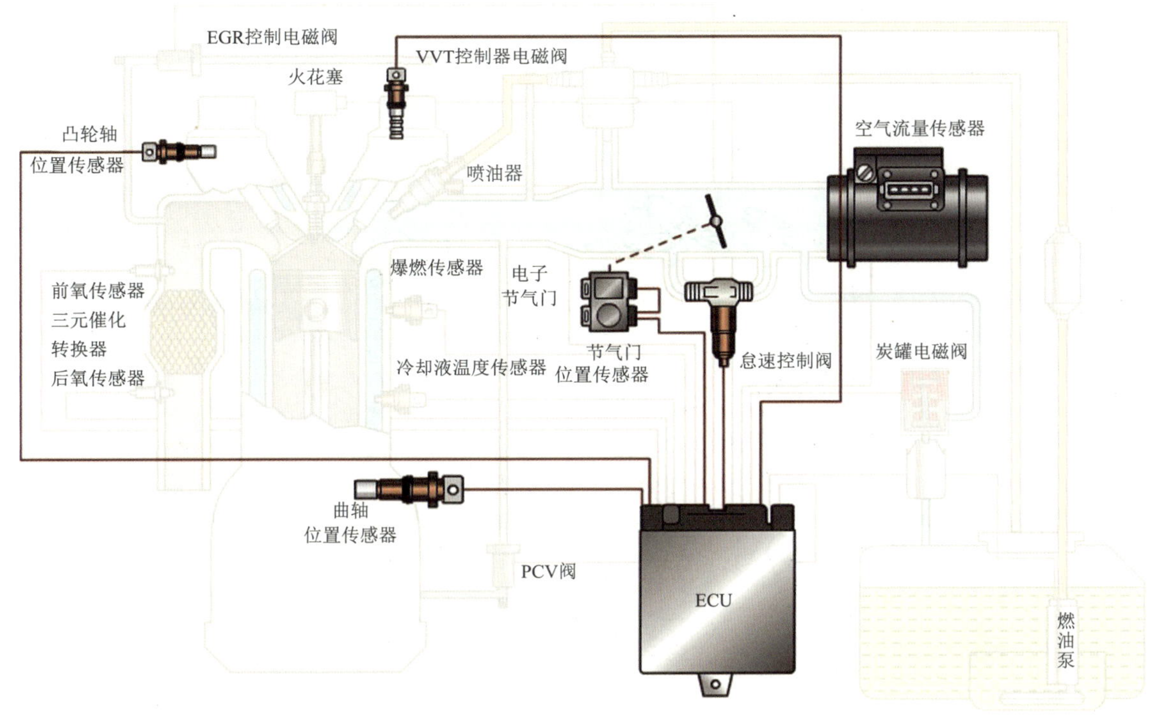

图 9-13 进气控制系统组成

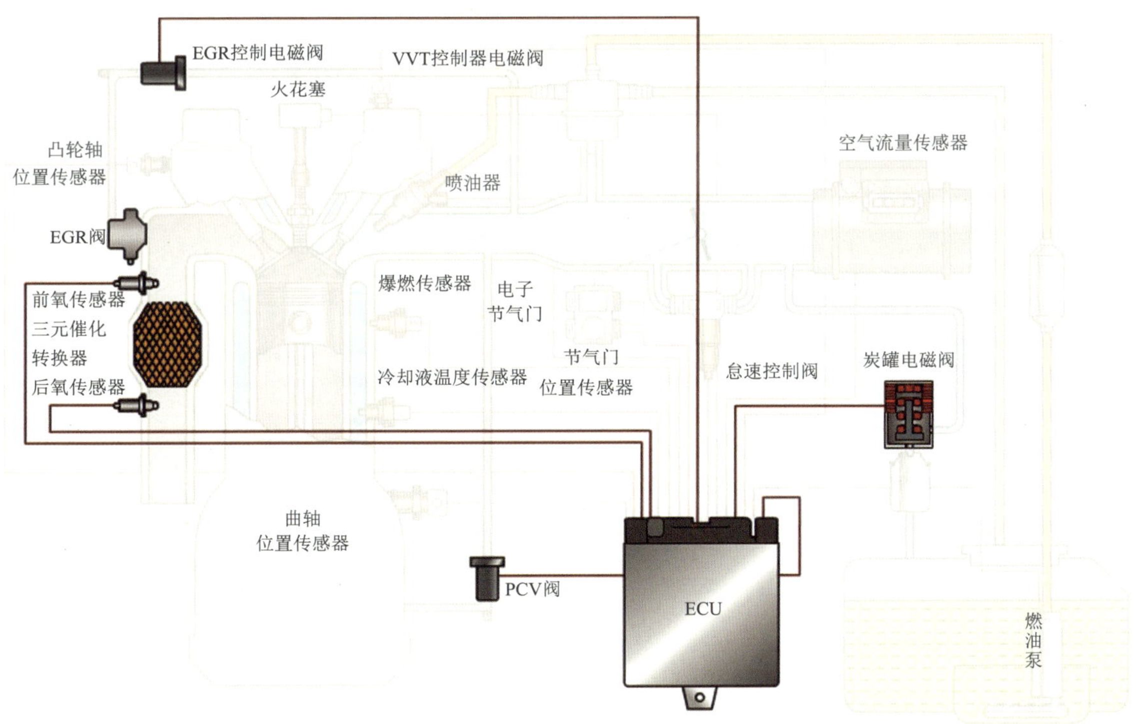

图 9-14 排放控制系统组成

（二）发动机电控系统的布置

丰田卡罗拉发动机电控系统布置如图 9-15、图 9-16 所示。

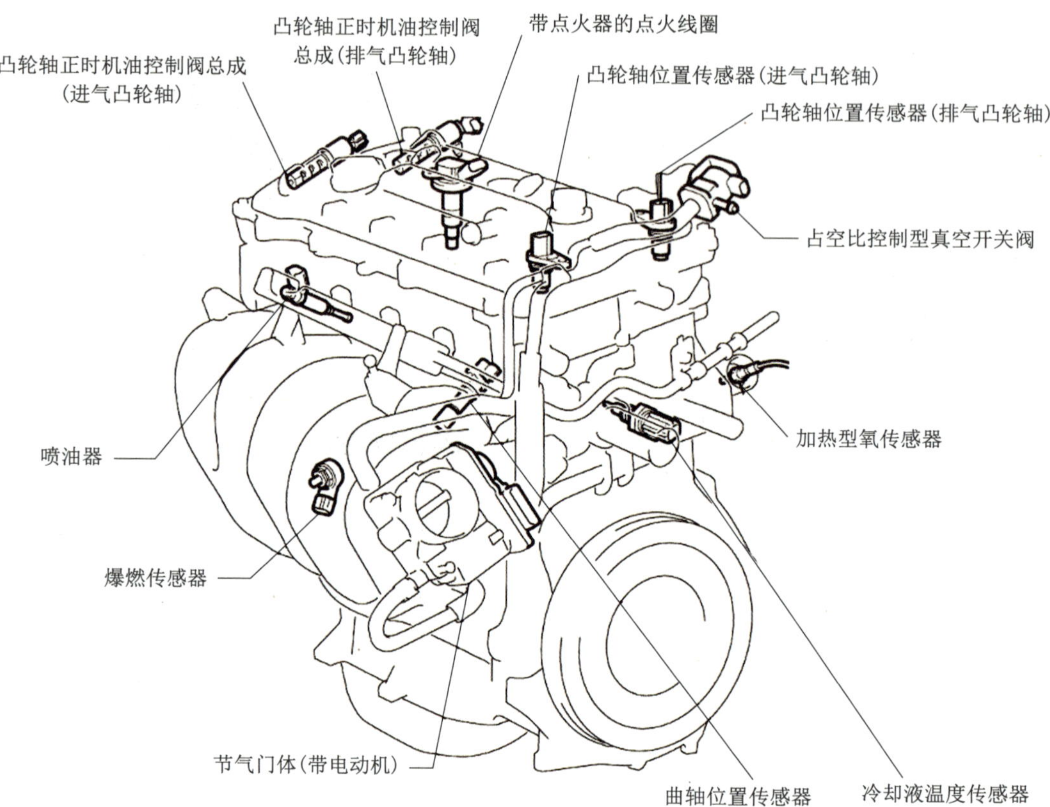

图 9-15　丰田卡罗拉（1ZR-FE）发动机电控系统传感器及部分执行器的位置

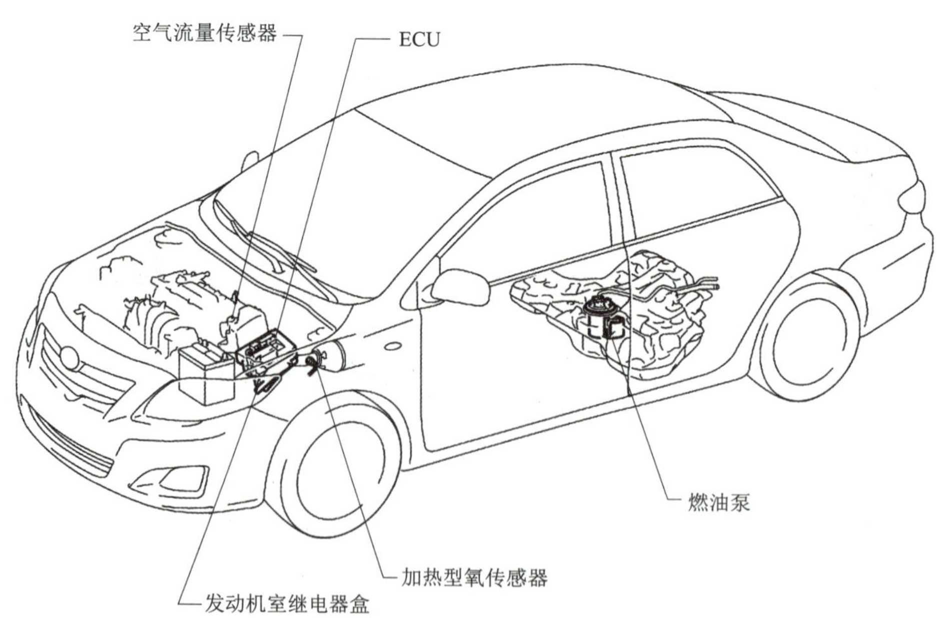

图 9-16　丰田卡罗拉发动机电控系统 ECU、燃油泵、继电器盒等的位置

各传感器具体位置描述如下：

（1）曲轴位置传感器：曲轴前端、皮带轮后端，或曲轴后端、飞轮前端。

（2）凸轮轴位置传感器：凸轮轴前端或后端。

（3）空气流量传感器：空气滤清器后、节气门前的进气管中。

（4）进气压力传感器：节气门后的进气管上。

（5）节气门位置传感器：节气门轴的一端。

（6）冷却液温度传感器：缸体或缸盖水套上。

（7）爆燃传感器：缸体一侧或缸盖表面。

（8）氧传感器：排气管上。

（9）进气压力传感器：节气门后的进气管上。

（10）节气门位置传感器：节气门轴的一端。

（11）冷却液温度传感器：缸体或缸盖水套上。

（三）发动机电控系统的工作原理

在发动机电控系统 ECU 的存储器中，储存了各种燃油喷射用的控制程序，能根据发动机转速和空气流量（或进气管压力、节气门开度）计算出基本喷油量及各种控制修正计算用的数据。在进行燃油喷射控制时，ECU 接收传感器输入的空气流量信号和发动机转速信号，计算出基本喷油量（对应基本喷油时间）；再根据其他各种信号输入装置输入的冷却液温度、进气温度、节气门位置、排气中的氧含量等与发动机工况有关的信号，对基本喷油量进行修正，从而计算出与各种工况相适应的最佳喷油量，并输出一个与该最佳喷油量相对应的有一定脉冲宽度的喷油控制信号。该控制信号经驱动电路放大后，控制电磁式喷油器的喷油时间，将适量的燃油喷入进气管内或气缸内。

ECU 在发动机的每一个工作循环中，都可以计算出一个最佳喷油量，因而能使发动机在不同工况下，始终以最佳空燃比的可燃混合气进行工作。这样，就可以使发动机在不同工况下运行时，具有最佳的动力性和经济性，以及较好的排放性、起动性和行驶性能。

微课

电控柴油机燃油供给系统认知

决　策

（1）准备好所需设备、工具、资料等。

（2）确定车辆信息。

（3）分组并选出负责人。

<table>
<tr><td>工作内容：检修发动机故障警告灯闪烁相关故障</td><td>完成时间：</td></tr>
<tr><td colspan="2">参考资料：</td></tr>
<tr><td colspan="2">实训设备：</td></tr>
<tr><td colspan="2" align="center">分组情况</td></tr>
<tr><td colspan="2">负责人：

组　员：</td></tr>
</table>

计 划

（1）分析和确定故障的可能原因。

（2）制订工作方案（简单写出诊断思路）。

实 施

（1）在确认蓄电池及保险电路正常的情况下，检查发动机线束是否完整可靠，插接器是否完整可靠。

检查结论：______________________________。

（2）在发动机线束完整可靠的情况下，检查发动机进气系统相关部件。

检查结论：______________________________。

（3）在发动机进气系统完好正常的情况下，检查发动机燃油供给系统相关部件。

检查结论：______________________________。

（4）在发动机燃油供给系统完好正常的情况下，查找诊断座安装位置，连接解码器。

检查结论：______________________________。

（5）连接解码器后，读取与清除故障码，观察汽车仪表指示。

检查结论：______________________________。

（6）通过对上述检查结果分析，得出结论并提出解决方案。

自 测

一、判断题

（1）发动机电控系统的核心部件是 ECU。（ ）

（2）发动机电控系统以蓄电池为电源。（ ）

（3）现代汽车发动机全部采用电控系统。（ ）

（4）开环控制系统比闭环控制系统更加精确。（ ）

（5）发动机电控系统利用程序控制燃油喷射的相关参数。（ ）

（6）发动机电控系统由 ECU 和执行器组成。（ ）

二、思考题

（1）检测发动机电控系统相关部件，分析存在的问题及产生原因。

（2）总结发动机电控系统故障诊断与排除的过程。

评价与反馈

一、学习目标自我检查

序号	学习目标	完成情况（在相应的选项后打√）		
		能	不能	如果不能，是什么原因
1	讲述发动机电控系统的基本组成和工作原理			
2	识别发动机电控系统主要零部件			
3	能根据故障现象对发动机电控系统做出故障判断			
4	能分析电控发动机故障警告灯闪烁相关故障原因			
5	对自己的学习和工作效果做出自我评价			

二、日常表现评价（由小组长或者组内成员评价）

序号	日常表现项目	完成情况（在相应栏目后打√）		分数
1	工作页填写情况	填写完整		10
		缺失 0～20%		8
		缺失 20% ～40%		6
		缺失 40% 以上		2
2	工作着装是否规范	着校服（工作服），未穿拖鞋、凉鞋		10
		未穿校服或穿拖鞋、凉鞋		8
		偶尔会不穿校服，穿拖鞋、凉鞋		6
		始终不穿校服，穿拖鞋、凉鞋		2
3	参与工作现场 7S 工作	积极主动参与 7S 工作		10
		在组长的要求下能参与 7S 工作		8
		在组长的要求下能参与 7S 工作，但效果差		6
		不愿意参加 7S 工作		2
4	操作作业时，有无警示其他同学	有警示		10
		无警示		0
5	考勤情况	全勤		10
		缺勤 0～20%（有请假）		8
		缺勤 0～20%（旷课）		6
		缺勤 20% 以上		2
6	总体评价该同学	非常优秀		10
		比较优秀		8
		有待改进		6
		急需改进		2
总分				

班级：　　　　学生签名：　　　　年　　月　　日

三、教师总体评价

评价项目	完成情况（在相应栏目后打√）		分数
对该同学所在小组整体印象评价	组长负责，组内学习气氛好		25
	组长能组织组员按要求完成学习任务，个别组员不能达到学习目标		10
	组内有 30% 以上的学生不能达到学习目标		5
	组内大部分学生不能达到学习目标		0
总分			

教师签名：　　　　　　年　月　日

任务二　空气供给系统的结构与检修

知识介绍

空气供给系统是发动机电控系统的重要组成部分，其功用是供给与发动机负荷相适应的清洁空气，直接和间接计量空气质量，与喷油器喷出的汽油形成最佳混合气。

一、空气供给系统的分类和组成

根据测量进气量的方式不同，空气供给系统可分为 L 型和 D 型两种类型。其组成主要包括空气滤清器、空气流量传感器（或进气歧管绝对压力传感器）、节气门体、节气门位置传感器、进气总管、进歧支管、温度传感器和怠速控制阀等。空气供给系统的组成如图 9-17 所示。

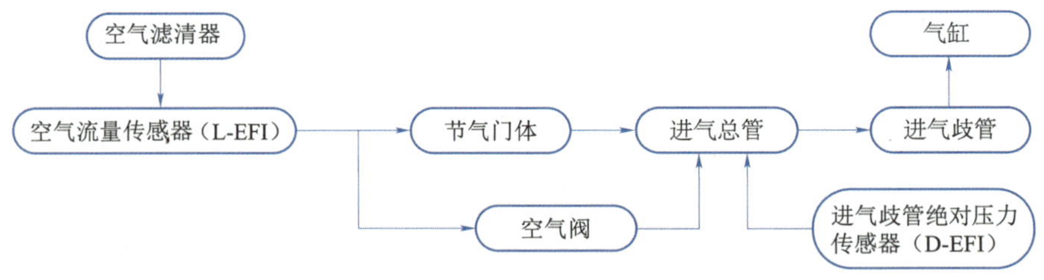

图 9-17　空气供给系统的组成

二、空气供给系统的工作原理

空气供给系统的工作原理如图 9-18 所示。发动机工作时，驾驶员通过加速踏板操纵节气门的开度，以此来改变进气量，控制发动机的输出功率（负荷）。空气经空气滤清器过滤后，通过空气流量传感器（L 型）、节气门体进入进气总管，再通过进气歧管分配给各缸。在节气门体的外部或内部设有与主进气管道并联的旁通怠速进气通道，并由怠速控制阀控制怠速时的进气量。

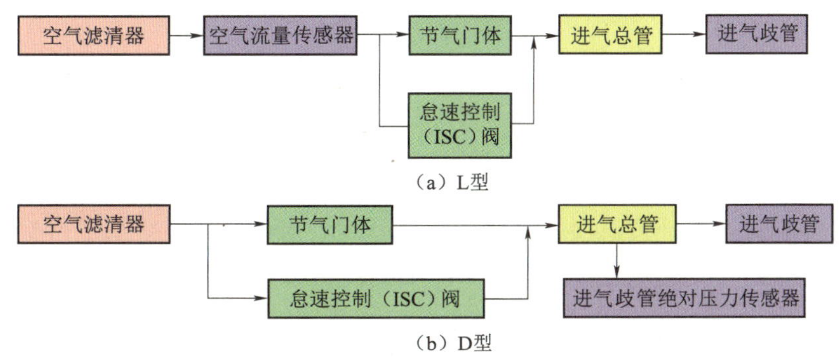

图 9-18　空气供给系统的工作原理

在 L 型空气供给系统中，流经怠速控制阀的空气首先经过空气流量传感器。在 D 型空气供给系统中，进气歧管绝对压力传感器测量的是进气歧管内的压力，流经怠速控制阀的空气也在检测范围内。怠速控制阀由 ECU 直接控制。

决　　策

拓展学习

创新谱写梦想，实干铸就辉煌

（1）准备好所需设备、工具、资料等。

（2）确定车辆信息。

（3）分组并选出负责人。

工作内容：检修空气供给系统	完成时间：
参考资料：	
实训设备：	
分组情况	
负责人： 组　员：	

计　　划

（1）分析和确定故障的可能原因。

（2）制订工作方案（简单写出诊断思路）。

实　　施

（1）外观目检。

1）线束插接器是否连接良好？

2）线束插接器是否有锈蚀、松动？

3）传感器外壳是否损坏？

检查结论：____。

（2）该车使用何种空气流量传感器？

检查结论：____。

（3）检查传感器。断开传感器的插接器，用万用表对传感器及线路进行检测。

用电压表测量参考电压端子和搭铁线间的电压。电压表读数是________V。

1）如果参考电压端子的电压不正确，下一步应检查什么？

2）点火开关打开时，用电压表测量传感器搭铁线和蓄电池负极的电压降。

3）被测量的电压降是多少？________V。

4）该电压降说明了什么？

5）在点火开关打开的情况下，用电压表测量传感器信号线和搭铁线之间的电压。测量到的电压是________V，是否正常？

6）检查传感器的信号电压。

检测结论：____。

（4）查找相关的维修手册，说明测试结果是否正常。

检测结论：____。

（5）连接故障诊断仪。

1）将故障诊断仪连接到诊断插口。

2）将点火开关置于ON位置。

3）开启故障诊断仪。

4）选择菜单项。

5）读取传感器波形。起动发动机，逐渐打开节气门至最大，保持一定时间，再逐渐关闭节气门，观察波形变化，并绘制出波形图。

（6）实测波形是否正常？

检测结论：____。

（7）分析上述检查结果，得出结论并提出解决方案。

自　测

一、填空题

（1）汽油机发动机电控系统主要由________、________、点火系统和________等组成。

（2）发动机电控系统的控制方式有________和________两种，燃油喷射方式有________、________和顺序喷射。

（3）发动机电控系统的核心部件是________，在发动机工作时，________将接收到的各传感器信号________。

二、判断题

（1）发动机电控系统的传感器是执行元件。（ ）

（2）空气流量传感器又称为空气流量计。（ ）

（3）发动机在最佳空燃比的可燃混合气状态进行工作，就可以使发动机在不同工况下运行时，具有最佳的动力性和经济性，以及较好的排放性、起动性和行驶性能。（ ）

三、思考题

（1）检测发动机空气供给系统相关零部件，分析存在的问题及其原因。

（2）总结发动机空气供给系统故障诊断与排除的过程。

评价与反馈

一、学习目标自我检查

序号	学习目标	完成情况（在相应的选项后打√）		
		能	不能	如果不能，是什么原因
1	讲述发动机空气供给系统的基本组成和工作原理			
2	识别发动机空气供给系统主要零部件			
3	能根据故障现象对空气供给系统做出故障判断			
4	能分析空气供给不畅的故障原因			
5	对自己的学习和工作效果做出自我评价			

二、日常表现评价（由小组长或者组内成员评价）

序号	日常表现项目	完成情况（在相应栏目后打√）		分数
1	工作页填写情况	填写完整		10
		缺失 0～20%		8
		缺失 20%～40%		6
		缺失 40% 以上		2

续表

序号	日常表现项目	完成情况（在相应栏目后打√）		分数
2	工作着装是否规范	着校服（工作服），未穿拖鞋、凉鞋		10
		未穿校服或穿拖鞋、凉鞋		8
		偶尔会不穿校服，穿拖鞋、凉鞋		6
		始终不穿校服，穿拖鞋、凉鞋		2
3	参与工作现场 7S 工作	积极主动参与 7S 工作		10
		在组长的要求下能参与 7S 工作		8
		在组长的要求下能参与 7S 工作，但效果差		6
		不愿意参加 7S 工作		2
4	操作作业时， 有无警示其他同学	有警示		10
		无警示		0
5	考勤情况	全勤		10
		缺勤 0～20%（有请假）		8
		缺勤 0～20%（旷课）		6
		缺勤 20% 以上		2
6	总体评价该同学	非常优秀		10
		比较优秀		8
		有待改进		6
		急需改进		2
总分				

班级：　　　　学生签名：　　　　年　月　日

三、教师总体评价

评价项目	完成情况（在相应栏目后打√）		分数
对该同学所在小组整体印象评价	组长负责，组内学习气氛好		25
	组长能组织组员按要求完成学习任务，个别组员不能达到学习目标		10
	组内有 30% 以上的学生不能达到学习目标		5
	组内大部分学生不能达到学习目标		0
总分			

教师签名：　　　　年　月　日

参 考 文 献

[1] 王会，刘朝红. 汽车发动机构造与维修. 3 版. 北京：人民交通出版社，2023.

[2] 刘冬生，金荣，袁涛生. 汽车发动机构造与维修. 北京：机械工业出版社，2018.

[3] 蒋瑞斌，扶爱民. 汽车发动机构造与检修. 5 版. 北京：电子工业出版社，2022.

[4] 邹玉清，王玉. 汽车发动机构造与检修教学工作页. 北京：中国铁道出版社，2022.

[5] 贾燕红，房宏威，侯立芬. 汽车发动机构造与检修. 北京：机械工业出版社，2021.

[6] 张嫣，苏畅. 汽车发动机构造与维修. 4 版. 北京：人民交通出版社，2021.

[7] 韩彦明，王远明，赵治国. 汽车发动机构造与拆装. 广州：广东教育出版社，2021.

[8] 赵俊山，孙永江. 汽车构造. 2 版. 北京：人民交通出版社，2018.

[9] 朱军，汪胜国，黄元杰. 汽车发动机维修实训教材. 2 版. 北京：人民交通出版社，2017.

[10] 巫尚荣. 高职“课程思政”下工匠精神的培养探究：以“汽车发动机机械系统检修”课程为例. 装备制造技术，2021，(12)：221-223+238.